好人缘来自亲和力

魏 新◎编著

北京工业大学出版社

图书在版编目（CIP）数据

好人缘来自亲和力 / 魏新编著．—北京：北京工业大学出版社，2012.3

ISBN 978-7-5639-2967-2

Ⅰ．①好… Ⅱ．①魏… Ⅲ．①人际关系—通俗读物 Ⅳ．①C912.1-49

中国版本图书馆 CIP 数据核字（2011）第 280583 号

好人缘来自亲和力

编　　著：魏　新
责任编辑：韩丽萍
封面设计：汝俊杰
出版发行：北京工业大学出版社
（北京市朝阳区平乐园 100 号　100124）
010-67391722（传真）bgdcbs@sina.com
出 版 人：郝　勇
经销单位：全国各地新华书店
承印单位：三河市元兴印务有限公司
开　　本：787mm × 1092mm　1/16
印　　张：18
字　　数：239 千字
版　　次：2012 年 3 月第 1 版
印　　次：2021 年 1 月第 2 次印刷
标准书号：ISBN 978-7-5639-2967-2
定　　价：32.00 元

前言

生活在一个竞争激烈的社会里，你必须精通电脑，具有商业头脑，懂得着装礼仪，但要最终获得成功，你还必须具有亲和力，换句话讲也就是要有“人缘”。是什么让别人信任你，愿意与你沟通交流？是你的财富？你的外表？还是你的智慧？都不是，真正吸引他们的是你的亲和力。

《好人缘来自亲和力》从职场亲和力、社交亲和力、礼仪亲和力、语言亲和力、个性亲和力、诚信亲和力、异性亲和力、家庭亲和力和邻里亲和力9个方面，向你全面而具体地阐释了凭借亲和力赢得好人缘的策略，告诉你怎样做才会使你更有“人缘”，为你的生活工作带来更多的成功机会！

目　录

第一章 职场亲和力：结交好人缘的法宝

身在职场具有亲和力，意味着你必须始终保持自信和阳光的状态。具有亲和力的因素很多，不过对多数人而言，一些基本因素还是相同的，它包括融入集体、态度谦恭、忠诚敬业、与人同甘共苦等诸多方面。

培养亲和力才能广受欢迎

亲和力最早是属于化学领域的一个概念，是指一种原子与另外一种原子之间的关联特性，但现在越来越多地被用于人际关系领域，用来比喻使人亲近、愿意接触的力量。某人对另外一个人具有的友好表示，通常就形容这个人具有亲和力。

亲和力是人际关系能力的综合体现。它一方面表现为主动控制人际交往，另一方面表现为被其他人所认可。

亲和力强的人具有与人为善的心态。他不把人假定成丑恶的、讨厌的、难缠的，他假定人是善良的、有趣的、讲理的。这样，在与人交往时，他就会采取一种主动、友善、接近的态度，在他的感染下，对方也会采取相同的态度，双方的交往就会感到愉快和轻松。

一般而言，有亲和力的人在他人眼中有两个特点：有益，无害。有益是指能给人带来实际的利益或者心理上的舒适感；无害是指攻击性不强。也就是说，这样的人有一些确实的优点，同时并不是完美无缺的，因为完美无缺的人会使人产生距离感，减少亲和力。

人们都愿意和亲和力强的人交往。如果某个人在与人交往中表现出傲慢、冷漠、拒人于千里之外，那么会使别人感到不快、别扭、受到侮辱，因而不愿意和他交往；如果某个人在和他人交往时表现出害羞、胆怯、缩手缩脚，那么，别人和他打交道时也会觉得不那么舒畅，虽然不会引起别人的厌恶，但也影响人际交往的质量，无法达到心灵的共鸣。如果一个人有很强的亲和力，与人交往时不但能够容易沟通，顺利地实现双方的愿望，而且会使双方感到愉快。

一个人之所以表现出很强的亲和力，是因为他对自己、对别人具有很强的理解能力。“知人者智，自知者明”，知人固然不易，然而知己更难。在古希腊戴尔菲神庙的铭文上写着“认识你自己”几个大字，这表明一个亲和力很强的人对人对己都有很强的理解力和洞察力。他能够知道自己是一个怎样的人，知道自己的优点和缺点，对自己既不夸大也不妄自菲薄。同时，他对别人能够体察入微，认识到每个人都会有自己的个性、爱好和禁忌，在与人交往时，不把别人看得过于高大，以致使自己害怕，同时又能尊重别人。

亲和力使人类产生巨大的凝聚力，在现实社会生活中发挥着不可估量的作用。亲和力加速了一个人的社会化过程，使他从诞生之日起就浸泡在关怀、爱护的亲情之中，一点一滴地受到熏染。亲和力有利于个体的身心健康，减少心理障碍产生的概率。人们社交的范围越广，精神生活就越丰富，亲和力就越强，心理发展就越平衡。亲和力是培养良好个性、求取知识、获得事业发展必不可少的重要条件，是建立友谊、发展友谊的坚强动力。只要亲和力动机纯正，就会赢得许多朋友，就会在人生的道路上一帆风顺。

每一个人都是独立存在的个体，都有自己的思想和个体的独特性，在脾气、性格等方面都会存在一定的差异，有的人比较内向，有的人比较外向，有的人善于谈吐，有的人沉默寡言，有的人暴躁冲动，有的人沉着冷静……

但是，人与人之间是存在共性的，人在社会中不是孤立的，谁也不可能脱离了他人而单独地生活在这个世界上，人的存在是各种关系发生作用的结果，人正是通过和别人发生作用而发展自己，实现自己的价值。人与人之间的隔膜只能阻碍人际关系的发展。

现代社会中，许多人都会觉得自己离别人越来越远，人与人之间的亲和力越来越少了，相互之间的隔膜却越来越多了，仿佛有一层无形的“膜”在彼此之间，越隔越远。过远的距离产生了，交流沟通也就相对地少了，隔膜就像一座大山横亘在人的心理距离上。

那么，在当今这个竞争激烈的社会，怎样培养亲和力，使我们在交往中广受欢迎呢？

第一，尊重别人

不会尊重别人的人，往往得不到别人的尊重。因此，学会一些日常的礼节、礼貌是很必要的，正所谓“礼多人不怪”。

尊重他人，首先要理解他人。一个能深入理解他人的人，其人际亲和力自然就增强了。

每个人都有自己特定的成长环境，而他所生长的家庭环境和社会环境给他的自我意识打下了一个烙印，对人会有自己的独特的看法。这些观点在和其他人交往的时候，都会影响到对他人的评价。当他是从自己的世界观、人生观和价值观去评价他人时，就无法深入理解他人的内心深处的感受。所以在洞察自我的基础上，在人际交往的实践中，他不断地放下自己固有的价值观，能耐心地倾听来自他人内心深处的声音，便会看到一个个与自己不同的全新的内心世界。在不断地重复这样的过程中，他的自我意识就会扩张，对人的理解能力也在增强。

每个人的内心世界都存在着受到别人尊重的欲望，但是，自己也要正确认识自己的善恶是非，什么是主流社会认可的行为，什么是主流社会反对的行为，自己有过失时要学会自我反省，承认并认识自己的错误，得饶人处且饶人，不要得理不饶人，更不要无理闹三分，否则会让别人产生更大的误会。

对一个很讲究礼貌的人，给人的第一印象就是“他有修养，很尊重我”的好感，即使与其交往中有些小的过失，别人也不会责怪或计较。

尊重别人体现换位思考，面对别人时不要居高临下，要以要求别人的标准来要求自己，要用要求别人理解自己的心态去理解别人，这个非常重要。很多人往往采用双重标准，要求别人很严格，要求自己很宽松，总希望别人理解自己。由于客观的原因，有很多很特殊的情况，是需要自己替对方设想一下，他为什么会这样？只有自己更多地理解和体谅别人，别人才可能接受你。

当然，尊重别人不代表不坚持原则。自己能够判断其正确性的时候，自己一定要有主见，当意见不确定的时候，要善于虚心听取别人的意见。当然，在处理问题中应做一些相应的妥协和让步，只要不是退让的底线，就要“大事讲原则，小事讲风格”，在无关大局的问题上适当让步是解决问题的方法之一。

第二，乐于助人

人是需要关怀和帮助的，尤其要十分珍惜在自己困境中得到的关怀和帮助，并把它看成是雪中送炭，视帮助者为真正的朋友、最好的朋友。

马克思在创立政治经济学时，正是他在经济上最贫困的时候，恩格斯经常慷慨解囊帮助他摆脱经济上的困境。对此，马克思十分感激。当《资本论》出版后，马克思写了一封信表示他的衷心谢意："这件事之所以成为可能，我只有归功于你！没有你对我的牺牲精神，我绝对不能完成那三卷的巨著。"两人友好相处，患难与共长达四十年之久。列宁曾盛赞这两位革命导师的友谊"超过了一切古老的传说中最动人的友谊故事"。

帮助别人不一定是物质上的帮助，简单的举手之劳或关怀的话语，就能让别人产生久久的激动。如果你能做到帮助曾经伤害过自己的人，不但能显示出你的博大胸怀，而且还有助于"化敌为友"，为自己营造一个更为宽松的人际环境。

第三，心存感激

生活中，人与人的关系是最微妙不过的，对于别人的好意或帮助，如果你感受不到，或者冷漠处之，就会生出种种怨恨。

经常想一想吧：你在工作中觉得轻松了，说不定有人在为你负重；你在享受生活赐予的甜蜜时，说不定有人在为你付出辛劳……生活在社会大群体里的你我，总会有人为你担心、替你着想。享受着感情雨露的人们不要做"马大哈"，长存一份感激之心，就会使人际关系更加和谐。情感的纽带因为有了感激，才会更加坚韧；友谊之树必须靠感激来滋养，才会枝繁叶茂。

王老师在自己就职的学校里很有人缘，威信颇高，有人问他原因时，王老师讲："古人说，'滴水之恩当以涌泉相报'，我虽做不到这一点，但我始终坚持'投之以桃，报之以李'，时时处处想着别人，感激别人。"王老师道出了为人的真谛。因为有了感激，你才会成为一个好同事、好朋友、好家人。

第四，既不要孤芳自赏，也不要自轻自贱

一般说来，人们大多不满足自己的能力、财富，却极易欣赏自己的聪明。孤芳自赏往往是由于过分相信自己的聪明所致。其表现形式有二：一种是恃才傲物，其表现为语言凌厉，对某方面不如己者，要么不屑一顾，要么恶语相向；更有甚者，以己之长，量人之短，以己之聪明衬人之笨拙。另一种孤芳自赏，虽不着力地显露自己，却对别人的所作所为和喜欢爱好漠然置之，其表现是不屑谈交际对象关心的话题。如此待人接物，人们便会对你避而远之，使你虽处于人群之中却感孤立无援。

自轻自贱是与孤芳自赏相反的一种心态反映。与人交往，无潇洒倜傥之态，有畏畏葸葸之容。这种人总觉得自己这也不行，那也不好。缺乏主见，常看别人眼色行事。见了上司，点头哈腰；跟同事交往，总怕被别人笑话；碰着邻里，总赔着小心；与朋友相聚，总说自己不如人。

自轻自贱从心理角度看是自卑感在作怪。由于自卑，对自己便毫无信心；由于无信心，便表现出轻视自己；由于轻视自己，行为便表现出缩手缩脚，神情黯淡、语讷迟钝。自轻自贱者往往欲以自己的行为博得人们的同情。然而，事与愿违，人家会认为你太轻贱自己，而不愿跟你交往。自轻自贱一般多发生在性情软弱的小人物身上。由于地位的原因，总怕别人瞧不起自己。其实越有这种心理，人们越瞧不起你。这种自轻自贱如果成为病态，不但不能搞好人际关系，甚至会给自己带来不幸。

在深入了解自己的基础上，进行人际交流的实践是加强人际亲和能力的重要过程。在不断的人际交流的实践中，别人作为一面镜子，可以折射出自己的某一面，从别人的身上，可以看到自己心灵中自己看不到的侧面。在与他人的交流和实践中，又可以不断地强化自己的实战能力，随时地修正自己。

第五，防止不良情绪的干扰和破坏

当人们处在高度的压力下，就会出现焦虑的情绪，许多内在的情感需求得不到满足，就会不断地从潜意识中浮现出来，便会变得烦躁不安，虽然懂得与人家交往应亲和的原则，可是脾气性格却让他们表现得不够好，所以他们不由自主地发脾气，会因为一点鸡毛蒜皮的小事而生气，渐渐地在无形中便会给自己的人际关系增添许多麻烦，人际亲和力就会下降。所以劳逸结合，使工作和生活兼顾，紧张和松弛并存，有了一份好心情，才能有良好的人际亲和力 。

做一个有亲和力的职场人

亲和力是职场人士必须具备的沟通能力。这是一种不受职位、权威等约束而真挚流露出来的一种情感力量，能让周围的人感觉你很和蔼。在人际关系微妙的职场中，上下级、同事间及时沟通相当重要，如此才能使工作得以顺利。

人际关系微妙的职场中，上下级、同事间及时沟通相当重要，如此才能使工作得以顺利完成。如果你给人感觉高高在上，缺少亲和力，则无法和同事及时沟通和交流，难以开展本职工作，甚至会丧失自己的发展前途。

良好的亲和力不但能帮你建立和谐的工作环境，润滑身边的人际关系，让你获得更多友情，感受到人与人之间的关爱和温暖，还能让你经常保持愉快的心情，储存更多的人际资源，勇于面对各种挑战，收获意想不到的前途和机会。

大学毕业后，萌萌进入到一家公司的策划部。刚入职时，部长对她们几个新人说："公司要做个全国促销方案的策划，时间是一周，董事长要亲自过目。大家都是年轻人，好好抓住这个机会。"冥思苦想之后，她决定在策划方案的数量上超过他人。在规定的时间里，她将四份文案交给了部长。几天后，部长转告她，董事长要她去他办公室。

"坐，小姑娘，我有个故事要讲给你听。"刚进房间，董事长便对萌萌说，"'森林之王'老虎一胎产下两个宝宝，所有的动物都来祝贺，唯有老鼠不以为然。因为它刚刚产下10只老鼠，觉得'森林之王'不如它。猴子知道了它的心思，说：'老鼠呀，10比2是客观存在，但你忘了，人家的品种比你好得多呀！'我的故事讲完了。你的四个策划案我看了，也看出你尽了最大的努力。但你忘了，当你把百分百的努力投入到四个策划案中的时候，每个方案你只有百分之二十五的努力；而你把百分百的努力投入到一个策划案的时候，你得到的是一个百分百的策划案！数量只是一个标志，质量才是根本，我要的是精品而不要庸作，哪怕它有很多问题。"

通过这样一番谈话，萌萌既认识到了自己的问题，又觉得董事长和蔼可亲，于是便更加用心地工作起来。

两年后，萌萌成了公司的策划部主任，而她也经常对下属讲起董事长讲过的故事。后来她由策划部调到经营部。就在这一年，公司董事会决定，由现任中层各自率领自己的团队开展为期一年的工作自负盈亏。很快公司将分管城市的名单分配下来，看到她分到自己手里的几个城市，全是偏远不发达地区，萌萌觉得这不是明摆着为难自己。隔一天，萌萌向公司递交了辞职申请，董事长再次把她叫进了办公室。

董事长说："盘子里有三块西瓜，一块300克，另两块均200

克。你要哪块？”“我要大的，要300克的。”萌萌赌气地说。“好！那我要200克的，我们一起吃，我的相对小些，所以我先吃完，那么盘里剩下的应该给我吧。你刚才赌气要大的，想占便宜，但是结果呢？我吃小的吃了亏，但是我两块可是400克呀，比你要占便宜呀！同样，你并没有了解那些城市的本质，为什么就断定那里没有市场前景呢？表面的东西可以迷惑人，但是一个成功的商人不会被表面的大小好坏迷惑。市场是做出来的，不分大小好坏。这是你的辞职信，你可以选择重新递交或者收回。”

董事长又一次用他的亲和力感动了萌萌，让她有勇气继续挑战自我。在萌萌被破格提升为公司高级管理人员的当天，董事长在办公室给她讲了第三个故事：“在一个仓库里，有个人把一块手表掉了，大家竭力寻找，却怎么也找不到。后来……”她没想到董事长会讲这样一个老掉牙的故事，就插言道：“后来一个小孩趁这几个人休息的时候来到仓库，趴在地下，找到了那块手表，因为他用耳朵听到手表滴答滴答的声音。”“很好，看来你听过这个故事，但是你明白这个故事吗？”“当然知道，就是要我们学会倾听，倾听可以发现许多意想不到的事情！”“没错，但是你在倾听我说吗？姑娘，自信是商人成功的标志，但自信和自负是不同的。你现在是公司的高级管理人员，如果你不去倾听来自员工的话，你将和市场脱节，懂吗？”从此，这些故事一直伴随着她。董事长正是用他的言传身教，让萌萌领略了亲和力的力量。

当然，想做一个有亲和力的职场新人，也要把握一定的尺度，万事不可做得太过，月盈则亏。在你努力保持亲和力时，也要坚守自己的原则，错误的事一定不要委屈自己去做。凡事切勿自轻自贱，跟同事、上司交往总怕被别人笑话，总赔着小心说自己不如人，这样不但不能建立起你亲切的印象，反而会让人慢慢地远离你。

亲和力是一项职场沟通能力，不足或太过都会导致不良后果，而如何把握这个度，就需要我们在职场中慢慢摸索、锻炼。如此才能游刃有余，让亲和力成为你有效沟通的法宝和你成功的背后推手！

融入集体才有亲和力可言

融入一个集体是人来到这个世界上必须经历的一个过程。只有在一个集体当中才有亲和力可言，也只有在集体当中才能体现出自己的价值。热情大方地去接近别人，通过沟通与交流获得彼此的认同感，当你真正融入一个集体中的时候，那么，你也就具备了在人与人交往过程中的亲和力。

人都有社会属性，是一个生活在集体中的动物，无论你的性格多内向，都不可能将自己封闭起来，与周围的一切断绝来往。你总是在不知不觉地与人们打着交道，而人们的思想、习俗也在潜移默化地影响着你。每一个人既是作为一个个体单独存在，但又都是生活在一个或大或小的集体当中。

一个人独居，看似不与人接触，其实不然，无论是邻居向你借日用品还是房东来收房租、水费，你都得和他们说上两句。你的食品、衣服、家具都必须去买，为了争取货真价实，物美价廉，你还要和许多人说话。为了生存，你要参加工作，还得和许多人交往，处理上下级关系。总之，一个人要想生活在这个社会上，就不能脱离社会这个大集体而独自生存。

生活中常常可以看见这样的人，在熟人跟前能风度翩翩，侃侃而谈，一见生人却举止失措，语无伦次；做主人能自如大方，做客人却频频失态；在家里、单位尚能举止得体，在公开场合却脸红心跳；对合乎自己脾胃的生活习俗能欣然接受，对跟自己习惯有异的东西却拒不接纳。这种人的表现皆因适应性差造成。

适应性差虽对已有的交际圈影响不大，但要扩大交际范围就比较困难了。适应性差的人，在交际活动中大多都“躲进小楼成一统”，很难知“山外青山楼外楼，更有好景在外头”了。

社会上绝大多数人还是喜欢和其他人交往的，以朋友多为自豪。这是人类普遍具有的渴望与他人亲近、和谐相处的心理状态，是人类最基本的需求之一。孩子依恋父母，老人挂念儿女，兄弟姐妹、朋友之间互相帮助，人们就是在这种相亲相偎的关系中，培养能力，增强力量，战胜一个又一个困难，最终走完一段又一段的人生旅程。这种亲和力，既能促使感情归依，又有利于人际交往，它对平衡人的心理，克服势单力薄的不足，起着很好的调节作用。

虽然独立自主、自力更生有时可以解决一部分的衣食住行等方面的问题。但多数的情况下，人们还是要依靠他人的帮助，人们之间总要或多或少、或直接或间接地发生一定的联系。

正如荀子所说：“人力不若牛，走不若马，而牛马为之用，何也？曰：人能群，彼不能群也。”荀子的这段话，道出了人类在同大自然的斗争中，团结就是力量的真理。为了求得生存，人类就凭借这种亲和力，使自己坚强而有力地屹立在大自然的面前。人的这种求生存的动机，就是亲和力的一种重要表现。

为了生存，人类在不断索取自身需要的东西。在索取的过程中肯定会遇到一些阻力这时，单凭个人的力量是难以抵御外界挑战的。这就必须借助他人的帮忙，才能解救自己。这种安全意识，在竞争如此激烈的当今社会，尤为重要。例如，当我们还没有富起来的时候，希望能够有更好的工作或者是更高的收入；当我们有了大笔钱财的时候，我们又会希望社会各项措施到位，进而为自己提供一个安全的环境。人们无时无刻不在关注着自身的安全，也正是由于人们对这种安全的需要，使得自己自愿地融入人群之中，并且希望通过这一集体的力量来战胜对危险的恐惧。其实，人们的这种动机，就是亲和力的一种表现。

人有喜怒哀乐，丰富的情感世界使人类产生了强烈的归属动机。人们在喜悦或悲伤时会急需找一个倾诉的人，求得他人的理解及宽慰，让自己在情感上有所寄托。同样，归属的需要，也使得自己自愿地与他人亲近，融入这个大群体之中。

2002年，美国的心理学家奥尔屠斯曾经做过这样一个试验：首先他将4名事先选好的人分别隔离在4间屋子里，在供给他们食宿的情况下，使他们与一切外界事物隔绝。结果发现坚持的时间最短的是20分钟，坚持的时间最长的是8天8夜。但无论坚持的时间是长是短，他们都感到了孤独和痛苦，而且心理都有紧张感。

试验表明，人的亲和力来源于人的本能。人类喜欢合群，组织家庭，建立各种各样的社会组织，这便是极好的证明。孤独会使人们恐惧，离开群体会使人们感到害怕，长期的隔离，将会使他们在心理状态上发生变异，变成一个不正常的人。也正是出于本能，人们彼此间相互亲近，更好地生存下去。生存的这一需要，就成了亲和力产生的条件。

身在职场说话要加考虑

上班一族在办公室里与同事接触得比较多，每天见面的时间也最长，谈话可能涉及工作以外的各种事情，说话不适宜，常常会给你带来不必要的麻烦。在同事中，有正人君子，也有奸佞小人。身处复杂的环境之下，如果不注意说话的内容、分寸、方式和对象，往往会招惹是非，授人以把柄，正所谓：“逢人且说三分话，未可全抛一片心”。所以，与同事相处的时候，必须要掌握好分寸，以免引火烧身。

俗话说：“兽有长舌不能说，人有短舌不该说。”不该说的话一定不要说，特别是不能在大庭广众之下袒露别人的隐私和伤痛，否则就等于是向对方挑战。身在职场与人打交道共事时，要特别注意这一点。

清代的康熙皇帝，到了晚年，年纪大了，头发也花白了，牙齿也已松动脱落。但他人老心不老，听到别人说“老”字就不高兴。康熙皇帝为了显示自己还年轻有活力，常常率领皇后、妃子们去猎苑猎取野兽，在湖上钓鱼取乐。

有一次，他率领一群皇妃们去湖上垂钓，不一会儿，鱼竿一动，康熙皇帝连忙举起钓竿，只见钓钩上钓着一只老鳖，心中好不喜欢。谁知道刚刚拉出水面，只听“扑通”一声，鳖却脱钩掉到了水里面跑掉了，康熙长吁短叹连说可惜了。在康熙左边身旁陪同的皇后见状连忙安慰说：“看光景这只老鳖是老得没有门牙了，所以衔不住钩子了。”

这个时候，在一旁观看的一个年轻的妃子见状忍不住大笑起来。康熙见了不由得龙颜大怒，他认为皇后是言者无心，而那妃子是笑者有意，是含沙射影笑他没有牙齿、老而无用了。回宫之后，康熙下了一道圣旨，将那妃子打入冷宫，终身不得复出。到了这个时候，那个年轻的妃子才深深感到后悔了，她叹息道：“因为我不慎笑了一笑，却害了自己守寡一生，这都是我自己不注意言行带来的恶果啊！”

同事之间相处日久，大家不免要开开玩笑，玩笑不伤大雅无妨。这样可以使气氛更欢愉，彼此沉浸在往事的回忆中，倒是一种乐趣。然而，有时不该说的说了，就会使气氛骤变，若是有朋友携好友或恋人同往，情况还会更糟。

小张长得高大魁梧，在大学校园内有“恋爱专家”的雅号。如今他是一家外资公司的高级职员。英俊的长相和丰厚的薪水使他在众多的女友中选上了貌若天仙的小丽。也许是为了炫耀自己的能力，小张带着小丽去参加朋友聚会。就在大家天南海北闲谈的时候，同学小王转了话题，谈起了大学校园罗曼蒂克的爱情故事，故事的主人公自然是“恋爱专家”小张。小王眉飞色舞地讲述小张如何引得众多女生趋之若鹜，又如何在花前月下与女生卿卿我我。小丽先还觉得新奇，但越听越不是味，终于拂袖而去。小张只好撇下朋友去追小丽。

小王并不是有意要揭小张的伤疤，而他的追忆往事确实使小丽耳不忍闻，无端造出了乱子。这不仅使小张要费不少周折去挽回即将失去的爱情，而且使在场的人心里也不愉快。在朋友聚会时，拣愉快的事说是活跃气氛的好办法，但口下留情很重要，千万不要揭人伤疤，否则，你就会成为不受欢迎的人。

无论是在什么场合，都要尽力回避他人忌讳的问题，尽量把话说得委婉一点，减弱语言的刺激性。不要勾起对方痛苦的回忆，尽量创造一个和谐的交流氛围。

一个人成功以后，最怕的就是回忆过去痛苦的经历。一个不谙世事的人，如果说几句揭人伤疤的话，这好比是给人新愈的伤口上又涂抹了一层盐。总是爱揭别人伤疤的人，最后结局往往是得不到大家的欢心。

某公司的一个部门里有两位职员，工作能力难分伯仲，互为竞争对手，谁会先升任科长是部门内十分关心的话题。但这两个人竞争意识过于强烈，凡事都要对着干。快到人事变动时，他们的矛盾已激化到了不可收拾的地步，好几次互相指责，揭对方的短。科长及同事们怎么劝也无济于事。结果，两人都没有被提升，科长的职位被部门其他的同事获得了。因为他们在争执中互相揭短，在众人面前暴露了各自的缺点，让领导认为两人都不够资格提升。

人人都有各自不同的成长经历，都有自己的缺陷、弱点，也许是生理上的，也许是隐藏在内心深处不堪回首的经历，这些都是他们不愿提及的“疮疤”，是他们在社交场合极力隐藏和回避的问题。被击中痛处，对任何人来说，都不是一件令人愉快的事。尤其是他人身上的缺陷，千万不能用侮辱性的言语加以攻击。中国人可以吃闷亏，也可以吃明亏，但就是不能吃“没有面子”的亏。无论是什么人，只要你触及了这块伤疤，他都会采取一定的方法进行反击以求获得心理上的平衡。

与同事相处，说复杂它就复杂，说简单其实它也简单，不过，最需要注意的还是在一些细节问题上，这些微小之处往往能引起别人的不愉快或者反感。所以，在办公室，多注意平时的一些言行是很重要的。总的来说，有以下几点是需要注意的：

第一，要吐露自己的烦恼，不要发泄自己的不满

有许多性子直、爱说的人，喜欢向同事倾吐苦水。虽然这样的交谈富有人情味，能使你们之间变得友善，但是研究调查指出，只有不到百分之一的

人能够严守秘密。

所以，当你的个人危机和失恋、婚外情等一系列个人的事情发生时，你最好不要到处诉苦，不要把同事的“友善”和“友谊”混为一谈，以免成为办公室的焦点，也容易给老板造成“问题员工”的印象。工作时应该保持高昂的情绪状态，即使遇到挫折、饱受委屈、得不到领导的信任，也不要牢骚满腹、怨气冲天。

第二，不要说人坏话

许多人喜欢在别人背后说人坏话，只要人多的地方，就会有闲言碎语。有时，你可能不小心成为“放话”的人；有时，你也可以是别人“攻击”的对象。这些背后闲谈，比如领导喜欢谁？谁最吃得开？谁又有绯闻等等，就像噪声一样，影响人的工作情绪。

聪明的你，要懂得该说的就勇敢地说，不该说的就绝对不要乱说。

第三，不可当众揭对方的隐私和错处

有些人喜欢当众谈及对方的隐私、错处。心理学研究表明：谁都不愿把自己的错处或隐私在公众面前“曝光”，一旦被人曝光，就会感到难堪而恼怒。因此在交往中，应尽量避免接触这些敏感区，以免使对方当众出丑。必要时可采用委婉的话暗示你已知道他的错处或隐私，让他感到有压力而不得不改正。知趣的、会权衡的人只需点到即止，一般是会顾全自己脸面而悄悄收场的。当面揭短，让对方出了丑；对方说不定会恼羞成怒，或者干脆耍赖，出现很难堪的局面。

至于一些纯属隐私、非原则性的错处，最好的办法是装聋作哑，千万别去追究。

第四，要学会与同事间的沟通

要解决好存有矛盾的同事之间的沟通问题，其中双方沟通的细节问题也很关键。当与同事发生的矛盾已经到了明显影响工作的境地，应该找一个具体而恰当的时间和场合，与这个人进行面对面的直接的且真诚的沟通，把彼此真实的想法都说出来，看对方的反应是什么，他到底需要你怎么做才可以满意。倘若你选择摔书本或摔杯子的间接方式，很容易令对方产生较大误解。

沟通过程包含了很多要素，其中情绪控制问题是最重要的一点。假使能在沟通前，把想要表达的意思，先在脑子里过一遍，常常会更保险许多。人通常在遇到不公平待遇的时候，情绪受到较大刺激，就很难保持冷静的心态去进行沟通。如果一个人处于情绪激动的状态之下，此时他的智商几乎等于零。所以在沟通的过程中应该要保持冷静和理智的心态。

第五，不要展示自己的优越

有些人喜欢与人共享快乐，但涉及你工作上的信息，譬如，即将争取到一位重要的客户，老板暗地里给你发了奖金等，最好不要拿出来向别人炫耀。只怕你在得意忘形中，有些人眼睛已经发红。

另外，不要在同事和上司面前摆阔。无论是在机关还是公司，但凡在一个团队里面，都有一个领导，他始终位于金字塔的塔尖，他的威望是不言而喻的。任何一个成熟的职场人士都不会愚蠢到引起顶头上司的不悦，也会尽量避免让同事尴尬。但有时候，你会发现上司或者同事突然对你很冷淡，令你百思而不得其解，因为你不知不觉就在一个毫不起眼的地方犯了忌，比如，你一不留神表现得比上司还有钱，你比同事境界都要高，这样做只会给你带来麻烦。

要有足够的魅力吸引别人

同事间的交往和人与人之间的吸引力是直接相关的。吸引力不同，交往的密切程度，交往的方式，交往的最终结果，也会各不相同。每个人都希望别人能够喜欢自己，要使别人喜欢自己，就要使自己成为一个具有吸引力的人。

实际上，作为一个普通人，我们需要吸引力，它能使你有足够的魅力吸引别人，你的人气才会旺，才会使你赢得足够的支持。要是你想作为一个领袖人物，那就必须具备吸引别人的能力，这就是作为一名领袖的号召力和影响力。

恺撒大帝最初是一名负责公众竞赛的官员，后来他组织了一连串的活动，如狩猎野生动物、角斗表演等。对平民百姓而言，恺撒这个名字逐渐和他们喜爱的盛事结合在一起，是那么让人期待和难以忘记。在攀升到执政官地位的过程中，他的人气也越来越旺。

公元前49年，内战困扰着罗马。在形势最紧急的时刻，恺撒来到驻扎在鲁比孔河岸的军营，和他的幕僚们激烈地辩论着选择和平还是战争的问题。恺撒以个人的独白做结尾时，伸手指向河边，仿佛那里有一名非常高大的兵士吹响了军号，引领军队跨过鲁比孔河上的桥。他慷慨激昂地发表演说：“让我们接受神的指示，追随他的召唤，报复口是心非的敌人。骰子已经掷下了，不容收回！”

他的演说极富说服力，他以雷霆万钧之力使那些将领屈服了，使他们认为必须抓住这个时机，成就不朽之功。这些效果绝对是乏味的演说无法企及的。

最后，将领们集结在他的旗帜下，恺撒挥军渡过鲁比孔河。第二年，他粉碎了敌人的势力，成为罗马的独裁者。

吸引力归根到底来说就是各方面的能力。那么，该如何使得自己变成具有吸引力的人呢？

第一，能力吸引

一个聪明能干、才华出众的人，往往能引起人们的喜爱、钦佩、尊重、敬慕的感情，在人际交往中具有吸引力。因为能力强的人可以给自己或自己所在的群体带来好处，而一个愚蠢无能的人则不会给自己或自己所在的群体带来任何利益。一个人希望自己对他人具有吸引力，就需在某些方面使自己成为一个非常突出的人。

第二，外貌吸引

马克思说："人是按照美的规律来塑造物体的。"爱美之心，人皆有之。美是人的本质力量的表现，爱美，是人的天性。美丽的外貌、优雅的举止，能给人一种精神享受。在人际交往中，人们首先获得的就是对方的表情、姿态、身材、仪表、年龄、衣着等方面的印象。这些方面印象的好坏，会给交往者的心情以及交往的结果以不同的影响。

为了适应人际交往中外貌吸引的心理需要，我们应该注重自己的仪容仪表，应该讲究衣着风度。

第三，接近吸引

交往的空间距离相近，能制造出交往接触的方便条件，造成一种相互熟识的可能，从而使双方之间产生吸引力。在空间上接近的人们比如同事，同在一个办公室里工作，由于相互之间相邻靠近，总希望尽可能避免冲突，因而特别注意友好相处。俗话说："外地遇老乡，两眼泪汪汪。"这种感情，正是由接近的吸引力产生的。

诚然，空间距离的远近，在很大程度上是由客观条件决定的，在空间上邻近的情况，也可以通过反复交往，相互熟识，从而在心理上接近起来。这是增进吸引力的有效途径。

第四，补偿吸引

多种多样的生活需求是人们进行社会交往的动力，反之，如果不通过交往就达不到预期的目的。这一事实，反映了补偿是人际交往具有吸引力的重要因素。

在现实生活中，一个性格活泼的人偏偏愿意和一个性格稳重的人在一起，一个依赖性较强的人反而喜欢和一个自主性强的人交朋友，脾气急躁的人往往希望和有耐性的人相处，原因就在于这种交往能使双方得到互补。当然，其条件是基本态度的相似。

具备吸引力的人不管走到哪里，身边都会有一群朋友、一群追随者，有吸引力的人不会觉得孤独，就像磁石一样，一股无形的力量会把他周围的人聚集到他身边。

以谦恭的态度约束自己

谦恭不是一种姿态，而是一个人内在品德和修养的高度表现。它不因学问博雅而骄傲自大，也不因地位显赫而处优独尊，相反，谦恭者学问愈深愈能虚心谨慎，地位愈高愈能以礼待人。

大家每天都与别人相处，接触不同的人、不同的事。有些人春风得意，但有些人却交际失信等，出现这种情况，你就该意识到自己是否是一位受大家欢迎的人？

在日常生活里，常会发生此种情形：你觉得和某个人说话非常无聊，这个人通常是个阴沉、言而无信、又喜欢说别人坏话的人。此种芥蒂只会使你们相处得更不融洽。

例如，你和同事闲聊，提到某位同事并不怎么样，对方虽未必会反驳你，但实际上他心里却别有反应。首先他会想，你为什么老喜欢让自己看起来那么了不起？老是以说别人坏话来提高自己的形象？其次，他会觉得你缺乏体贴他人的心胸。任何人皆有优、缺点，与其揭人之短，何不提出对方的优点，给予适当的肯定呢？

另外，他会对你产生不信任，怀疑自己在什么时候是否也会被你批评一番？所以，要同事们对你具有好感，首先不该带着先入为主的偏见评断别人。

与同事交往，无论你自己的知识多么丰富，口才多么犀利雄辩，都应该时刻以谦恭的态度严格约束自己。这样，个人的威信和形象不仅不会受到影响，反而还会使你获得很好的人缘。假如遇事容易激动，尤其在自以为正确的情况下，更加理直气壮、咄咄逼人，这种处世方式是很不受别人欢迎的。因为人无完人，谁也不是圣人，说话办事哪能没个闪失呢？

每个人都有心气不顺的时候，如果对方所说的话语，你感到不悦耳甚至反感，不妨充耳不闻。假如对方的行为，你觉得不顺眼，不妨视而不见，何必过分认真、锱铢必较、穷追不舍，一定要报以尖刻的话呢？

在与同事的交往中，“官气”十足也会让人生厌。所谓“官气”，就是指有些人只许他人尊重自己，而自己却不尊重他人。如果你在与人交往时，无意中养成了这种不好的习惯，必遭众人厌恶。

尊重他人既是一个人行为的准则，也是一个人在人际交往中的信誉形象，无论做任何事，不尊重他人，你在人们心目中的形象首先就会大打折扣，更不要说“官气”十足而令众人生厌了。

要想时刻以谦恭的态度约束自己，需要从生活中的点滴小事做起，并严格自律。

第一，不要事事与人相争

别人说对，你偏要说错；别人说圆，你偏要说方；喜欢与人争论不休，久而久之，别人对你就会畏而远之。记住“静坐常思己过，闲谈莫论人非”。

第二，和风细雨，不要出口伤人

现实生活中，许多因词不达意、语言尖刻抑或“刀子嘴豆腐心”而惹人生厌者比比皆是。正所谓“片言之误，可以启万口之讥”。激昂慷慨，言人所不敢言，对方自会做出同样的反应；一味诉苦，到处乞怜，对方自会发生寒酸反应；好放冷箭，伤人为愉，伤人越甚，越以为快，对方自会发生创痛的反应。

为避免出口伤人，说话宜三思而后“语”，不宜心直口快，宜和风细雨，不宜含沙射影。说话之前，起码先得考虑这样一个问题：他愿不愿意听你说话。愿意听你就说，不愿意听还是免开尊口为妙。同时，要善于换位思考，你的“金口玉言”如果是对方说给你听，你是愉悦还是心生不快，如此反思，便会渐渐改掉这种不受欢迎的毛病。

第三，不要虚伪做作

当面一套，背后一套，虚情假意，什么事都喜欢客套，这样也许短期有用，但早晚会被人识破真实的目的。

第四，不要挑剔别人，唯我自大

不要指责别人，总觉得这也不是，那也不足，横挑鼻子竖挑眼，似乎没有一点可取的，“水至深则无鱼，人至察则无友”。太挑剔你永远都得不到认可，找不到真朋友。

不要自以为是，自以为师，总是趾高气扬，盛气凌人。不要对人总是指手画脚，把自己的意见强加于人，不顾别人愿不愿意听从。如不听从就大声责骂，其实这只不过是你自己害怕被人看成无知和没有能力的一种表现。

第五，不要怨声载道，牢骚满腹

不要一遇到挫折和失败就牢骚大发，如果想发牢骚，就到家里，到偏僻的酒吧或其他的地方，千万不要在同事面前。你必须记住这句话：“言多必失”。

第六，不要过于随便，不拘小节

随随便便，大大咧咧，只图自己的一时痛快，不顾他人的感受，这样也没有人会喜欢你。

不要随口议论别人的隐私

对于隐私，学术界有一个代表性的定义：隐私是一种保持安静的独处生活的权利，是对他人接近一个特定个人的限制，是保护一个人在其不愿意的情况下不被其他人接近或者接触。这种接触既包括实际中的身体接近或接触，也包括对个人信息的接触。它是对个人亲密关系的自决或者控制。

事实上，对隐私权的保护，我国早已有之，古代圣贤大儒均视其为人性的基本部分，对其极为尊重。从我国的建筑风格来看，无论王侯豪宅，还是百姓草堂，外皆有高墙围护，内设院落分隔，既有曲径相通，又有门窗相关，为的无非是保护自己有一个相对幽静、自由的空间，免受烦扰，放松身心，这不就是在保护隐私吗？

但曾几何时，我们却开始把个人隐私当做见不得人的事，尤其朋友之间，若有什么尚未公开，就不够义气，就是没有诚意，以至于达到了同吃、同住、同行、同生死，才算够得上哥儿们，是亲密无间的朋友。这样做的结果，表面上朋友之间亲如兄弟，无话不说，无事不公开，实际上并不尽然。首先，那些“亲密无间”、“融为一体”的朋友，已经失去自我，而这当然决非自己的意愿。把自己的一切一时寄托在朋友身上，最终还要从朋友身上找回来的，因为自己毕竟是自己，朋友是不可能完全替代的。此外，再亲密无间朋友毕竟是两个不同的人，毕竟会有矛盾的存在，所以朋友间一旦出现不合，那么越亲密就可能彼此伤害得越深。因为亲密的朋友之间知根知底，朋友知道的事情太多了，不清理门户，就难除“心腹大患”。因此，朋友之间若出现内讧，那首先清理的往往是曾经最亲密的朋友。这与不互相尊重隐私权有直接的关系。

每个人都会在自我的心里设置那样一道大门的。美国的幽默大师、作家马克·吐温承认：“每个人像一轮明月，他呈现光明的一面，但另有黑暗的一面从来不给别人看到。这座埋葬记忆的小岛和月亮上黑暗的一面，就是隐私世界。”

我们每个人在社会中都扮演不同的角色，在这种角色之下，我们也有不同的不愿为人知的秘密，这实际上是对自我的一种保护，谁也不希望自己的秘密被别人发现。不管是与亲人还是与爱人我们都很难做到毫无保留，何况是一般的朋友和同事呢？

隐私是我们在与人的交往中设定的一道门，门外是大千世界，门内是自我空间。在自我的空间里，我们可以让思想天马行空，可以不去在意别人的看法，想说就说，想做就做，这就好比是一个私密花园，在这个秘密花园中，唯一的访客就是我们自己。当有一天，这个空间被别人有意或无意地闯入，即使是关系再亲密、再好的人，也会使人产生被侵犯的不良感受，这会使得双方都很尴尬，甚至有可能导致撕破脸皮，良好亲密的关系可能就此荡然无存。

一些人认为，朋友之间应该坦诚相见、推心置腹，所以就不存在什么隐私。抱有这种观点并侵入朋友隐私世界的人，将会很难交到朋友，因为他们的这些举动常会伤害到别人。朋友之间是应该坦诚相见、推心置腹，但千万不要侵入朋友的隐私世界。

齐晓和刘菊是形影不离的好友，两人可以说是无话不谈。齐晓有写日记的习惯，一本小小的日记本，承载着她许多的小秘密，这个日记本是一个小小的禁地，任何人都不允许擅自闯入，即使是刘菊也不例外。所以齐晓总是小心翼翼地把日记本藏起来，不让人发现。

在一次朋友的聚会中，齐晓的日记本还是被刘菊看到了。那次聚会是在齐晓家里举行的，每个来参加聚会的人都会带不同的食物来聚餐。齐晓忙着招呼朋友，刘菊走到齐晓的房间想清静一下。没想到，在枕头边看见了齐晓的日记本。

在好奇心的驱使下，她打开了日记本。最近的几页里边写着，齐晓喜欢上一个男生叫吴军，为了和他有更多的接触和交流，才精心地筹备了今天的这次聚会。看过日记的刘菊很兴奋，她觉得既然自己的好朋友有喜欢的人，自己怎么可以袖手旁观呢？

当大家都走到了餐桌前的时候，刘菊大声地说了句："吴军，今天的聚餐可是齐晓为你精心准备的哦。她对你这么好，你可不要辜负她啊。"

话音一落，所有人都看向吴军和齐晓，嘴角还带着坏坏的笑，"哦哦"地开始起哄。齐晓的脸刷的一下红了，看看大家戏谑的表情，再看看毫无歉疚之意的刘菊，头也不回地走了出去。看到生气的齐晓，大家都愣在了那里，半天才知道，原来这并不是齐晓爱的表白，而是刘菊揭出了齐晓的隐私。

后来虽然刘菊向齐晓道了歉，也得到了齐晓的原谅，但齐晓和吴军还没有成熟的爱情却消失了，两个人见了面，特别的尴尬，最后连朋友都没得做了。而刘菊和齐晓间的友谊也因为这件事情而变得淡了，后来也基本上不怎么来往了。

不随意窥探、揭发朋友的隐私是很重要的。即使你偶然知道了朋友间的一些隐私，也别声张，别到处去说，这对维护你们之间的友谊也是很重要的。

保护个人隐私，在有些国家看来极为重要。身在职场，有的时候会接触外国人，假如按照中国人自己的旧习惯打听外国人的个人隐私，是很令人尴尬的事情。

一天，刚参加工作不久的张小姐被派到外地去出差。在卧铺车厢内，她碰到了一位来华旅游的美国姑娘。由于对方首先向张小姐打了一个招呼，张小姐便大大方方地用英语与对方聊了起来。

交谈的时候，张小姐有点没话找话地询问对方：“你今年多大岁数呢？”不料人家所答非所问地予以搪塞：“你猜猜看。”张小姐觉得没趣，转而又问：“到了你这个岁数，你一定结婚了吧？”这一回，那位美国小姐的反应更令张小姐出乎意料：对方居然转过头去，再也不答理她了。一直到分手，她们两个人再也没有说上一句话。

张小姐与那位美国姑娘话不投机，不欢而散，主要是因为张小姐在交谈中向对方所提出的问题，在国外纯属于不宜向他人打探的个人隐私。按照常规，对方是有权力拒绝回答的。

此外，外国人朋友之间一般不问收入，除非对方主动告诉你。在外国人看来，个人收入纯属隐私，不仅要尊重，而且要充分保护。收入多少，是一个人极为重要的秘密，岂可随意探问猜测？不想让朋友知道自有不想让他知道的理由，有时候，朋友知道了反而对朋友有害。因此，外国人能像对待性隐私一样对待财产。

中国人习惯把一些为外国人视为隐私的问题看做是普通家常闲聊的话题，并常常以此为话题拉近距离。在国际交往中，为了同国际接轨，我们应该了解那些属于个人隐私方面的问题。

一般而言，在国际社会中，以下七个方面被视为个人隐私：一是私人收入支出，二是年龄大小，三是恋爱婚姻，四是所忙何事，五是家庭住址，六是个人经历，七是信仰政见。以上七点，在对外交往中，应避免主动提及，才是尊重他人隐私的表现。

拿别人的隐私说事只会让人讨厌你，所以，身在职场应时刻记住：不要随便议论别人的隐私。

与资历老的同事和睦相处

资历是一种非正式的权力，它意味着人缘。一个公司是一张庞大的人际关系网络，资历意味着和网络上的很多点都很熟悉，甚至有很好的关系。这种人缘对在公司生存无疑大有裨益。

随着城市老龄化日渐临近，以后一个团队里，三代同堂也大有可能。新人可能面对的不止是前辈们业务上的保守，甚至在言行举止方面，也会受到抵触或不认同。

其实，在优胜劣汰的竞争时代，前辈们虽然资历深厚，但他们也觉得危机重重，新人可能初出茅庐，有初生牛犊不怕虎的热情，所以在如何“取经”的道路上，要积极主动地与资历老的同事和睦相处，相互应该多合作，取长补短，事半功倍。

徐华在一家报社采编部门当见习记者，工作快接近半年了。回想自己的经历，她深有感触地说：“工作中要尊重身边的同事，尤其是对资历比较深的‘前辈’一定要时刻保持尊敬，不管当时你有多么委屈。”

在刚进这家单位时，徐华就耳闻过部门里有一位姓刘的老前辈性格特别古怪，特别是对新员工表现得很不耐烦，有好心人还暗地里提醒过徐华：“小心点！尽量离他远一点。”但是徐华并没有对这位老前辈敬而远之。第一天刚到办公室，她就主动地跟这位前辈打了招呼，并告诉对方自己的名字和联系方式。

可能是徐华当时的行为给前辈留下了好印象，这位前辈总有些事情要她帮着跑腿，“可是刘叔总是很不耐烦的样子。”徐华说到这位前辈显得很无奈，“有一回他要我整理一份文稿，其中有两个数据他认为不合理，于是要我去核对，经过几番周折终于找到那个人……”经过重新了解后，被访者说这个数据不重要，没有必要太计较。于是，徐华直接把话转述给前辈听，当时她还没把话说完，刘前辈就不耐烦了：“你是木头啊，难道你不知道问为什么是这个数据吗？！”徐华当时特别委屈，但还是嘱咐自己不能冲动，平和地向前辈解释清楚。徐华说：“他当时立刻就没发那么大的火气了，声调也降了不少，只是说了一句‘哦，是这样啊，那就算了’，然后，他转身就走了。不过，从那以后，他对我和气了很多，上个星期，我感冒了，他还很关切地催我快去医疗室开点药。”

徐华有点得意地笑了。

老同事一般资历深、想法多，就像树老根粗一样是正常现象，我们作为新人如果和他们耍心机，那是注定要吃亏的。如果对他们客客气气，恭恭敬敬的，说不定不但落个“这孩子不错”，还能把“真经”传给我们呢。

另外，大家做同样的工作，工作方法可能南北有别。前辈们因为年代背景的关系，可能比较保守。他们容易固执己见，打电话也轻声细语，休息时可能只是看看书或闭目养神。这些对于青春飞扬的年轻人来说，简直就是压抑和无聊地浪费生命。所以，在你的小隔间里能装饰着各式各样的卡通玩具、卡通贴。中午休息时，会放些摇滚乐，打电话时，说到高兴处，可能会放肆大笑。

如果你已做到了领导的地步，拥有一间私人办公室，这些当然都没问题。可如果你还在一个公共的大敞开式的办公室里工作，而左邻右舍可能都是大你10岁以上的前辈们，那么你就得注意了。

比如中午，你可以选择出去走走，偶尔陪前辈们晒晒太阳；听音乐的时候别忘了戴耳机；打电话时，如果憋不住要大笑，可以捂住嘴巴，这样至少可以显示出你在努力克制。

这些细节上的注意，会让前辈们体会到被尊重的感觉。日久，就会对你多几分认同感，至少觉得你修养不错，不是个张狂的人。也许，对你的排斥感会逐渐消失。

不要给自己的脸上贴金

往自己脸上贴金的人往往得不到大家的认同，这不仅因为他沾沾自喜惹人讨厌，还因为这种做法在一定程度上意味着对别人的否定。没有人愿意被否定，即使是相交多年的朋友。

在日常生活中，许多人都有这样的毛病：过分强调自己对成功的贡献，尽量缩小自己对失败应负的责任，这就是心理学上所谓的归因偏差。事实上，我们每个人都具有探究事情原因的倾向。而且，在归因时，每个人都有一种自我防御倾向。如果自己成功了，找主观原因，特别是特质方面的原因，诸如能力高等等；倘若自己失败了，找客观原因，特别是情境方面的原因，诸如运气不好、心情不好等。反过来，对别人则没有这么厚待了，别人成功了，说是客观的情境原因，如机会好云云；倘若别人失败了，则说是主观的特质原因，诸如能力低下、不懂事等。这种把成功归因于自己而否定自己对失败负有责任的倾向性称为自我服务偏差，是归因偏差的最主要表现形式，说白了就是“往自己脸上贴金”。下面的私塾先生就是以最精简的语言高度浓缩了这种归因偏差。

一位私塾先生自诩文章冠绝古今，他与自己的弟子们一道连续几届参加科举考试，但每次都是弟子们中举，他却名落孙山。一次，主考大人宴请社会绅士名流，席间谈及此事，主考大人问他这是什么原因，他愤愤然吟诗道：“文章不如我，造化不如他。”说罢，拂袖而去。

显然，这是一种错误的心理认知。心理学家指出，人们的归因行为并非总是纯粹理性活动的产物，也是不严密的，这就会使人们对行为的归因出现错误和偏差，偏差指的是认知者偏离了标准的归因过程，而错误则指的是认知者系统地歪曲了某些本来是正确的标准程序。这些错误和偏差有的源于认知过程本身固有的局限，有的源于人们的动机。

有时候，尽管我们将他人的行为归因于较稳定的人格因素，但我们却倾向于将自己的行为归因于外部因素，即随情境而变，这在行为本身无所谓好坏优劣时更是如此。心理学家将其称为“行动者——观察者效应”，也是一种归因偏差现象。

那么，为什么在看待他人和看待自己时，会存在上述差异呢？心理学的解释是，自己行为和他人行为的突出程度不同，因此知觉和认知的效果也不同。具体来说，作为行动者人们不能清晰地看见自己是如何行动的，这时自己的行为就不那么突出，而影响自己行为的外在环境因素却很突出，所以很容易将自己的行为归因于外部因素；反过来，作为他人行为的观察者时，他人的行为就成了知觉对象，而环境则成了模糊的知觉背景，所以人们常将他人的行为归因于行为者自身。

既然我们已经了解了自我服务偏差的心理学解释，我们就应该克服它带给我们的危害。首先，我们应该认识到，这种偏差是每个人都有的，我们甚至无法改变。那么，我们只能去适应这种偏差，宽容这种偏差。如何宽容别人的偏差呢？

首先是把别人的归因偏差看成是很正常的事。我们假设这样一个场景：假如有一份策划案急着要交，可你死活都做不出来，就去问你的主管，他却推诿说现在有点忙，并要你去问别人。这时，你会怎么想呢？是想“有什么了不起的！不就是主管吗！”还是认为“主管的事确实比较多，要不然他不会不帮忙的”。事实证明，尽管当时情况是主管确实很忙，而在这百忙之中能给你一个建议要你去问问别人，已实属不错。但大多数人却依旧倾向于选择第一种想法，从而给自己带来了不快。

这属于归因偏差的一种，即观察者倾向于强调行动者特质的作用，而行动者倾向于强调情境的作用。所以，你要原谅别人对你的不正确看法，因为他们的确是有“苦衷”的。

其次是想想对方的处境。想想对方的处境，你可能就理解他为什么会有这样的归因偏差。我们每个人在做一件事时都抱着一种必胜的态度，但在事与愿违之下，我们的希望总是落空，由此而发生了情绪上的转变。这个时候，有归因偏差是再正常不过的事情。所以，你要理解别人，并适当地关怀别人。

在宽容别人归因偏差的同时，还需提醒自己。归因偏差毕竟不是一种正确的归因过程。对于我们自身来说，需要谨防归因偏差给自己和他人带来的负面效应。

展现与人同甘共苦的亲和力

纵观商业史上的众多企业巨头的发家史，我们不难发现其中很多人在创业初期都是靠两三个部下，一间小屋，几个人同心协力，同甘共苦，最终才成就一番大的事业。他们的成功靠的就是与部下同甘共苦、患难与共。在这种亲和力和凝聚力都很强烈的情况下，上下的心往一块贴，力往一处使，还有什么困难不能克服的呢？又有什么原因使他们不能成功呢？

真正能够让下属拥戴的老板绝不是高高在上、“只闻其声不见其人”的老板，而是那些能同员工同甘共苦、共同奋斗的老板。

任何时候，一个人进一家企业的目的应该跟企业的目的是一样的，那就是发展自己，为了利润更大化而发展自己而工作。为了生存、生活、发展、赚钱等等，总之目的就像企业一样追求利润最大化，但事实上我们发现事情好像与理论相反，或是不太相对应。

在公司运作过程中，一个目标定出来时，大家都很兴奋，都很激情，甚至大家都很激动地讨论着如何如何去实现目标，以及实现目标后的收获，大家讲的都很有道理，这次一定要实现目标，少空谈，多实干。于是任务分配下去，就开始各自去做自己的工作，但过一段时间后问题就来了，你好像发现大家对这个目标有点冷淡，更重要的是没有达到第一期的目标，都是一些看起来很简单的事情，为什么就是做不到？于是就批评，施加压力，要每个人作出承诺，做不到怎么办，有的公司甚至给各部门定目标，没达到目标一分钱都没有。重点批评各负责人的错误和不足，要他们马上进行改正。然后老板进行安抚，说公司这样做也是为了大家，刚才批评大家是重了一些，但为了什么呢？还不是为了大家一起能实现目标，实现了目标大家都有好处，没有实现目标大家都没有好处。其实大家都很不错，我们公司能做到今天也是因为有大家的团结互助才有今天的结果。今天我决定，只要大家能实现这个目标我拿10万元出来作为奖励。

时间到了结果还是不尽如人意，老板于是仰天而叹：天下无马。问题到底在哪呢？人最重要的两个方面我都做了充分的工作，怎么就还是不行呢？趋利避害是人最重要的两极，一方面追求快乐，另一方面逃避痛苦。10万奖金是趋利，达不到目标要惩罚是避害。

老板对下属又是压力又是奖励，目的是为了下属能实现目标，公司做大，每个人都有好的收入，每个人能力提升，每个员工成长强大，收入提高，相信公司一定也会强大起来，大家的收入也一定不会少。也就是说他们本是互利的关系，是共赢的关系，老板要下属好好做结果，如做好了结果，即使老板给的钱不够多，但员工得到的是什么呢？这不光是钱的问题，更让员工获得了一次能力的提升。也就是说事情做好了，最差的收获是你获得了能力的绝对成长，更何况还有10万的奖金呢？最重要的是老板要有与下属同患难共命运的勇气和行动，这样企业的发展才会带来共赢的结果，人与人之间和谐共处、其乐融融。

其实，与人共患难并不是一件困难事，因为危难情况下，共渡难关、同舟共济往往是唯一选择。但困难的是危难之后，苦尽甘来，仍能与部下共享安乐的却并不多见。

春秋时，晋文公重耳即位之前深得介子推的帮助。他即位之后就论功行赏，功大的封邑，功小的晋爵，各得其所。介子推不愿受封，重耳仍把绵上封为介子推的祭田。众臣此后更加竭力相报，终于帮助他打败楚国。

以史为鉴可以知兴衰，作为一名领导者，身处逆境时与部下共渡难关，时来运转时千万不可独自居功，尽享成果，唯有展现与人同甘共苦的亲和力，才能赢得威望，得到部下的拥戴，共创公司之大业。

那么，作为老板或领导怎样才能算是同部下患难与共、同甘共苦呢？答案有两个方面：

一方面是逆境中，与部下同心协力。哪个公司都有经营困难之时，哪个老板也都有身处逆境之日，这时，一个出色的老板应做一个好的舵手，看准方向，动员所有部下共同努力，充满自信面对困难，这时千万别端着架子指使别人。危船上你也要尽一分力，否则旗倒船翻，你自己也要掉进海里。

另一方面，功成名就，莫忘难兄难弟。当时来运转、功成名就之时，千万不能翻脸不认人，即所谓过河拆桥，忘恩负义。这样的老板最为人所不齿，谁愿意自己拼命保全的竟是一个忘恩负义的小人。一旦老板的魅力丧失殆尽，并且背上不义气的骂名，难兄难弟不会再为你效力，新来的人也会望风而逃。而这时最好的做法是不妨谋求双赢，让下属分享你的成果，使其自身的满足感和成就感得以实现。切不可排斥有功部下，落得骂名。

事业的发展壮大离不开老板与部下的共同努力，携手合作。而患难与共之中形成的上下关系才是最牢固的关系。身为老板，一定要展现与人同甘共苦的亲和力，才能使事业蒸蒸日上，也才能让下属更加拥戴你。

忠诚敬业也是一种亲和力

忠诚敬业的人有一种亲和力，而亲和力具有超强的凝聚力，它能够吸引同事跟你合作，给予他人帮助，通过你的努力，能够赢得更多的客户，使企业财源滚滚。

忠诚敬业并非意味着永远只从事一种职业，就只在一个公司、一个部门供职。忠诚敬业是一种对职业的负责。也许你调换过部门，但你一定要对自己的工作有强烈的责任感，真正地喜欢它。

有一些人一生都在努力使别人忠诚于他，而他们自己对谁也没表示过任何忠诚。当然，这不会有什么结果。在人的一生中，最需要的是寻找一项终生的事业。它是能给你带来快乐、发展、财富等成功的工作，它可以使你全身心地投入，同时也能给你相应的回报。

如何获得终生的事业？只有忠诚于自己的工作，你的全部智慧和经历才可以专注在这个事业上，这个事业才可以称之为终生的事业。

可以说每个老板都会忠诚于自己开创和努力奋斗得来的事业，这一点毫无疑问。他会将忠诚、敬业、勤奋定位为公司的核心精神。对每一个雇主来说，员工的绝对忠诚是首要条件。他们会以此为标准选拔人才，并在经营管理的过程中反复地传播和灌输忠诚的理念。在一大群能力相当的员工中，老板更重视的是他们的忠诚敬业程度。无疑，那个忠诚度最高、敬业度最高的人就是他重用的对象。

虽然考察一个人是否是好员工，有许许多多的素质要求，诸如能力、勤奋、主动、正直、负责……但有一点是肯定的，老板更愿意信任那些足够忠诚敬业的人，即使他的能力稍微差一些，也不会重用一个三心二意、没有责任心的人，哪怕他技能一流。当然，既忠实又有能力的员工会更受欢迎，而现实是，少数人需要能力加勤劳，而多数人却要靠忠诚和勤劳。

不管你的能力是强还是弱，一定要具备忠诚敬业的品质。只要你真正表现出对公司足够的真诚，你就能得到老板的关注。他也会乐意在你身上投资，给你培训的机会，提高你的技能，因为他认为你是值得他信赖和培养的。忠诚敬业的人无论走到哪里都会得到别人的信赖，无论从事什么样的工作，都会有成功的机会。

那些在公司中能够得到提升的员工，他们看来好像没有什么苦恼，因为他们只关注如何比别人做得更好，而不会心有旁骛，他们思想上没有杂念，心境平和，所以没有情绪上的波动。他们能以一种睿智的眼光认识自己的处境，所以他们理应从工作中得到属于自己的那一份荣耀。

如果把工作比作航船的话，忠诚敬业的人总是坚守着航向，即使有大风大浪，他们也能镇静地掌稳船舵，驶向远海。他们的敬业忠诚不是口头上的，他们忠诚于公司，忠诚于老板，努力地工作，支持老板，为他出谋划策，帮助他找出并避免管理上的漏洞。朋友的忠诚，在危险时刻最能表现出来。同样，员工对公司和老板的忠诚也是如此，需要在困难的时候经受考验。

公司面临危机的时刻，正是检验员工忠诚敬业的时候。在公司为难的时候，忠诚敬业的人总是和老板同舟共济。

相反，那些缺乏忠诚敬业精神的员工，他们的航向一会儿往东，一会儿朝西，他们的许多时间都浪费在寻找工作上，却一次次被拒之于工作的大门外。

你不妨时常问你自己：你忠于公司吗？忠于老板吗？如何能证明你的忠诚呢？

认可公司的运作，由衷地佩服老板的才能，这样你才能获得一种集体的力量，你就会产生一种要和公司一同发展的事业心。即使出现分歧，你也应该树立忠实的信念，求同存异，化解矛盾；即使有悲观失望的时候，你也应该为和谐融洽的环境而努力；即使老板和同事有错误的地方，你也应该坦诚地提出来，帮助他们改正。这样，忠诚敬业会让你的人生变得更加饱满，事业变得更有成就，让你的工作成为一种人生的享受。

忠诚敬业这一美德，可以引导你获得荣耀、名声和财富。它伴随着你，成为一种精神力量，让你有足够的耐心和韧劲面对工作中的烦琐和困难。

忠诚和敬业是相互融合在一起的。忠诚在于内心，敬业在于工作上尽职尽责、善始善终、一丝不苟，将敬业当成一种习惯的人，能从工作中学到更多东西，积累更多经验。他们会更受人尊重，即使没有取得什么了不起的成就，他们的精神也能感染他人，能引起他人的关注。请记住：如果你忠诚地对待你的老板，他也会真诚对待你；当你的敬业精神增加一分，别人对你的尊敬也会增加一分。你将受到重用和获得无处不在的发展机会，物质上的报酬也会随之而来。

纽约某电话公司曾调查过人在通话中使用次数最多的是哪个词。他们详细调查了人们的通话，结果是，这个词就是人称代词“我”。“我”字在500次电话通话中使用了3990次！

人是自私的动物，往往喜欢以自我为中心，比如在看自己与别人的合影的时候，往往都是先看自己，我想这是很多人的体会。

但是，如果你总是以自我为中心，不考虑别人，你对别人不忠诚，为什么别人要对你忠诚？如果我们只努力使人们对我们忠诚，那我们任何时候也找不到真正忠诚的朋友，真正的朋友不是这样找到的。

著名的魔术师霍瓦特·土斯顿，四十年里他走遍了全球。他的魔术令观众目瞪口呆，有6 000万观众看过他表演。

当有人请求土斯顿披露他成功的秘密时，他说，魔术书有上百种，人们读的书并不比他少。但是，土斯顿有两个常人没有的优势：一是他善于在台上表演。他是一个技艺非凡的演员，深知人的本性。他的每一个手势、语调、微笑都经过了认真的研究，而且目标就是观众而不是他自己。二是土斯顿忠诚于喜爱他的观众。很多魔术师看着观众，心里自言自语："来的都是些头脑简单的人，我随便糊弄他们。"而土斯顿完全持另一种观点，他每次出场，都这样对自己说："我感谢这些来看我演出的人。靠他们的帮助，我的生活才有了保障。我应尽量为他们表演好。"

为了交朋友，不能以自我为中心，要努力关心他人，为此需要时间和热情。曾经有一位亲王为周游南美洲，不惜花几个月的时间学习西班牙语，以便用出访国语进行公开讲演，这使得他博得了南美洲居民的热爱。

如果你想引起人们的羡慕，你就应该把忠诚敬业当做一种亲和力来对待，因为亲和力具有超强的凝聚力。只有对别人忠诚，才能有一些朋友，才可以请求别人为你办事，别人也愿意帮忙。

化解矛盾彰显你的亲和力

同事间长期相处，必然会常有摩擦，闹些矛盾，这时你若非常需要另一个人的帮助，而这个人曾与你有某种不和的时候，你该做些什么，显然，放弃并不是好办法，虽然不费吹灰之力便可做到，但会使你失去一个得力伙伴。你应该做的是主动地去化解你们之间的隔阂，只有这样，才能彰显你的亲和力，才能与同事搞好关系。

同事之间有矛盾，就好比一个家庭成员之间偶尔总会有些磕磕碰碰，但都属于内部矛盾，在同事中出现不快也一定不会是什么深仇大恨，我们一定要能本着工作第一的原则，通过自己的主动，化解同事之间的矛盾。

第一、要勇于承担责任

“责任使人进步，逃避使人退步”，这是姜汝祥博士《赢在执行》的讲座中提到的一个观念。他强调：“优秀的人才对自己有很高的责任感。对自己负责任，对自己所做的一切负责任，无论是对还是错。”

当一个严重的错误发生后，很多人都会为自己寻找借口，或者把责任推到相关的人身上，他们批评指责别人，而不是反躬自省，诚心认错。其实，选择逃避也是人类与生俱来的能力，是因为害怕承担自己抉择的后果而只能如此。

勇于对自己的选择负责是人格成熟的标志之一。敢于负责任的人是勇敢的，是无私的，因为责任是他不断前进的动力，责任能激发人的潜能，唤醒人的良知，有责任也就有了尊严和使命。

有一则《士兵的帽子》的故事，主要讲一个士兵戴着顶大帽子，在检阅时，上司走到这个士兵面前看到了，便说：“你的帽子太大了。”没想到士兵立即行了军礼，大声回答：“不，是我的头太小了。”这个士兵就是拿破仑，一个从自身寻找问题敢于承担责任的将军。

责任也是我们对待工作的一种态度，也是我们个人综合素质的体现。人的一生中要扮演各种角色，也要承担相应的不同责任。《三字经》里说到“养不教，父之过”，讲的是父辈要承担子辈的教育责任。现代的未成年人保护法强调的也是这点，家庭、社会、未成年人也要承担各自的责任。曾经看过一本关于北大清华学生高考学习资料，其中有一点，他们都有自己的一本“错题集”，就是把每次自己做错的题记录在一个本子上，目的是加深印象避免犯同样的错误。这也是一个面对错误而采取的积极措施，没有逃避，没有推诿。

我们在工作中有没有存在不敢承担责任的事情呢？肯定有，在对事情负责时，你推我，我推你，相互扯皮，这其实是很不负责任的。举例来说：假设公共场所的电灯一夜没有关，而A说B值班应该B负责，而B说A最后走A应负责。错了就错了，我们没有理由不讲诚信。我们是公司的一员，也应承担着各自的责任和义务。只有我们把小问题高度重视起来，把责任放在第一位，那么彼此之间就会消除误会，减少摩擦，就能服务好我们共同的客户。如果公司从一线员工到部门经理，每一个环节每一个主管者，都能勇于承担责任，那么产品质量问题、市场开拓问题、资金到账问题，怎么会成为难题呢？

因为有了责任，我们才能在人生的旅途中战而不败，坚强而又倔犟地迈过每一道艰难的门槛。只有承担责任，才能在每次的精彩收获之后坦然而谦恭，不断地追求着一个个积极而又崭新的目标。

当工作中由于缺乏另一个人的配合导致工作不能保质保量完成，而这个人曾因与你有过节故意这样做的时候，你要勇于承担责任，毕竟问题出在你这里。如果领导不明察暗访，非要找到问题的症结的话，你就把责任完全承担下来，一来是你对工作富有责任心的一种见证，二来也为你的同事提供了一个检讨自己的机会。如果你因此事而受罚，而其他同事又都不明真相，那个不主动配合的同事会更加内疚，最终可能会向你赔礼道歉，你也因此化解了与他的矛盾。

第二、要勇于承认错误

当你与同事因某事发生争执时，你觉得是自己的不对，那就勇于承认自己的错误。不要认为承认错误别人就会看不起你，相反，它倒是体现了你的大度与敢于正视自我。而当某位好斗的同事故意向你挑战时，你最好的方法就是保持沉默，当他发觉自己在自讨没趣时，也就会冷静下来。

刘良出门办事，上司催他快点回来，说部门要开个会。可刘良上了出租车后，路上堵得出租车根本就跑不起来。上司让他3点之前回到办公室，结果4点半刘良才慌慌张张地跑回来。一进办公室，上司就生气地冲他大发雷霆，质问他为什么这么晚才回来，影响大家开会。刘良本来在出租车里已经憋了一肚子火，现在上司不仅不体谅自己，反而朝自己发火，于是他委屈地跟上司申辩并顶撞起来。听到吵架声，大老板过来了，于是，刚进公司才几个月，刘良就被大老板当众炒了鱿鱼！

刘良的上司该不该体谅刘良呢？也许上司应该体谅一下刘良，但是，如果刘良一进门就说句“对不起”主动向上司道歉，那结果可能就是另一种情形了。

说声“对不起”，你就海阔天空。它并不代表你真的犯了什么大不了的错误，或者做了什么伤天害理的坏事，“对不起”只是一种软化剂，使你们双方都有后退的余地，为下一步的交流沟通创造条件。

其实，在职场之中，谁能保证自己不犯错误呢，问题是做了错事要勇于认错，说句软话，没什么大不了的，令上司听了心里舒服，你又得到了谅解，有什么不可以呢？不管是不是有意，出了错，马上道歉，这是一种对所做错事的“消毒”，可以消除对方的不愉快和尴尬。可以化解对方心头的不满，让两个人的心情豁然开朗，重新一起面对工作的挑战。

如果你推卸责任，硬要坚持，不肯承认自己有过失，反过来还要倒打一耙，把错误推在别人身上，那么，你就等于把自己塞进了牛角尖。其实，在工作上谁都会有一些失误，对于职场新人来说，更是如此。问题的关键不在于你犯不犯错误，而在于你对待所犯错误的态度。出了差错，就要有一颗认错的心，态度谦和，谁还会固执得揪住你的小辫紧紧不放呢？如果只会一味地抱怨别人，不肯从自己的身上找原因，上司一定会觉得你固执己见、顽固不化，也定会引起同事的不满，下次需要合作的时候，谁也不愿意配合你。在办公室保持融洽的工作氛围非常重要，如果你一旦被周围的人孤立起来，找不到志同道合的合作伙伴的话，你离被炒鱿鱼的日子就不远了。

作为一个优秀的职场人，应该懂得在适当的时候承认错误，承担责任，这样更容易赢得别人的理解甚至尊敬。在职场中，拥有良好的人际关系是最大的财富之一，它能使你如鱼得水，左右逢源，永远立于不败之地。

因此，当你不小心出差错后，最好的办法就是勇敢地认错。事实上，你的上司也不是圣人，他也会有出现失误的时候，所以，上司一般不会因为你犯个小错，就会全盘改变对你的看法。当然，光承认错误还远远不够，你还得提出具体纠正错误的方法，这样你不但能让上司看到你的坦诚，同时也让上司看到了你处理问题、改正错误的能力。

你不小心出现了失误，没有必要过于计较。在现代职场上，无论你多么风光和多么倒霉，一天之后，它们便都会随着时光风吹云散，成为过去。你的风光或你的失意，只有你自己记得清楚，如果你能够敞开胸怀，坦然对之，凡事看淡一些，那么，它们就没有什么大不了的。快乐或失意，如昨日的风一样成为过眼云烟。

第三、碰到带刺的问题不要针锋相对

有时，在工作中，某些同事或是因为情绪不好，或就是喜欢讥讽别人，会经意不经意地对你喊“你以为你是谁”“你以为你很了不起吗”“难道这就是你那所高等学府教给你的东西吗”等等带刺的具有威胁讥讽性的话。他这样喊的目的很简单，就是想让你失去心理平衡，让你的神经高度紧张起来

然后回敬他。这时，就看你的忍耐性了，如果你不想让事情闹僵，你可以很不解地问“你有什么事情要我做吗？”如果他知趣，会自动败下阵去。而如果他是那种攻击性极强的人，那你就干脆走开，与这种人对阵是没意思的，当他没有了发泄对象，他也就老实了。

因为是长期相处，同事之间不可能不出现矛盾，出现矛盾并不一定非要去争高低比输赢，和睦相处才是大局。

放下仇恨才能重拾友情

仇恨让人变得愤懑、自卑、丑陋、狭隘、思维停滞。对于如今飞速发展变化万千的社会，我们要与很多人接触，要与很多人共事，我们要树立个人好的形象，我们要想赢得在社会上的生存。就必须学会认识自己，改变自己，不断地培养自己的亲和力，放下仇恨，重拾友情，建立一个好的人脉关系。

有的人一生结交八方挚友，有的人却孤零一生。有的人在困难来临时能得到人们的帮助，而有的人却是人见人恨。有的人无论走到哪里都受人欢迎，有的人却人见人怕。这些都是人们在现实生活中常常可以看到的景象。为什么同样是人，留给人们的印象却不同？

《三字经》里的一句话说：“人之初，性本善。”人自生下来以后，本来就是善良的，没有仇恨之分。是因为环境让人们有了仇与恨，好与坏。随着环境的变化，人的生活方式、人的性格和人的处世原则，都跟着不断变化。环境的变化可以让你变成一个最有亲和力的人，同样也能让你变成千古罪人。

在美国流传着这样一个故事：在美国西部大开发时期，一位牧场的主人因为全家老小被土匪枪杀，因而变卖牧场，天涯寻仇。家毁人亡，这种不共戴天之仇一定要报！牧场主花了十几年的时间，历经了千辛万苦，当他找到凶手时，才发现那位凶手垂垂老矣，且重病缠身，躺在床上毫无抵抗能力。凶手要求牧场主给他致命的一枪，结束自己痛苦的生活。牧场主人把枪举起，又颓然放下。结果，牧场主沮丧地走出了凶手的那间破烂的小木屋。

在夕阳照耀下的大草原中，牧场主陷入沉思。他喃喃自语：“我放弃一切，虚度十几个寒暑，如今我也老了。报仇，它到底又有什么意义呢……”

在社会生活中，人们很少一帆风顺，总会有磕磕碰碰甚至激烈对抗，总会遇到一些使自己不愉快甚至极为记恨的人。发泄一通固然痛快，但却因此获罪于人，无意间为自己树立了一个永远的敌人。

士兵约翰在军营里常被同伴讥笑和戏弄，但他并不记仇。有一个下雨的晚上，约翰站岗回来，换上睡衣准备休息。另一位士兵马丁也从外面回来，竟脱下肮脏的靴子，抛了过来，打到他的头上。可是他若无其事地上床就寝，没有表示一丝的恼怒。

第二天清早，马丁起床时看见自己的靴子擦得光亮整洁，放在床前。这是约翰给他的回报，他心里羞愧极了。从那天起，他就开始与约翰为友。

阿拉伯著名作家阿里和吉伯、马沙一起旅行。在经过山谷时，马沙失足滑落。幸而吉伯拼命拉他，才将他救起。于是马沙在一块大石头上刻下了某年某月某日，吉伯救了马沙一命。几天后，他们来到河边，为了一件小事吵起架来，吉伯生气地打了马沙一耳光。马沙跑到沙滩上写下，某年某月某日，吉伯打了马沙一耳光。

事后，阿里好奇地问马沙，为什么要把吉伯救他的事刻在石头上，而将吉伯打他的事写在沙滩上？马沙回答："我永远都感激吉伯救我。至于他打我的事，我会随着沙滩上字迹的消失而忘得一干二净。"

放下仇恨才能心安理得、心胸坦荡，才能重获快乐的心境，才能重新拥有积极活跃的思维，才能集中精力于应关注并想关注的事情之上。心中放下了仇恨，也就没有了害怕、恐惧、无助、痛苦、悲观这些负面情绪的困扰；心中放下了仇恨，人才能变得平和、安详、轻松、自在、舒适、温暖、恬静、积极向上、充满阳光；心中放下了仇恨，人才能从内心深处散发出一种恬淡、从容、自信。所以，放弃仇恨，还自己一个明媚的蓝天。

低调的人总是讨人喜欢

曾经有人做过这样的论述："自我表现是人类天性中最主要的因素。"的确，人们喜欢表现自己犹如孔雀喜欢炫耀美丽的羽毛一般正常，但刻意地自我表现就会使自然变得做作，热忱变得虚伪，到头来，过分表现还不如不表现。在办公室里，原本同事之间就处在一种隐性竞争关系之下，倘若再一味地刻意表现，不但不能赢得同事的好感，反而会遭到大家的排斥和敌意。

三国魏人李康的《运命论》中说："木秀于林，风必摧之；行高于人，众必非之。"在现在这个张扬个性的时代，不管你如何同这句话唱反调，都不能过分表现自己，否则很可能会被同事孤立。尤其是对于新入职的员工来说，更应保持低调。

陆先生刚刚来到新单位还不满一个月，由于他处处小心做事，每每笑脸相迎，所以渐渐赢得了同事们的尊重和认同。

在一个周末，办公室里的人决定一块儿去聚餐，也邀了陆先生。席间气氛融洽，大家无话不谈。其中有一名同事与陆先生最谈得来，几乎把单位里的种种人情世故，以及每位同事的性格、缺点都尽诉无遗。陆先生对他心怀感激，加之对单位里的种种利害一无所知，着实很珍惜这样一位“知无不言，言无不尽”的同事。

随着彼此距离的不断缩短再加上喝了点酒，陆先生慢慢放松了自己的防线，于是将一个月来看到的不顺眼、不服气的人和事统统向这位同事倾诉了一遍，甚至还批评了办公室里一两个同事的不是之处，借以发泄心中的闷气。

由于陆先生对这位同事了解甚少，不知这位同事竟是个翻云覆雨之人。第二天，这位同事便将昨天陆先生的一番话添油加醋地“转达”给了其他同事。这一下陆先生可就狼狈了，在办公室里成了人人冷眼相对的目标。

直到这时，陆先生才如梦初醒，悔不该一时激动，忘记了“保持低调”这样一个浅显的道理，让自己一个月来苦心经营的人际关系全都化为泡影。

陆先生因为一时疏忽，忘记了保持低调，导致了同事们立刻对他产生反感，认为他是一个口蜜腹剑的人。可见，作为一个职场人员，学会在同事面前低调，不可以炫耀自己的能力，不乱传闲话、说闲话，这才能获得同事们的好感。

有些人会认为：我的确有些不够低调，但是这是源于我的自信！诚然，自信是对自我的认可和肯定，适当摆摆谱儿也能显示自己重要性。但凡事有度，太过显山露水反而会让人觉得徒有虚名，也不利于职场人际关系的和谐发展。切记：“千里马常有而伯乐不常有”，不要因摆谱儿过度而吓跑了伯乐。

保持低调，这是身在职场的人士必须掌握的能力。那么，怎样才能做到保持低调呢？如果你能做到以下这些，那么相信同事一定会对你喜爱有加。

第一，不要刻意显示自身优越

也许与同事相比，你的身上确实有过人之处，但是，这并不值得你大肆炫耀。因为如果你总是想要展露自身的优越，这就会让人感到你很狂妄，同事很难接受你的观点与建议。你还会因为太爱表现自己，使自己在同事中失去威信。

雪亮是人事局一个人事部门的科员，虽然他精明能干，但在很长一段时间内却没有交到任何朋友。究其原因，便是因为他总要刻意地炫耀自己。

雪亮这个特点是局里所有人都知道的，他每天都在同事面前大肆吹嘘自己在工作中所取得的成就：在一天之内，有多少人请求他帮忙办事，哪个不清楚名字的人昨晚硬要为他送礼，等等，在他看来，这些均是“得意事”。

同事们刚开始时还都以为这是他爱说爱笑的缘故，并不放在心上，可是久而久之，同事们感到非常不满。雪亮整日自鸣得意，殊不知同事们早已对他的骄傲自大和强烈表现欲产生厌恶，并渐渐与他疏远了。从此，雪亮的工作再也无法进一步展开，最后他离开了这里。

第二，忌讳交浅言深

有一些初入职场的人会认为，要想在同事面前留下好感，那么就一定要大献殷勤。其实，这样的想法是非常错误的。新人初到一个单位时，最忌交浅言深，否则就会给对方留下诸如“这人怎么这么爱拍马屁”之类的不好印象。

在进入职场后，你对其中某人有一定好感，但你可能缺乏对这个人更深切的本质性的了解，也就不宜过早与对方讲深交、讨好的话，尤其不要轻易为对方拿主意，因为这很可能是出力不讨好。在单位的前辈面前，你更要保持低调，谨慎说话，切忌兴由所至、信口开河，让前辈认为你是个值得栽培的人，这样的话，前辈对你的好感自然大大提升。

第三、不要游离于团队之外

职场就是一个团队，自己则是团队中的一分子。因此还是应该低调一点，搞好与同事的关系，在群体中发挥你的专长。这样既能表示你具有较强的团队意识，又能有利于你未来的发展，何乐而不为？

技术员张茜独立完成工作的能力很强，经理时常表扬她，而张茜也觉得自己能力强，就竭尽全力独挑大梁。她这样做，一是因为怕别人邀功，二是为了处处显示自己的超群能力，因此总是拒绝别人插手她的事。

在这种情况下，不少同事看不来了，一不小心张茜出了点差错，同事们就会说："张茜，这种错误你也会犯？聪明面孔白长了。"

这样的讥讽之词常常让张茜很痛苦，她和同事的关系如同橡皮筋一样，过一段时间就绷紧一阵子。最后，张茜实忍受不了这个压力，只得选择了辞职。

从这个事例我们不难看出，在职场中，即使你一肚子雄心壮志，也不要独立行事，以至于成为孤家寡人，这对你的未来是非常不利的。

第四、梳妆打扮也要低调

职场人士的服饰不可刻意装扮，否则，不仅会令同事感到压力，甚至还会引起老板的反感，成为大家议论的焦点。而对于职场中的“焦点”，大家通常并没有好听的话。

对于职场女性来说，要清醒地意识到，自己更应该注重服饰适合场景和人群的装扮原则，注意不使自己形象受损，见笑于人。

对于职场男性来讲，虽然不需要像女性那样描眉画眼，但必要的打扮和修饰还是免不了的。男士要显得有风度、庄重、文雅而有朝气，首先在外形上要使人感觉到清洁而且有品位。在一般情况下，男士的面部不需要化妆，面部的清洁、清爽是关键，具体说就是洁面、护肤、净口、刮胡子、剪鼻毛和耳部清洁。除此之外，其他一些化妆就要尽可能减少。

明朝洪应明在《菜根谭》中说：“路径窄处，留一步与人行；滋味浓的，减三分让人尝。”在职场中，我们不妨多与同事看齐，收敛起个人光彩，低调做人，那么你就将立刻收获和谐与快乐！

亲和力在细节中体现

交往中的细节，往往会给人留下深刻的印象。许多人以放浪形骸标榜自己的独特性，可实际上，再怎样有个性，也得有共性。人与人之间的交往不能缺乏共性，而细节上的一些东西往往更能体现出一个人的亲和力，因而更容易让人记住。

如果你在单位上班、下班，与人见面从来不打招呼，对面来人了，赶紧将头扭向一旁。而当你获得了一点成绩时，更加我行我素、旁若无人。这样下去，当你失败时，就不会得到别人一点的安慰和帮助，大家对你的评语竟是“活该”、“应有此报”，这样的结局多令人心寒。如果你平时能放下自己的那副趾高气扬、不可一世的派头，与周围的人多接触，又怎么会落得如此狼狈下场呢？

和别人友好相处是门大学问，不要小瞧，不要轻看。虽然与人相处的最初阶段只是打招呼，但是不要忘记，在人的内心里有思想和感情两个方面，心与心之间的“轴”要想系上轮带，最初的方法就是打招呼，由陌生到认识再到熟悉，首先应建立感情，然后才易于沟通、交流思想。如果连最简单的如“您好”、“再见”等日常的招呼也不会的人，又怎么能让别人接受你？如果你认为说这些话是小事情，不怎么放在心上，那么，当别人时时以一副冰冷的面孔对着你的时候，你会怎么想？

人际交往中那些广受欢迎的人往往都是注意细节的人。细节中往往渗透了人心的微妙之处。留意一些不被人注意的小事，常常会给你带来很多的益处。生活从细节开始，它影响着你一生的幸福和成就。

小王和同学李雪经人介绍去拜访一位仰慕已久的老师。到了老师家里，师母亲切地招呼他们吃水果，并热情地给他们一人拿了一个苹果。因是初次上门，小王有点不好意思，认为不应该吃，他把不吃师母的苹果当做一种客气，所以再三推辞后接过水果放在桌角。热情的师母看了看他没说什么，不过却同接过苹果就吃的李雪聊起了家常。

吃掉主人的东西是对她热情款待的心意的一种最好的肯定。其实像这样的情景随处可见，比如去朋友家做客，在咖啡店里碰上别的朋友，他们会热情地招呼你入座，然后请你吃东西。其实，这时候我们没有必要扭扭捏捏，你接过来就表示你接纳了他们的热情，他们会自然地感到你的亲切与随和。

有些人可能有这样的经验，送人的时候，客人会推辞，但这时候我们应该注意到，这种推辞其实是一种客气，送客人出门实际上是对客人的一种尊重。同时，和客人告别的时候，一定要等客人走远才能转身回屋。这些微小的细节，往往会留给人们很深刻的印象，他们也会把这些细节作为评判你的一个重要依据。

丽丽曾对她的朋友说，她的初恋结束于对方的一个小细节。

那天晚上她从男友家里出来，男友说：“我送送你吧！”她推辞说不用了。男孩就没有再送。在她走下第三级楼梯时，她听到防盗门“咣当”一声关上了，她的心一下子凉了。后来任凭男孩再怎么努力，她都义无反顾地离开了男孩。

我们应该知道，送朋友下楼不仅是出于礼貌，它体现的是一种情感的交流。如果有朋友到你家做客，你就送朋友下楼。虽然朋友口中再三说不用相送，但是如果你陪他一起下楼，这一小小的细节会温暖他回家时漫长的道路，你从此在他心里也会有很高的地位，甚至胜过其他的朋友。不过应注意的是，热情不可过度，如果客人是一对儿正处于热恋中的朋友，而他们也再三不要你相送，你只需在看不见他们的身影时轻轻关上门就可以了。

上班一族在办公室与人相处，若能注意到一些细节，则会与同事间相处得更加融洽。

比如单位里发物品、领奖金等，你先知道了，或者已经领了，一声不响地坐在那里，像没事似的，从不向大家通报一下，有些东西可以代领的，也从不帮人领一下。这样几次下来，别人自然会有想法，觉得你太不合群，缺乏共同意识和协作精神。以后他们有事先知道了，或有东西先领了，也就有可能不告诉你。

再如同事出差去了，或者临时出去一会儿，这时正好有人来找他，或者正好来电话找他，如果同事走时没告诉你，但你知道，你不妨告诉他们；如果你确实不知，那不妨问问别人，然后再告诉对方，以显示自己的热情。明明知道，而你却说不知道，一旦被人知晓，那彼此的关系就势必会受到影响。

假如你有事要外出一会儿，或者请假不上班，虽然批准请假的是领导，但你最好要同办公室里的同事说一声。这样，倘若领导或熟人来找，也可以让同事有个交代。如果你什么也不愿说，进进出出神秘兮兮的，有时正好有要紧的事，人家就没法说了，有时也会懒得说，受到影响的恐怕还是你自己。互相告知，既是共同工作的需要，也是联络感情的需要，它表明双方互有的尊重与信任。

上面这些都是同事间交往的细节，而这样的细小举动就能体现出一种亲和力。当然，注意细节并不是说提倡处处都谨小慎微、缩手缩脚、婆婆妈妈。如果有人要钻牛角尖，要钻死胡同，那么，保持沉默就是最好的应对办法。

第二章　社交亲和力：构建人脉支撑系统

社交亲和力是衡量一个人社交成熟度的标志。亲和力要求你对每个人都和蔼、热情、有宽容的气度、信任别人，等等。对任何人，即使再讨厌一个人，也要做到尊敬对方。社交亲和力会提升你的整体竞争力。

自信是社交成功的基础

自信心不足，不仅其他事情做不好，也容易引起社交恐惧，如果我们自己对自己都没有好的评价，还能期待别人对我们有好的评价吗？别人对你的评价会通过言行举止泄露给与他交往的人，从而形成别人对你评价的基础。所以，要让别人喜欢你、信任你，你必须首先自己肯定自己。自信是社交成功的基础。

有一对姐妹，姐姐特别漂亮，妹妹则长相一般。从小，家里人和邻居亲友都特别宠爱姐姐，夸赞姐姐长得很像电影明星，而忽视了妹妹。久而久之，妹妹产生了自卑心理，每天早晨一照镜子，就嫌自己的长相不好，并因此觉得自己什么都不好，羞于到外面去和别人交往。而别人从她的这些行为中觉得她是一个孤僻古怪的女孩，不善言谈，没有少女应有的青春气息，大家也愈加地漠视她。

后来，姐妹俩都上了大学，在不同的城市读书。妹妹在一个新的环境里，结识了许多的同龄人，由于没有姐姐漂亮对她造成的暗示作用，妹妹变得较为开朗，和同学们都很谈得来。在交谈中，同学们发现她知识特别丰富，而且分析问题、处理问题的能力也很强，都很喜欢她，乐于和她交往。而妹妹也不再只注意自己不如姐姐长得漂亮这一点，逐渐发现了自己的许多优点，变得较为自信。

假期回家后，妹妹不再躲在自己的小屋里，而是饶有兴趣地向大家讲述学校里的趣事，结果，大家都夸她很有见识，能说会道，还很幽默。以后再有亲友来访，都主动询问妹妹在不在家，并邀请妹妹去他们家做客。姐姐惊奇地说妹妹像换了一个人似的，不仅性格大变，而且比以前漂亮了。

为什么同样一个人，前后会相差那么大呢？是她真的变漂亮了吗？当然不是，众人对她从漠视到喜爱、关切，主要是因为她对自己前后不同的心理暗示，影响了她的行为和别人对她的看法。亲友们从她的身上，发现的是自信、快乐、热情和乐于与人交往的信号，而不是以前的自卑、忧郁、拒绝交际的信号，因此，乐于与她交往，并开始喜欢她。

美国著名作家海伦·凯勒，一岁半就双目失明，使她一出生就进入人生的一个低谷。但是她对人生没有放弃，凭借着她的老师和她那自我欣赏的心态，艰难地跨进了中学校门，而后又走进了美国著名的学府——哈佛大学，并开始了她的写作生涯。如果没有她自我欣赏的心态的话，如果她在半路上自暴自弃的话，恐怕海伦·凯勒的名字就鲜为人知了吧！

肯定自己，喜爱自己，这是社交成功的基础。喜欢你自己，因为你是自然界最伟大的奇迹，你是独一无二的。你有许多缺点，这是每个人都会有的；你有许多优点，这些优点不是每个人都会有的，而且，你有独一无二的智慧、独一无二的言行举止。你不漂亮，但你灵巧的双手可以编织出最漂亮的饰物。你没有第一的优势，但你可以把王子与公主的故事讲得栩栩如生、如泣如诉。你不健谈，但你温柔的笑容可以给人最强有力的支持和最温暖的安慰。

你确实是一个很特别的人，值得自己珍惜，足够赢得朋友的友情和尊重，成为颇有人缘的人。

亲和力来源于尊重他人

亲和力源于对他人的认同和尊重的作风。俗话说：“种瓜得瓜，种豆得豆。”把这条朴素哲理运用到社会交往中，可以说，你处处尊重别人，得到的回报就是别人处处尊重你，尊重别人其实就是尊重你自己。

有这样一个有趣的故事：一个小孩不懂得见到大人要主动问好、对同伴要友好团结，也就是缺少礼貌意识。聪明的妈妈为了纠正他这个缺点，把他领到一个山谷中，对着周围的群山喊：“你好，你好。”山谷回应：“你好，你好。”妈妈又领着小孩喊：“我爱你，我爱你。”不用说，山谷也喊道：“我爱你，我爱你。”小孩惊奇地问妈妈这是为什么，妈妈告诉他：“朝天空吐唾沫的人，唾沫也会落在他的脸上；尊敬别人的人，别人也会尊敬他。因此，不管是时常见面，还是远隔千里，都要处处尊敬别人。”小孩朦朦胧胧地明白了这个大道理。

在人们广泛的社会交往中，自己待人的态度往往决定着别人对我们的态度，就像一个人站在镜子前，你笑时，镜子里的人也会笑；你皱眉，镜子里的人也皱眉；你对着镜子大喊大叫，镜子里的人也冲你大喊大叫。所以，我们要获取他人的好感和尊重，首先必须尊重他人。任何人的心底都有获得尊重的渴望，受到尊重的人会变得宽容、友好、容易沟通。

我们每个人都有各自的生活方式，如果不考虑个人生活方式和思维模式的差异，而硬是将自己的想法强加给别人，不仅会造成别人对你的反感，还容易让对方感到你不尊重他。

在现代交往礼仪中，平等是最基本也是最重要的原则。从心理学的角度看，人人都有渴望平等和被尊重的心理要求。要做到尊重他人，首先必须平等地对待每一个人。心理学研究表明，人人都有友爱和受尊敬的欲望，并且交友和受尊重的欲望都非常强烈。人们渴望自立，成为家庭和社会中真正的一员，平等地同他人进行沟通。如果你能以平等的姿态与人沟通，对方会觉得受到尊重，而对你产生好感；相反的，如果你自觉高人一等、居高临下、盛气凌人地与人沟通，对方会感到自尊心受到了伤害而拒绝与你交往。

英国著名的戏剧家、诺贝尔文学奖获得者萧伯纳有一次在苏联接受访问，当他在莫斯科的街头散步的时候，看见一个非常可爱的小女孩正蹲在街边玩耍，萧伯纳顿时童心大发，与小女孩玩了起来。

萧伯纳和这个小女孩玩了很久之后，临分手的时候，他对小女孩说："回去告诉你的妈妈，你今天和伟大的诺贝尔文学奖获得者萧伯纳一起玩了，你们会从电视中看到我的。"

在萧伯纳想来，他以为小女孩会很惊喜很崇拜地看着他，可出乎他意料的是，小女孩抬头看了看他，学着他的语气说："也请你回去告诉你的妈妈，你今天和一个苏联的小女孩安妮娜一起玩了，而且还玩得很高兴。"

萧伯纳听了小女孩的话很是吃惊，他立刻认识到自己的傲慢和对小女孩的轻视，他为这种不尊重人的行为感到十分抱歉，在向小女孩道歉之后，便匆匆离开。

此后，萧伯纳回想起这件事的时候，不禁感慨万千。他说："一个人无论有多么大的成就，对任何人都应该平等相待，这不仅是对别人的尊重，更重要的是，那也是对自己的尊重。"

当你与人打交道的时候，不管对方职位高低，身份如何，我们都应该尊重他的人格，使他感受到你的真诚，让他觉得在你的心目中，他是受欢迎的一个人，从而使他得到一种心理和精神上的满足。这样，才能得到对方的尊重和喜爱。相反，在交往中任何不尊重他人的言行，都有可能引起他人的反感，也就更加不会得到他人对自己的尊重了。

当你很尊重别人的时候，他们心中会产生一股很大的力量，而这股力量也足以让他铭记你，想着哪天是否可以回报你，你们之间的关系自然就更亲切了一层。

有一个发生在美国的故事，一个富豪在路边散步时，遇到一个衣衫褴褛的摆地摊卖旧书的年轻人，这个年轻人在寒风中啃着发霉的面包，浑身发抖。有着同样苦难经历的富豪顿生一股怜悯之情，便掏出了8美元塞到年轻人的手中，然后头也不回地离开了。可是没走多远，富商忽然像发觉了什么，于是连忙返回来，从地摊上捡了两本旧书，并抱歉地解释说自己忘了取书，希望年轻人不要介意。最后，富商郑重其事地告诉年轻人说："其实，您和我一样，咱们都是商人。"

三年之后，富商应邀参加一个商贾云集的慈善募捐会时，一位西装革履的年轻书商迎了上来，紧握着他的手不无感激地说："先生，您可能早忘记我了，但我永远都记得你。我一直认为我这一生只有摆摊乞讨的命运，直到你亲口对我说，我和你一样都是商人，这才使我树立了自尊和自信，从而创造了今天的业绩……”

有的时候，尊重就是一句话，能让人彻底感觉到温暖，被尊重的感觉是幸福的，也会给人以信心和激励，能够尊重他人的人，也是一个会被别人尊重的人。

只有真正学会尊重他人、尊重身边的每一个人，才能得到他人的尊重，也可以避免使自己受到损失。摒弃所有的成见去尊重身边的每一个人吧，因为只有尊重，才是培养亲和力的基础和前提。

宽容气度最具亲和力

在社交活动中，亲和力最关键的是时刻保有一颗包容的心。俗话说，“礼由心生”。真正能打动人的亲和力永远是发自你的内心，让自己拥有一颗包容心。包容、理解他人的一些小小失误，你会发现你身边的人际关系就会发生巨大的变化，亲和力就会成为你最好的朋友，常伴你的身边，给你带来更多的人生财富。

宽容是一个人最高尚的品德表现之一。但见到别人做了不好的事，却要替他掩藏几分，这似乎就与人们惯用的处世原则相抵触了。可是，这是做人的一种大智慧，古人曾多次运用。

古代南宋有一个叫沈道虔的人，家有菜园，种有萝卜。这天，沈道虔从外面回家，发现有一个人正在偷他家的萝卜，他赶紧回避开，等那人偷够了走后他才出来。又有一次，有人拔他屋后的竹笋，沈道虔便让人去对拔竹笋的人说："这笋留着，可以长成竹林。你不用拔它，我会送你更好的。"他让人买了大笋去送给那人，那人羞惭地没有接受。沈道虔就让人把大笋直接送到了那人家里。沈道虔家贫，常带着家中小孩去田里拾麦穗。偶尔遇上其他拾麦穗的人相互争抢麦穗，他就把自己拾到的全部给争抢的人，争抢的人非常惭愧。

曹操的曾祖父曹节素以仁厚著称乡里。一次，邻居家的猪跑丢了，而此猪与曹节家里的猪长得一样。邻居就找到曹家，说那是他家的猪。曹节也不与他争，就把猪给了邻居。后来邻居家的猪找到了，知道搞错了，就把曹节家的猪送回来了，连连道歉，曹节也只笑笑，并不责怪邻居。

这两则故事里的古人，都为"别人不好处"掩藏了几分。沈道虔和曹节表面看来，无是无非，甚至显得窝囊懦弱，但实际上，却显出了他们宽大厚道的为人。偷萝卜拔笋争麦穗，是不好的行为，但也是人穷家贫的无奈，何必深责？替他掩藏几分，反倒能使他自惭改过。邻居错认猪，尽管有自私一面，但失猪对一般人家也毕竟是大损失，情急之下错认，也可以理解。古人一心为他人着想，宁可自己吃亏，正是胸襟宽阔、与人为善的体现。

需要明确的是，这里所说的"掩藏别人不好处"，是掩藏"别人"如我们的邻居、同事、朋友的一般过错，这些都是一时由于误解或者一些小摩擦而产生冲突的别人，是属于人民内部矛盾，用不用斤斤计较。

宽容别人，其实就是宽容我们自己。多一点对别人的宽容，其实，我们生命中就多了一点空间。有朋友的人生路上，才会有关爱和扶持，才不会有寂寞和孤独；有朋友的生活，才会少一点风雨，多一点温暖和阳光。其实，宽容永远都是一片晴天。

宽容就是忘却。人人都有痛苦，都有伤疤，动辄去揭，便添新创，旧痕新伤难愈合。忘记昨日的是非，忘记别人先前对自己的指责和谩骂，时间是良好的止痛剂。学会忘却，生活才有阳光，才有欢乐。

宽容就是不计较，事情过了就算了。每个人都有错误，如果执著于其过去的错误，就会形成思想包袱。不信任、耿耿于怀、放不开，限制了自己的思维，也限制了对方的发展。能够有一颗宽容之心的人，是有亲和力的人，也是受人们欢迎的人。

一位脱口秀主持人针对美国总统克林顿的妻子希拉里写的自传的辛辣评价："她不可能卖得好，我敢打赌，如果超过100万本，我把鞋子吃下去。"上天往往喜欢捉弄把话说绝的人，没过几个星期希拉里的自传就畅销了100万本。主持人该品尝鞋子的味道了。

没错，他的确吃鞋子了。不过，鞋子的质地不同寻常，主持人吃下的是总统夫人特意为他定做的鞋子形状的蛋糕。那味道一定棒极了，因为它里面加了一种特殊的调料——宽容。

面对主持人的嘲讽，希拉里并没有给以他猛烈的回击或等着看他吃鞋子，而是用一种幽默宽容的方式巧妙地化解了这场矛盾。总统夫人因宽容而更加让人敬佩，蛋糕鞋子因宽容而更加美味可口。

宽容就像天上的细雨滋润着大地。它赐福于宽容的人，也赐福于被宽容的人。

印度有句俗语："热爱真理，但要宽恕缺点。"宽恕就是要容得下对方的缺点。不能宽恕，就是拆自己要过的桥。科学家们通过动物实验证明：由于表现好而受到奖赏的动物，在训练时进步最快，耐力也更持久；由于表现不好而受处罚的动物，其进步速度和耐力都比较差。科学家们还发现，这个原则同样适用于人类。我们用批评的方式并不能改变他人，反而常会因此引起愤恨，因为没有人喜欢受人指责。

少一点呵斥和责骂，多一些宽恕！试着去理解人们为什么要这样做，因为这比批评更有益，也更有趣。

“二战”期间，一支部队在森林中与敌军相遇发生激战，最后两名战士与部队失去了联系。他们之所以在激战中还能互相照顾、彼此不分，因为他们是来自同一个小镇的战友。两人在森林中艰难跋涉，互相鼓励、安慰。

十多天过去了，他们仍未与部队联系上，幸运的是，他们打死了一只鹿，依靠鹿肉又可以艰难度过几日了。可也许因战争的缘故，动物四散奔逃或被杀光，这以后他们再也没看到任何动物。仅剩下的一些鹿肉，背在年轻战士的身上。

这一天他们在森林中遇到了敌人，经过再一次激战，两人巧妙地避开了敌人。就在他们自以为已安全时，只听到一声枪响，走在前面的年轻战士中了一枪，幸亏在肩膀上。后面的战友惶恐地跑了过来，他害怕得语无伦次，抱起战友的身体泪流不止，赶忙把自己的衬衣撕下包扎战友的伤口。

晚上，未受伤的战士一直叨念着母亲，两眼直勾勾的。他们都以为自己的生命即将结束，身边的鹿肉谁也没动。

天知道，他们怎么过的那一夜。第二天，部队救出了他们。

事隔三十年后，那位受伤的战士安德森说：“我知道谁开的那一枪，他就是我的战友。他去年去世了。在他抱住我时，我碰到他发热的枪管，但当晚我就宽恕了他。我知道他想独吞我身上带的鹿肉活下来，但我也知道他活下来是为了他的母亲。此后三十年，我装着根本不知道此事，也从不提及。战争太残酷了，他母亲还是没有等到他回来，我和他一起祭奠了老人家。他跪下来，请求我原谅他，我没让他说下去。我们又做了二十几年的朋友，我没有理由不宽恕他。”

海纳百川，有容乃大。处事以宽容为本的人，必有虚怀若谷、海纳百川的雅量，君子惠然肯来，定常高朋满座。所以，宽容的品德使一个人能够广泛听到不同的意见，从中汲取有益的营养。在遇到困难的时候，也必然能得到更多人的帮助。所以宽容待人，受益者并不局限于被宽容的人，它对提升自身的修养，完善人生，促进工作，同样也是非常必要的。

宽容是一种难能可贵的美德。纪伯伦说：“一个伟大的人有两颗心，一颗心流血，一颗心宽容。”只有宽容别人的人，才最具有亲和力，因而受到普遍尊重，人人都会喜欢和其成为朋友。

信任别人达到心灵相通

在社会交往过程中，男人，女人，相识的，不相识的，有过往来与没有往来的，当对方真诚地说出一句“我信任你”时，这一瞬间彼此的心灵便相通了。被信任者会有一种崇高的感觉在心中升腾，觉得自己受到他人尊敬很光荣，内心很充实，很欣慰，很自豪，是一种人格的慰藉。于是，你就会产生很强的亲和力，心地也纯洁高尚起来，会像珍惜一份至高无上的荣誉一样珍惜他人对你的信任，仿佛失去了这样一份信任，生命就失去了光彩一样。

信任是生活园地长出的一棵常青树，站在这棵大树下，人的心灵被生命的绿意滋润着，感到心与心之间原来并没有遥远的距离，他或她是这样的可亲可敬，便绝不愿意践踏这样的一份美好。

在美国的一家大公司，有一位高级负责人因工作失误而损失了1000万美元的巨款。沉重的压力使他精神紧张，终日委靡不振。

几天后，这位负责人接到了董事长接见的通知。在办公室里，他被告知调任同等重要的一个新职务。这一结果大大地出乎了他的意料，他十分惊讶地问道："董事长，我犯了如此重大的错误，您为何不把我开除或降职？"

"先生，如果我那样处理的话，岂不是在您的身上白白地花费了1000万美元的'学费'？"董事长回答说。

谈话还不到十分钟，却给了这位高级负责人以深刻的教育和极大的鼓励，成为其巨大的内在动力。他在新的起点上奋发拼搏，以惊人的毅力和智慧为公司的发展立下了汗马功劳。

在这个世界上，还没有不犯错误的人，谁都希望自己犯了错误之后能得到别人的原谅。原谅别人就是信任别人，把他能够做的事交给他继续做下去。不信任的原谅，其实还算不上真正的原谅。信任是最美的原谅，信任才能让人变得更加美好。

有一个劳改犯人在外出修路的过程中，在路上捡到了1000元钱，他不假思索地把钱交给了监管警察。可是，监管警察却轻蔑地对他说："你别来这一套，拿自己的钱变着花样贿赂我，想换资本减刑，你们这号人就是不老实。"

囚犯万念俱灰，心想这世界上再也不会有人相信他了。晚上，他越狱了。在亡命的途中，他大肆抢劫钱财，准备外逃。在抢得足够的钱财后，他乘上开往边境的火车。火车上很挤，他只好站在厕所旁。这时，有一位十分漂亮的姑娘走进厕所，关门时却发现门扣坏了。她走出来，轻声对他说："先生，你能为我把门吗？"

他一愣，看着姑娘纯洁无邪的眼神，他点点头。姑娘红着脸进了厕所。而他像一个忠诚的卫士一样，严严把守着门。在这一刹那间，他突然改变了主意。在下一站，他下车了，到车站派出所投案自首。

这世界上，信任是一种弥足珍贵的东西，没有人能够用金钱买得到，也没有人可用利诱和武力争取得到，它来自于一个人的灵魂深处，是活在灵魂里的清泉，它可以拯救灵魂，让心灵充满纯洁和自信。

相信别人，人家会永远记住，因为你给予他的信任就是一种尊重。

嫉妒会扼杀社交亲和力

嫉妒，最容易在同事间出现。因为同事大多年龄相仿、职务相当，因此当别人在事业上取得了进步后，人们总喜欢拿来与自己比较。一比才发现，自己不如人。但又总觉得不服气，结果便是嫉妒别人。嫉妒是杀死亲和力的罪魁祸首，因此不要让嫉妒扼杀你的亲和力。

嫉妒是狭隘之树上开出来的有毒之花。在一切能够比较出好坏、高下、多少的领域内，都可以引发嫉妒，比如能力、地位、财富、知识、容貌、身材等。在觉得自己不如他人的情况下，嫉妒就像泉涌一样或快或慢地从心底里冒出来，渗透到心灵的每一个角落。可惜这样冒出来的并不是清澈的山泉，而是可置人于死地的癌细胞。一个被嫉妒之毒浸透了的心灵，可以什么事都干得出来。

英国哲学家弗兰西斯·培根曾说："在人类的各种情欲中，有两种最惑人心智，这就是爱情与嫉妒。"我国古代屈原曾言："羌内恕己以量人兮，各兴心而嫉妒。”可见，嫉妒由来已久，嫉妒是人类的顽疾。

嫉妒虽然是一种情绪体验，但在它变得强烈的时候，可以直接地引起身体的感受和反应。比较具有共性地对这种感受的描述是，“心好像被利刃刺穿，剧痛无比”。更叫人难过的是，这样的痛苦通常还被认为不能够表达出来跟人分享，所以表面上还要强颜欢笑，内外反差的折磨，简直如同地狱里的酷刑一般。

因为嫉妒，庞涓对老同学孙膑“膑足刺面”，惨无人道地挖了他的两个膝盖骨，并将他关在龌龊不堪的猪圈里，使得孙膑几乎求生不能，求死不得。可庞涓自己最终也落得个自刎马陵的可悲下场。三国时年轻有为的周瑜因嫉妒诸葛亮的才华，发出了“既生瑜，何生亮”的感叹，断送了自己的生命。其实周瑜在东吴很受孙权赏识，为孙权的股肱之臣，且年仅三十多岁，正值壮年，却为嫉妒而亡。晋代刘伯玉的妻子因为听到刘伯玉对曹植《洛神赋》中洛神的形象赞不绝口，竟也嫉妒得不行，投河自杀；而奥赛罗的嫉妒则使他杀死了自己的爱妻戴芬莫娜。

嫉妒是一种把别人的成功看成是自己的失败和挫折的荒唐心理。无德者嫉妒有德的，低能儿嫉妒有本领的，无功的嫉妒有功的……嫉妒从来都是制造悲剧的好手，嫉妒的恶魔总是偷偷摸摸地同毁掉农民的丰收一样毁掉人间许许多多美好的东西。它使朋友反目，它使兄弟阋于墙，它使家庭感情破裂，它使爱情坠入泥潭……嫉妒是一把无情的双刃剑，它伤害别人，同时也毁掉了自己。

胡某、王某两人同年大学毕业，进入同一个单位工作，业务上经常互相交流。但经过几年以后，胡某以其熟练的业务能力、精干的办事能力而获得领导的赏识，还评上了高级技术职称。而王某则平平淡淡，无所建树。但他对胡某很不服气，对胡某所获得的一切也很嫉妒，于是给领导写了一封匿名信，诬陷胡某。最终事情败露，被单位给予行政处分，正所谓“偷鸡不成蚀把米”。

对被嫉妒的人来说，嫉妒是对一种价值的侧面肯定，是另一种方式的赞扬，在多数情况下并不构成实质性的损害，真正受到损害的是嫉妒者自身。要知道，爱嫉妒别人的人自己的日子也不好过。整天嫉妒别人，自己心里也烦恼，老觉得别人比自己高明，对此又不能平静，要嫉妒还要想如何算计别人，这种人活得也很累。

嫉妒者总是在强者中寻找对象，他们不会盯住一个来日无多的老者，也不会在乎一个穷困潦倒的才子、身陷囹圄的义士，而总是与正处最佳创造状态的生命体过不去，这不能不使他们自己长时间陷于自我惊吓之中。对方的每一个成绩，都被看成是针对自己的拳脚，成绩不断则拳脚不断，因此只能时时圆睁着张皇失措的双眼，没有多久已感到遍体鳞伤。这种自设战场、摆布硝烟的情景有时已近乎自虐狂。

嫉妒使感受机制失灵，判断机制失调，审美机制颠倒，好端端一个文化人失去了文化可信性，局部地成了聋子和哑巴。例如从理智上说，嫉妒者也会知道某位被妒者的美貌，但是自从有一天警觉到对方的美貌对自己的负面意义，就开始搜寻贬低的可能，这种搜寻未必有实质成果却有心理成果，久而久之对于对方的美貌已经从不愿感受，发展到不能感受，那便是自身感受系统错乱的开始。

嫉妒好像是在自我提升，实为自我沉降，有时会把自己沉降得不伦不类，十分可笑。当一位嫉妒的女性在用十分偏激的语气嘲弄一位女明星相貌的时候，她竟然忘了，就在这一刻，自己的相貌作为一种有趣的对照体，成了人们默默观照的对象。

其实我们大可不必去嫉妒别人。当看到人家的成功后，我们应该给予鼓励和赞赏，然后再看看自己的不足，去修订自己的目标或者方向。他们的成功，我们可以拿来作为一个激励和鼓舞。当我们这样去想的时候，不但自己会心里豁然开朗，而且，有一天自己也会取得非同一般的成绩。

朋友间保持适当的距离

亲和力所表达的不是人与人之间的物理距离的远近，而是心灵上的通达与投合。人与人之间要达到交往的最佳效果，并不是越亲近越好，也不是越疏远越好。太亲近了会让人感觉到自己的生活空间被侵犯，感到极度不自在；太疏远会感觉很陌生，达不到交心的效果。所以，成功的人际交往就是要掌握好交往的心理距离，在一定的心理距离之内，人和人才能够正常、愉快地交往。正像莫洛亚说的：“朋友间保持适当的距离，能给双方美化升华的机会。”

两只困倦的豪猪由于寒冷而相拥在一起。可是，因为各自身上都长着刺，于是它们又分开了。但是又冷得受不了了，于是又凑到了一起。几经磨合，两只豪猪终于找到一个合适的距离：既能互相获得对方的温暖，又不至于被对方扎伤。

空旷的山野里，除了遍地的青草，只有一株牵牛花和野山菊，于是，两朵孤独的小花成了无话不谈的好朋友，每天天一亮，牵牛花和野山菊都扯着嗓子互致问候。日子久了，两花都把对方当成了自己的最知心的朋友。同时，它俩发现，由于相距较远，每天扯着嗓子说话很不方便，便决定互相向对方靠拢，它们认为彼此之间距离越近，就越容易交流，感情也容易加深。

于是，牵牛花拼命地扩散自己的枝叶，它把花藤不断地向野山菊蔓延，慢慢地它舒展的枝叶像一柄大伞一样，野山菊则尽量向牵牛花的方向倾斜自己的茎枝，它俩的距离也越来越近了。

终于有一天，牵牛花的手和野山菊的手触摸到一块了，它们别提多开心了，这种感觉实在太奇妙了。可是好景不长，由于牵牛花的枝叶像一柄张开的大伞，这柄大伞把阳光遮挡得严严实实的，失去了阳光和雨露滋润的野山菊日渐枯萎，它在伤心之余，不再与牵牛花共叙友情，相反还认为是牵牛花动机不良，故意谋害自己，是想独享这片草原，它便在心里痛恨起牵牛花来。

牵牛花呢，由于枝叶过于茂盛，一次狂风暴雨之后，它的枝叶被折断得所剩无几，身子光秃秃的。看着遍体鳞伤的自己，牵牛花把这一切后果都归咎于野山菊身上，如果没有野山菊，它也绝不会恣意让自己的枝叶疯长。

于是，一对好朋友便反目成仇了。

人在交往时，应该根据彼此投缘程度，确定一个双方都觉得安全的距离。一般的朋友距离远一些，生死之交和道义上的朋友距离可近一些。但关系再好，彼此也应保持一定距离，使双方感觉增一分则太长，减一分则过短。恋人、夫妻之间处理关系也不例外，适当保持一点距离，给爱情放放假，保留一点神秘感，有助于更好地吸引对方。这正是欲擒故纵在人际关系中的运用。

好朋友是一座山，一条溪流，一块厚土，一片纯爱。没有朋友的人，是孤独的。但是，朋友关系也很微妙，聚也容易散也容易。交友不但要谨慎，而且朋友之间也应该随时保持距离。朋友之间，不能走得太近，也不能太远。太近了，容易出现矛盾和问题；太远了，友谊又会慢慢地被时间冲刷掉。所以，与朋友保持适当的距离不仅仅是为了自身，更是为了友谊的长久。

心理学家霍尔认为，人际交往中双方所保持的空间距离是人际关系的表现，研究发现，亲密关系（父母和子女、情人、夫妻间）的距离为18英寸，个人关系（朋友、熟人间）的距离一般为1.5至4英尺，社会关系（一般认识者之间）一般为4至12英尺，公共关系（陌生人、上下级之间）的距离为12至25英尺。

说出这个理论，并不是说你与朋友、熟人交往要把距离控制在四五英尺之间这么精确，而是这种人际互动中的距离的确是人对事物在态度上的一种表现。古人云，君子之交淡如水，再好的朋友，也应该保持一定的距离。

《刎颈之交》是一本美国小说，讲的是有一对非常要好的朋友，好得不可开交，其中一个结婚时，客人已经散尽，就剩下新郎和新娘了。这是一个美好的时刻，但是新郎却无动于衷，好像还在等着什么人。新娘终于憋不住问了新郎一声，新郎说他在等他的那位好朋友。新娘又羞又怒，抬手给了新郎一巴掌。

小说虽然是有点荒诞不经，但它却提出了一个朋友交往中应该注意的问题，那就是要适当地保持距离。异性朋友自然不必说，距离太近了容易使友情走偏，其实，同性朋友也应该防止过分的亲近。比如，随便插手朋友的私事并且乱出主意，想方设法打探朋友的隐私，随便翻看或动用朋友的私人物品，对朋友的妻子缺乏分寸感等，都是没有把握好距离的表现。

俗语也说“过近无君子”，说的也正是这个意思。距离是朋友的氧气。换句话说，我们之所以成为朋友，就是因为我们允许对方不倾诉秘密，保持距离，不太远，也不太近，两个好朋友都有权保留自己的秘密。所以，不用太苛求朋友要把一切都告诉你，而且就算他说了，那些可能也不是你感兴趣的。

在我们人际交往的过程中，一般有三类朋友，第一种是关系相当好的，能够共患难的，能说知心话的，这种朋友往往更像是知己；第二种是一般的朋友，熟悉对方的大概情况，但不是特别亲密的那种，平时的交往并不怎么频繁；第三种朋友则是那些萍水相逢的朋友。

第一种朋友关系最为密切但也最容易出现裂痕，一旦没有把握好距离，就会让双方的友谊永远都无法修补，所以，在和你的人生知己交往的过程中一定要十分注意，每个人都有隐私，不该问的，不要轻易地去询问。

许多人都知道《三国演义》开篇的一句话：“分久必合，合久必分”，可是又有几人能够真正地将它应用到生活中去呢？天天在一起，耳鬓厮磨总会出现一些矛盾与摩擦的，这些矛盾与摩擦往往并不是产生于有意的伤害，而是多半产生在好意的关怀中。而这个时候关系就趋向紧张化，两人间的或亲情或友情或爱情出现伤口，这时最需要的则是距离，若是这时再勉强地待在一起，只会让伤口越裂越大，直到一发不可收拾。

在动物园参观，远远看见大老虎的时候，你会有一种很神秘的美感，可是一旦野兽靠近，就算安全防范做得再好也会让你不寒而栗。人和人之间同样会有一个安全距离，如果安全距离被破坏，人的心理安全得不到满足的时候，矛盾也就会如影随形。拿破仑说：“没有永远的朋友，也没有永远的敌人。”朋友之所以不能永久的原因，是因为我们往往情不自禁地把好事做尽，没有给友谊留下必要的生长空间。两个人犹如两条铁轨，平行着才能走远。

用说服技巧显示亲和力

亲和力是一个人无形的魅力。亲和力在一个人的性格上具体表现为谦和，幽默、智慧、爽快、诚信等；在人际关系上表现为与人相处时的一种和谐，一种自在，一种淡漠，一种超脱。如果把这些有益的元素用到说服上，那么亲和力就是一种对他人的吸引力，是易被接纳、产生亲近行为的能力，因此也可以说是让说服显示出亲和力的技巧，在说服时无形中拉近人与人之间的距离，以获得彼此的理解与信任，推进说服。

相反，假如把自己的意见强加于他人，这是绝对不可取的做法。世界上没有两片完全相同的叶子，更没有两个完全相同的人，即使是再好的朋友，甚至双胞胎的兄弟姐妹，他们的个性和思维也不可能完全相同，何况与同事或路人之间呢？与人交往时，请切记：给彼此一个独立的空间，千万不要把自己的意见强加于人。

人们都喜欢拥有自己独立的思想，希望别人在做事时征询自己的愿望、需求和意见，不喜欢别人妄下定论。但是有些人做事的时候往往忽略这一点，因为他们做事的时候，被一种占有和控制的欲望驱使着，想把自己的意见强加给别人，希望别人按照自己的意愿从事。这种一意孤行的做法往往会落空，因为没有人喜欢被他人支配。没有人喜欢听别人的长篇大论，更没有人喜欢被迫做一件事情。己所不欲，勿施于人。虽说这是几百年前就已经被认识到的真理，但想做到这点或能做到这点的人却为数不多。在你与别人意见不一致的时候，千万别一味地企图说服对方，让他屈服于你的意志之下，这样的人，无论在工作还是生活中，都会成为一个不受欢迎的人。

事实证明，事先征询意见比自己擅自作主张，把意见强加给别人要好得多。人各有志，不同的人对同一件事都有不同的看法，当自己的意见与他人产生分歧时，你是经常自以为是，还是考虑他人的意见，很多人都选择前者，不尊重他人的意见。殊不知，这样做一是对自己不利，如果他人的意见是正确的，没听取就会得不到正确的信息；二是伤害他人的自尊心，造成人际关系上的负面影响，每个人不可能万无一失，事事通晓，为何不用心考虑他人的意见呢?

用强制的方法，你永远得不到满足，但你用让步的方法，你可能得到比你期待的更多。参考别人的意见，学习别人的方法，才能让自己不断进步。尊重他人的意见，采纳别人的意见，对双方都有好处，何乐而不为。我们无论做什么事情都切不可专横，要给身边的人多点友善，多点尊重，多份理解，多份聆听，多份关怀。

从前，一位年轻的纽约商人兼政治家威廉·皮尔对马克·汉纳非常不满，甚至连续两次拒绝与他见面。虽然马克·汉纳当时已是大实业家以及美国的政治领袖了，但在皮尔眼里，汉纳只不过是一个“红发怪物”兼“笨蛋”而已。

后来，为了自己的政治前途，在权衡利弊之后，皮尔决定接受朋友的劝告，主动去拜见汉纳一次。

在皮尔被介绍给汉纳后，汉纳便开始向这个一向对自己不屑一顾的人发起进攻，他不停地说话，几乎不给皮尔一点插话的机会。

但使皮尔大感意外的是，汉纳一直在讲着与他有关的事情：关于他父亲(一个民主党的法官)的事情，关于他伯父的事情，以及关于他自己对于汉纳的意见，等等，这个年轻人不禁惊呆了。于是，这位在不久前还对汉纳心怀敌意的高傲的政治家终于开口说话了……当他说完，他已是口干舌燥了。

就这样，皮尔在这次交谈中改变了自己的看法，几天后，汉纳就得到一个新的忠诚的拥护者。

这里，汉纳没有一开始就提到自己的政纲，而是先提到皮尔的父亲与伯父，避开锋锐，通过闲聊，建立亲和感，减少敌意，直至达到成功说服他人的目的。

从说服者而言，亲和是一种舍予，一种付出，但更是一种策略，因为在亲和力的后面，是无价的回报。

说服一个人，从亲和力下手，已毋庸置疑。不管你和对方地位等级相差多远，不管你身处何地、何时，只要你有说服对方的意愿，那么就去提升你的亲和力。

那么，怎样在说服的过程中建立与提升亲和力呢?

第一，配合别人的感官方式

我们有各种不同的方式来感受世界，如视觉、听觉、触觉、味觉、嗅觉。前三种我们用得比较多，所以，我们一般说人有三种主要的感受方式。不同的人，倾向使用哪一个感官也是不同的。所以，人可以分成三种：视觉型，这种类型的人喜欢快节奏，说话很快，思考也很快，行动力强；听觉型，这种类型的人喜欢秩序，说话慢条斯理，喜欢交谈与聆听，行动力稍次；触觉型，这种类型的人重视感觉、爱好舒适，说话有时是不看对方的，速度也慢。

知道了这些之后，在说服别人时，就可以观察一下对方属于什么类型，然后配合他的特性来沟通。这样，可以收到事半功倍的效果。

第二，配合别人的兴趣与经历

戴尔·卡耐基的著作《人性的弱点》被称为世界上销量仅次于《圣经》

的超级畅销书。他在书中就提到："我们要对他人真诚地感兴趣，聆听对方的谈话，就对方的兴趣来谈论以及鼓励他人谈论他自己。"

当我们对他人真诚地感兴趣时，我们就会去关注他的一举一动。而他的每一个细节都可能是我们与他交谈的切入点。

第三，使用特殊的句式

如果对方的经历或见解中有你类似的部分，你可以使用有神奇力量的短语，如"我也……"等。

"啊，您去过泰山啊，我也去过呢！是去年八月份的事了。您是几时去的呢？"

"哦，你也认同爱就是要给对方自由，我也这么想的。"

"你同意产品的质量是最重要的，对吧？我也这么想，所以您可以比较一下我们的产品与其他同类产品的质量。"

……

类似"我也……"这样的句式，会在无形之中拉近了人与人之间的距离。

亲和力的提升应该着力于培养自己的谦和、幽默感，但这往往涉及个人的性格的改变，难度很大，有时甚至很痛苦。但只要能持之以恒，时刻自省，不断改进，在自我完善中成长，一定会由量变引起质变，从必然王国走向自由王国，塑造出一个全新的自我。

亲和力得到了提升，那么相应地说服的力量也就得到了加强，成功说服也便近在咫尺了。

热情是社交亲和力的保证

爱迪生说过："热情是能量，没有热情，任何伟大的事业都不可能完成。”热情是社交亲和力的根本保证，它能使人与人之间产生火一般的力量，使我们与他人更好更和谐地相处。而冷漠的人往往没有多少朋友，很明显，你所付出的热情与你的人际关系的好坏是成正比的。

在人际交往中，陈旧、呆板、枯燥的谈吐使人难以忍受，新鲜、活泼、生动的交谈使人兴奋、共鸣，冷若冰霜的交谈令人倒胃口，笑容可掬的谈吐会使人心中春意盎然。有一腔热血、无限深情，有心与心的相撞、情与情的交融，才能使气氛活跃起来。听人谈话时，应该作出积极的反应，报之以点头、微笑、手势等反馈，就会使对方兴致勃勃，气氛就会轻松自如。

有一次杰克在外住宾馆，那天整整写了一夜的稿子，这使杰克感到疲倦，天亮时杰克到服务台要点东西，在服务台遇见了一个服务生。

服务生对杰克说：“早安！早安！早安！”好奇怪啊！说了三次早安，但杰克一点也不厌烦，相反，杰克觉得服务生很诚恳。“你好热心啊！”杰克对他打招呼。

“本来就应该这样嘛！”服务生笑着说，“要杯咖啡吗？”“好的。”杰克回答。

“今天天气格外好。”服务生端来咖啡说。“可是天气预报说会下雨。”“下雨也好，雨后大地显得多有生气，再说，花草树木也需要雨水呢。”

服务生的热情给了杰克好感，也许他经常这样对待客人，但他却一扫杰克心中的郁闷。服务生的工作就是让别人舒服，这是他的本职，但却引起了杰克的思考，人是否真的可以热情一点。

热情会让你拥有快乐的生活，许多人可能并没有意识到，热情也是一笔很大的财富，它的潜在价值远远超过金钱与权势。热情可以摧毁偏见与敌意，摈弃懒惰，扫除障碍。

有两个刚刚毕业的大学生，顺利通过应聘来到一家电信公司，这都是他们的第一份工作，所以他们也都很珍惜，要知道这份工作可是打败了许多竞争对手好不容易才取得的。这两名大学生一开始都是在技术车间，不可否认的是，他们的技术都很过硬，不过，他们之间很明显的差别是，一个热情大方，性格外向，早上去上班一脸的笑容，积极地与同事和领导打交道，而另外一名则性格内向，不怎么爱说话，除非是别人先跟他打招呼，他才点头答应，一般情况下他很少向人主动问好。

在他们进公司一年之内，他们都得到了最基层的磨炼。这时，这家公司需要派遣一名负责人去接替他们在北京分公司的工作。在他们两个人当中，那位经常主动与人打招呼的那位大学生，因为他热情待人给人留下了深刻的印象，结果在投票的时候他得的票数远远地要多于性格内向的那位。

要知道，热情具有非常大的感染力，而冷漠则只会让你一个人走在孤独中，你的热情将感染你的朋友和你的家人，没有人愿意跟一个整天都提不起精神的人打交道，没有哪一个领导愿意提升一个毫无热情的下属。热情是最好的老师，疯狂地干自己最想干的事，投入百分之百的热情，把工作当成一种娱乐，并享受其中，这样的人常常在不知不觉中能取得惊人的成就。

热情是一种伟大的力量。若想成为人群中的一股力量，便需培养热情。人们因你拥有热情而更喜欢你，充满热情的人会受到人们的欢迎，因为热情代表着积极与亲切。一个凡事充满热情的人，他走到哪儿，哪儿就充满朝气。

多给别人以激励和鼓舞

激励鼓舞别人，仿佛用一支火把照亮别人的生活，也照亮自己的心田，多给你身边的人一些激励和鼓舞，不仅可以消除人际间的龃龉和怨恨，还有助于发扬被赞美者的美德，推动彼此友谊健康发展。

当你用积极的精神状态去激励别人，特别是当对方处于低潮的时候，人家会把你当做朋友，会从内心里感激你，因为，我们每一个人都太希望得到别人的激励和鼓舞了，这会让我们生龙活虎起来，会让我们更加有精神去取得我们所想要的，给予别人以鼓舞的时候，会让人家觉得你更加亲切，他们会在心里记住你的这份好。

荣誉激励是一种有效的方式，如发奖状、证书、记功、通令嘉奖、表扬等。对每个人来说，追求良好声誉是事业发展的需要，或归于马斯洛的尊重和自我实现的需要。尊重意味着能够按照其本来面目看待其人，能够意识到他的独特秉性。尊重意味着让他自由发展其天性。如果我们承认马斯洛的自我实现的需要是人类最高层次的需要，那声誉才是一种终极的激励手段。比如经济学家从追求利益最大化的理性假设出发，认为经营者追求良好声誉是为了获得长期利益。

美国著名成人教育家卡耐基曾写出享誉全球的名著《人性的弱点》、《人性的优点》、《人性的光辉》等，成为《圣经》之后人类出版史上第二大畅销书。他指出为人处世基本技巧的第一条就是“不要过分批评、指责和抱怨”。第二条是“表现真诚的赞扬和欣赏”。

美国IBM公司有一个百分之百俱乐部，当公司员工完成他的年度任务，他就被批准为该俱乐部会员，他和他的家人被邀请参加隆重的集会。结果，公司的雇员都将获得百分之百俱乐部会员资格作为第一目标，以获取那份光荣。

对于员工不要太吝啬一些头衔、名号，一些名号、头衔可以换来员工的认可感，从而激励起员工的干劲。日本电气公司在一部分管理职务中实行自由职衔制，就是说可以自由加职衔，取消“代部长、代理”、“准”等一般普遍管理职务中的辅助头衔，代之以“项目专任部长”、“产品经理”等与业务内容相关的、可以自由授予的头衔。

企业如此，个人同样需要如此。做一个激励他人的人，做一个激发他人潜能的人，你不仅会变得非常受欢迎，做起事情来还会无往不利。时常激励别人的人不管在什么样的环境里，都会受到人们的欢迎，因为他们总给人以积极和自信的精神面貌。

李某十年前从高中毕业，曾经是一位技术纯熟的机械工。他精通机器，有很强的创新能力，曾因此而获得公司董事长的嘉奖。但是，因为人事变动，有一次他被调到另一个单位，他们使用的是一种新型的机器设备，结果，李某的经验不能派上用场，这就等于是从头开始学习。李某努力地去了解这些新机器，但和其他员工比起来，工作绩效还是相差甚远。为此，他遭到了主管严厉的指责，这对他来说简直就是一种伤害。

李某想自己并不是没有工作热忱，只不过是需要一些时间去适应这些新机器罢了。对李某而言，他这么认真却被批评为没有工作热忱，实在感到意外，从这个时候开始，李某就陷入了工作低潮。虽然不久后，他又被调到别的单位，但是他的情绪一直不见好转，经常和同事发生争执。就这样，他连换了好几个单位，被当做皮球踢来踢去。

这次，李某又应聘到一家新单位的设计科。为了欢迎李某的到来，设计科的科长和他促膝长谈。谈话中，他让李某联想起得到董事长嘉奖时的风光。科长看到李某谈到自己那段光荣经历时，眼里充满了喜悦和骄傲。

就这样，李某在设计科找回了以往的工作热忱。虽然之前因为不断换单位，使他在职位晋升上比别人慢了一步，但他在设计科的努力得到了上司的认同。现在，他已经是位上司，也可以说是站在第一线的监督者了。

李某在后来说，他非常感谢设计科科长对他所说的那些鼓励的话，因为是这些话让他重新又振奋起来，他甚至对朋友拍着胸脯说："要是科长有需要我帮忙的地方，一定会在所不辞赴汤蹈火。"

有人说过，"鼓舞能使羸弱的躯体变得强壮，能给恐惧的内心以平静和信赖，能让受伤的神经得到休息和力量，能给身处逆境的人以务求成功的决心"。实验心理学对酬谢和惩罚所做的研究也表明，受到赞扬后的行为，要比受了训斥后的行为更为合理，更为有效。

因此，请对你身边情绪不好的人说些鼓励的话："每个人都有高潮与低潮，没有人永远幸福，也不会有人永远倒霉。如果你愿意给自己一个机会，你一定会再寻回过去风光的日子，你的明天会更好。"想一下，一个绝望的人，在听到这些话后，他们将会多么感激你啊！

雪中送炭胜过锦上添花

锦上添花不如雪中送炭，这是中国的一句老话。这句话用在人际关系管理上很合适。

为人做事，难免有时候给人雪中送炭，有时候被人拿来锦上添花，但是到底哪个容易些呢？我们平时在朋友过生日时给人家送鲜花和蛋糕，在过节时给人家发短信，这些都可以叫锦上添花。但是，人都有危急的时候，需要关怀的时候，这个时候如果能够给予必要的、及时的、温暖的问候与关怀，其实比锦上添花效果来得更明显而深入、直接。

有人说生活不需要技巧，这其实是一种片面之言。在平时的人际交往中，如果不注意方式和方法，不仅达不到预期的目的，反而会适得其反。一般来说，对别人的帮助要恰到好处，要落到实处。

世上有两种帮助，一种是随便帮帮，一种是一帮到底。前一种帮助尽管也是一种帮助，也能够给人带来好处，但它不算真正的帮助，因为这种随便的帮助总是在关键的时刻就不同了。后一种帮助才是真正的帮助，是帮他人彻底解决困难的帮助。

我们常用两肋插刀来形容朋友之间很深的情义，当朋友有难时，我们能够不顾一切地去帮助他，这才是真正的帮助。当朋友遇到困难的时候，要帮助他扬起前进的风帆；当朋友失去信心时，要鼓励他点燃自信的火焰；当朋友感到苦恼时，要用体贴去滋润他的心田；当朋友取得成绩时，要提醒他准备迎接更大困难。

可见，帮助他人也是有技巧的。就好比路边一位找不到方向的盲人，他只是需要你伸出友爱之手帮他弄清楚方向或带他走一段路，而不是让你告诉他哪可以坐公交车。所谓“千里送鹅毛，礼轻情义重”，说的就是这个道理。

通常世人最重视的人情则是雪中送炭。对于一个身处贫寒的朋友来说，似乎让我们拿出一些财物来相帮更容易一些。这对于让朋友渡过一时的难关比较有意义，但是，作为更有价值的帮助，那么你更应该想到他的今后。那么，除了财物之外，帮助他立身才是更重要的。这种帮助能使其渡过难关，这种雪中送炭、分忧解难的行为最易引起对方的感激之情，因而形成友情。

作为有志者，立身的关键之一是改变观念，使他不要带有“我是何种人，应该只做何种事情”的框框，把眼光放得更远一些，想一想为了达到目标，除了捷径之外还有曲径，曲径能通幽，也照样能达到目标；立身的关键之二是改变位置，要使他明白自己的境地是死地，只有从被动地等待中解脱出来，变为主动进攻，才能从根本上走出困境；立身的关键之三是改变形象，使他彻底消除自卑的心理，去勇敢地面对未来，大胆地迎接命运的挑战。有了这三个立身之宝，还怕朋友摆脱不了厄运的枷锁吗？

那么，如果你的朋友是身就高位，花团锦簇，荣华富贵，那么在这种情况下，他需要朋友帮什么呢？作为朋友，你恰到好处的帮助便是帮他立德。身居高位的人往往会由于自己优越的条件而心中滋长出骄傲的情绪，因此立德的关键之一是戒傲。防止因骄傲自满而放松自我修养，防止因居高临下而轻慢他人，更防止因有权有势而惹是生非；立德的关键之二是扬名。位置越高越容易招来人们的议论，议论中必然有褒奖和贬抑，作为朋友，应该帮助他树正名，维护他的威信；立德的关键之三是批评。人所处的位置越高，越不容易听到反面的声音，作为朋友，如果能关心他，就应该经常对他进行批评和提醒，使他保持清醒的头脑。

虽然说在这个世界上，谁离了谁都能活，可不能否认的是，失去或干脆不拥有某些人的帮助或合作，生活的质量就会大打折扣。也许没有比帮助这一善举更能体现一个人宽广的胸怀和慷慨的气度的了。不要小看对一个失意的人说一句暖心的话，对一个将倒的人轻轻扶一把，对一个无望的人赋予一个真挚的信任。也许自己什么都没失去，而对一个需要帮助的人来说，也许就是醒悟，就是支持，就是宽慰。这种帮助即使很小，也是“雪中送炭”，别人都会牢牢记住你的好。相反，不肯帮助人，总是太看重自己丝丝缕缕的得失，这样的人目光中不免闪烁着麻木的神色，心中也会不时地泛起一些阴暗的沉渣。别人的困难，他可当做自己得意的资本；别人的失败，他可化作安慰自己的笑料；别人伸出求援的手，他会冷冷地推开；别人痛苦地呻吟，他却无动于衷。至于路遇不平，更是不会拔刀相助，就是见死不救，也许他还会有十足的理由。自私，使这种人吝啬到了连微弱的同情和丝毫的给予都拿不出来。

也许这样的人没有给人帮助倒是其次，可怕的是他不仅可能堕落成一个无情的人，而且还会沦落为一个可怜的人。因为他的心除了只能容下一个可怜的自己，整个世界都无须关注和关心，其实，他也在一步步堵死自己所有可能的路，同时也在拒绝所有可能的帮助。其实，有时候不用很费力地帮别人一把，别人也会牢记在心，投之以木瓜，报之以琼瑶。

忍耐是一门社交必修课

亲和力是比较长时间才能看出来的特质。正因为时间拉得太长，所以不论在人生的哪一个阶段，耐心是很重要的问题。这时的人脉根基需要打牢，需要寻求帮助，更需要时间成本才会产生效益。此时的亲和力及沟通表达能力非常重要。

我们的工作与生活中，有很多的时候需要忍耐。孔子说过“小不忍则乱大谋”，朱熹在《朱子语类》中阐释：“匹夫之勇，不能忍于忿，皆能乱大谋”。“小不忍则乱大谋”就是说人凡事要忍耐、宽容一点，如果一点小事也不能容忍，脾气一来就会坏了大事的。

人生在世，有时候不如意十之八九。没有考上北大、清华，就想跳楼、用刀抹脖子；失去了个女朋友就觉得魂都没有了，要寻死觅活；事业上受了点打击，就成天郁郁寡欢，无法解脱，等等。这时候，就需要有一点“退一步海阔天空”的胸襟和气度，不能一味地去钻“牛角尖”。否则，真的是生不如死，要学会自寻解脱，宋朝著名文人苏东坡在这方面堪称楷模。

苏东坡一生坎坷，初登仕途时，被韩琦误压下去。后王安石实行新政，他不赞成某些措施，但又不同意司马光不分青红皂白一概废除新法的主张。因此，总得不到宰相的赏识，还屡遭贬斥，终身不得志。清代的金安清为他题写了一副长联：

一生与宰相无缘：始进时，魏公误抑之，中岁时，荆公力扼之，即论免役，温公亦深厌其言，贤奸虽殊，同帐军门违万里；

到处有西湖做伴：通判日，杭州得诗名，出守日，颖州以政名，垂老投荒，惠州更寄情于佛，江山何幸，但经宦辙便千秋。

“魏公”即韩琦，“荆公”即王安石，“温公”即司马光。这副对联写苏东坡遭贬到杭州后，在美丽的西湖的湖光山色中，写下了许多脍炙人口的诗篇；在颍州时，因清正廉明、政绩斐然而闻名当时；及至老年出任惠州时寄情于佛教。正因为他饱经世故，历经沧桑，才使他的诗文更加老练深刻，遂使他的“诗名”、“政名”千古不朽。

苏东坡一生在逆境中而千古不朽，得益于他心中“退一步海阔天空”的解脱。如果他一辈子怨天尤人，哪里能怡然处之、建功立业？

因为人际关系，往往工作不顺畅，甚至跳槽的不在少数。人生的种种不幸，人们要最终战胜它，就必须退一步想。退一步，忍一忍，天高任鸟飞，海阔凭鱼跃。以退为进，不失为一种生存竞争的方略。

有的人以为惹不起、躲得起，其实不然，凡是有人的地方，就有左、中、右，好、中、坏，再说工于心计，这是中国人老祖宗留下的传统，你往哪躲？所以，如果工作、收入还可以，不要因为人际关系忍耐不下去，换了地方还是如此，不如就在现有单位挺住，对周围的人和事还熟悉，容易对付过去。到了新的单位，重新了解，很不容易。

小辛的主管不太喜欢他，可工作还离不开他，什么好事也不拉着他，什么重担都找他，在别人眼里，小辛简直是个受气包，可小辛好像并不往心上放，每天闷头钻研业务，还津津乐道地做着一些工作以外的任务。一天，那个本来都要提升为副总的主管突然得了病，请了三个月的假，回老家休息去了，主管的担子就落在小辛的肩上，因为整个部门中，就是他对那个业务都亲自干过，都熟悉明白，大家心服口服，等待和耐心让小辛获得了进一步认可。

所以，忍耐是人生的一门必修课，是我们必须要跨越的一道坎儿。

始终保持一颗平常心

人与人之间的沟通是一切往来的基础。信息网络的构建加速了人们获取、交流信息的过程。当自己交上一位真正的有识之士做朋友时，实际上就扩大了自己的视野，增长了自己的知识，提高了自己的能力并加大了自己的无形资产。善于交朋友的人，首先要待人以诚、与人为善，通过不断地完善自我，以平常心和真诚去感化周围的人，广结善缘，从而在互助中实现“双赢”。因此，能始终拥有一颗平常心的人，必为社交之成功者。

平常心可以说是一种境界，一种很难把握的人生境界，往往说起来容易，而一旦实践起来就非常难的境界。每个人都想拥有一颗平常的心，可是，在眼前这个充满诱惑的大千世界里，当看到别人坐宝马、开奔驰，自己却在为每天的公交车费发愁时，你能有一颗平常心吗？看到别人日日花天酒地、挥霍无度，自己却在吃着咸菜萝卜时，你能有一颗平常心吗？

传说有一位得道高僧，在一个乌云翻滚、山雨欲来的傍晚经过一片坟地，看见一位大汉瑟缩在一棵大树下虚汗淋漓。高僧问他何以至此，惊恐万分的大汉说不成句。只是结结巴巴地说了一句“怪……怪……怪蛇……”就瘫软下去了。

高僧一看，原来草丛里有一条大蛇正在吞食一条与自己不相上下的大蛇。前者即将胀死，在艰难地摇动着尾巴；后者即将憋死，也在艰难地摇动着尾巴。问题是这里是坟地，前不着村，后不着店，大汉在这阴森的环境里突见此两头是尾的“怪蛇”，便惊慌失措，疑是死路一条了。

高僧向大汉说明实情后，大汉立即恢复常态，并拾起“双尾蛇”带回家去了。

在这里，平常心救了一条将被吓死的生命。

在社交过程中，怎样培养和保持一颗平常心呢？

第一，不要有嫉妒之心

虽然，每个人产生嫉妒心是属于一种的本能反应，而一个人在正确的心理状态下，应当是看到别人发达了、成功了，就会正确地来剖析一下自己，为什么我没有发达？为什么我就不能成功？认真看待自己失败的原因，积极采取有效措施，保持低姿态、高风格的亮点精神，虚心学习，取人之长而补己之短，这才是一个人健康的心理状态。

第二、要树立积极进取的人生观

一个人积极进取的人生观就是：要时刻保持一种乐观、豁达的心理，要有高尚的道德情操和对美好事物追求的心理，要树立正确的人生观，凡事尽量不与人争长论短，强决高低。

第三、要有人生的奋斗目标

一个人的理想和现实要相符，从实际出发。每个人都应该根据自身的实际情况，正确地估价自己，给自己一个准确的定位，制订一个切合自己实际的人生奋斗目标。有了这个奋斗目标，怀着一颗感恩的心，通过不懈的努力，实现自己的人生目标。

人生的道路曲折而漫长，无论什么时候，无论我们身处怎样的环境中，只要正确把握了自己的人生方向，用一颗平常心去看待生活中的磕磕绊绊，你就会发现沿途的风景竟是这般绚丽夺目，如此诱人。

尊敬那些不喜欢你的人

尊重不喜欢你的人，对任何人来说都有一定难度，似乎很对不起自己。有人曾经说过："不必在乎你不在乎的人不在乎你。"可是，我们还是要尊重他们。原因是他们比别人厉害，能够看到我们不让他们喜欢的地方，可见他们是能帮我们找出缺点的人，或者他们的不喜欢是不怀好意的，我们依然要好好尊重他们，这样更能显示我们的风度。

谁都希望被别人喜欢，可是如果生活中没有不喜欢你的人，那么这样的人生就太单调了，也是不完美的，被人喜欢，能让自己觉得很开心，可是开心到极端就会有些自大了。如果有人不喜欢你，你就会觉得自己还是不完美的，还有需要改善的地方，从而不断地完善自我，这样，就能实现人生的意义了，人的一生，就是要不断地自我完善，我们过得开心、充实，是因为我们每天都觉得自己还有不完美的，需要不断完善。

要自己去尊重不喜欢我们的人会显得很难，但是，那是一种好的态度，我们必须要求自己，甚至是强迫自己去做到。仔细想想，如果你很不喜欢一个人，但那个人依然对你很好，尊重你，对你微笑，你的感受会是怎样的？如果你是没有条件的不喜欢他，那你会因为他对你的态度而改变对他的看法，如果你是因为他的缺点而不喜欢他的，那么你会为他诚恳的态度而愿意向他指出。

生存在这个世界上，只要你对别人尊重，你的收获就会很多。刚开始，对待不喜欢你的人，你会以同样的态度去对他，可是慢慢地你就发觉了，这样会让你的品质越来越不好的，我们要学习别人好的地方，不能去学不好的品质。而对待这种不喜欢你的人，你换个角度想想，如果一个人不喜欢另一个人，他的生活也不会很开心的，仇恨怎能让人过得开心呢？我们更应该尊重他们，尊重一个不喜欢你的人，是宽容的最高点，以一种让人出乎意料的态度，用一种能让自己得到完善的态度，你就能过得有意义。

现在，当尝试着去尊重不喜欢自己的人时，自己会觉得是个品质高尚的人，自己也发觉这样的态度是很好。与其讨厌一个人，不如试着去喜欢一个人，爱能让生活更美好的，或者，有一天，那个不喜欢你的人，会因为你的积极的人生态度而和你成为好朋友。一个能让自己生活模式很健康的人，他会不断地让身边的人向自己靠近，在不断完善自我的同时，能够让别人佩服你，这样的你就是成功的了。

对不喜欢自己的人，我们无法超脱，但我们可以尊重他们，因为尊重他们的同时，也是在尊重自己。绝不能因为他们不喜欢你而把关系搞得不好，而相反，通过自己的工作能力，自己的工作作风、工作成绩向对方证明自己，从而获得对方的尊重。所以，我认为，面对不喜欢自己的人，一定要尊重他，即使你的尊重换不来他的半点反思，也没有关系。首先，尊重他，并没有贬低自己；其次是在尊重他的同时，你也获得了周围的同事对你的敬重。当然，对不喜欢自己的人的这种尊重，是以绝不能委屈自己的尊严，也绝不能损害自己的人格为前提的。

尊重不喜欢你的人，尝试着去做做，看看有什么样的结果，然后再决定如何去做，这也许让你的职业生涯变得一帆风顺、前程似锦。

所以从现在就开始，用我们的真心去尊重那些不喜欢我们的人，这样是绝对不会有坏处的，一个宽容的人是积极乐观的，为自己精彩的人生，用最好的品质去对待生活中每一个遇到的人，不管他们对我们的态度是怎样的，我们依然尊重他们，这就是一个成功的自己！最终会成为一个颇受欢迎的人。

人际交往切忌背后论短长

谁人背后无人说，谁人背后不说人，飞短流长古今中外都是如此。对普通的个人来说，闲话能满足我们被关注的心理需要。“嚼舌根”让我们有机会分享第三者的秘密，因为对他人生活秘密的好奇是人的天性，一个掌握众多“猛料”的人往往能吸引很多的听众，使自己成为众人关注的焦点，从而让普通人也能充分享受被注意、被尊重的感觉，也有机会对生活中不愉快的体验做一下补偿。

但是，对于那些专门揭他人之短、传他人之私的“长舌妇”或“大嘴巴”而言，搬弄是非往往是他们心存隐疾的表现。从精神分析理论来看，乱嚼舌根儿与谩骂他人的心理基础类似，是一种“杀人不见血”的攻击行为。

嚼舌者常常有意无意地披上冠冕堂皇的外衣：比如某个长舌妇，常常会借口“给你提个醒儿”，告诉你某某曾说过你的坏话，某某心术不正。这种人性格中“超我”或称“良心”的部分不够完整，他们很难设身处地为别人着想，不能对受伤害者产生同情，却往往以他人的痛苦和不幸为乐，借此衬托自己的才能和道德上的优越性。然而，尽管听众不少，背后说坏话者仍然很难找到真正的朋友。

友谊发展中的秘密分享，既包括前期与别人分享第三者的秘密，也包括更进一步暴露自己的秘密。但是，那些爱嚼舌根者不愿意公开自己的秘密，所以即使获得友谊，也是浅层次的。不仅如此，许多人听完天花乱坠的闲话后，会生怕自己也成为此人所咀嚼的“猛料”，从而对其退避三舍。

古代的剑客武功越高强越谨慎，不允许有人站在身后，因为背后偷袭一不小心就要了卿卿性命。由此可见，背后说人坏话造成的伤害是非常严重的。不知道那些背后恶意中伤的人是否考虑过他的行为会使别人受到伤害。《圣经》里将背后说人列为与恶毒和凶杀同等的罪恶，可见这是多么严重的事情。

“谁人背后无人说，谁人背后不说人。”这话虽然说得有些绝对，却也说明了一个道理，那就是，大多数人都多多少少地在背后说过别人，只是所说的是好话还是坏话就无从考证了。不过有一点，经常在背后说别人坏话的人，肯定不会是受欢迎的人。因为凡是有点头脑的人，都会自然而然地这么想：这次你在我面前说别人的坏话，下次你就有可能在别人面前说我的坏话。这样一来，你在别人的印象中就不可能好到哪里去。

中国有句俗话：“宁在人前骂人，不在人后说人。”这个意思就是说，别人有缺点有不足之处，你可以当面指出，令他改正，但是千万别当面不说，背后乱说，这样的人，不仅会令被说者讨厌，同样也会令听者讨厌。

喜欢在背后议论别人的人，通常是一个爱挑拨离间的人。正因为是在背后议论别人，才为挑拨离间者提供了生存的土壤和空间，尤其是在背后说人坏话。

当你说别人坏话的时候，实际上你所倾诉的对象同样会对你的人品产生怀疑，你可能是出于一种宣泄，可能也是言者无心，但你这样做所造成的影响只会把你自己带进人际关系的沼泽。

当你听到别人说另一个人的坏话的时候，你该怎样做？对此，你就得端正态度，用辩证的思维去考虑这种事。因为说对方坏话的人，总是有着各种各样的原因，充分地分析讲话者的心理及原因，对做到端正自身大有益处。

小冰的朋友中，有两个朋友因为一个女人而闹得很不愉快，两个人虽然平时见面还都装着一副无所谓的样子，但是一旦分开，就会对第三者发起“攻击”，将对方的“坏”处添油加醋地倒出来。而小冰当然成了他们双方发泄对对方不满的汇集点。

小冰每次都是尽可能地保持沉默，在适当的时候加进一两句劝导的话，不对他们的话做任何评价，一段时间过后，当他们两人都冷静下来时，回想起他们在小冰面前所说的那些话，他们自己都觉得不好意思。由于小冰处理得当，他们之间的矛盾没有进一步激化，好朋友终究还是好朋友。

如果换一种情形，小冰对他们一意奉承，也跟着瞎起哄，那么，结果是可想而知的。

从这件事中，小冰得到了一个经验，那就是当别人对你说第三者的坏话时，无论你是否明白其中的原因，你都必须保证做到一点，那就是“入耳封存”，同时还得充分了解对方，如果发现对方是无缘无故，只是天生有背后说第三者坏话的习惯，那么你就得注意，在以后的应酬中应该有意识地疏远他，因为这种人并不值得你去交往。

当一个人当着对方把第三者说得一无是处的时候，这个人的形象在对方的心目中也同样已经一无是处了。所以我们在日常应酬中，尤其应该注意，尽可能地不在交谈对象面前说第三者的坏话。如果别人有什么缺点，你可以寻找适当的机会当面向他提出，背后议论别人是千万不可取的。

入乡随俗是亲和力的体现

入乡随俗是人们骨子里的文化认同感。入乡随俗有利于了解当地的民风民俗，也许正是你远行的意图；表示对异乡人民生活习惯的尊重；也表示不为别人带来太多的麻烦。入乡随俗可以使人凭借超强的适应力，融入到当时当地的生活中去，自己的随和，容易与人打成一片。入乡随俗只有好处，没有坏处。显然，入乡随俗是一种亲和力的体现，甚至我们可以说，入乡随俗就是亲和力。

比如当你要向对方送礼的时候，首先要了解对方的习俗与禁忌。这应引起人们的重视，在所有的人际交往中，我们都应熟悉当地的习惯、爱好、风俗、禁忌，以免成为不受欢迎的人。古人将这种人际交往的规则称为“入国问禁，入乡随俗”。

“入境而问禁，入国而问俗，入乡而问讳”，此话就是指每到一地得先了解那里的禁忌和尊重那里的风俗。例如别人过生日时，你不要送钟，因为“钟”与“终”谐音，让人觉得不吉利。

从前，有个名字叫王九的人，他有个聪明乖巧的儿媳妇。有一天，王九的两个朋友张九和李九，一个提着一壶酒，一个拿着一把韭菜，去请王九喝酒。偏巧王九不在家，两个朋友只好请王九的儿媳妇转达他们的邀请。王九回来后，儿媳对公公说：“张三三，李四五，一个提着连盅数，一个拿着马莲菜，来请公公赴宴席。”这位巧媳妇巧妙地把与公公名字（九）同音的字一一作了改变，既正确转达了意思，又避了公公名讳，不能不说，这位媳妇很是聪明。

在不同的地方、不同民族，会有着不同的风俗禁忌，而导致这些风俗禁忌的原因也是多种多样的。一些风俗禁忌是受自然环境的影响，经过长期经验的积累而形成、流传下来的，有些则是由于受生产力条件、文化发展等因素束缚而形成的。然而，随着社会物质文明与精神文明的发展，反映旧时代封建文化和体现落后生产方式的风俗禁忌逐渐消失。至于那些由自然环境的制约而形成的风俗禁忌，则很有可能会长期存在。如今，随着人们活动与交往范围的扩大，入国问禁、入乡随俗应成为我们在人际交往过程中一项重要的原则。在现在跨行业、跨地区、跨国际的人际交往中，我们应尊重各民族风俗习惯，尽量避免触及他国、他地、他人的种种禁忌。

在许久以前，有两兄弟置办了许多货物，准备外出去做买卖。他们到了一个国家，这里的人都不穿衣服，被称做裸人国。

弟弟说：“这儿与我们家乡的风俗习惯完全不同，要想在这儿做好买卖可实在不容易啊！不过俗话说得好，‘入乡随俗’。只要我们小心谨慎，按照他们的风俗习惯办事，也不会有什么问题的。”

哥哥却不同意弟弟的看法，生气地说：“无论到什么地方，礼义不可不讲，德行不可不求。难道我们要光着身子与他们往来贸易吗？这可太伤风败俗了！”

弟弟说："树正影不斜。虽然我们在衣着上有变化，但只要行为正直，也是戒律所允许的。"

哥哥说："这样吧，你先去看一下情况，然后派人告诉我。"于是弟弟先进入了裸人国。十多天后，弟弟派人告诉哥哥说，一定得按当地风俗习惯，不穿衣服，赤身裸体，才能办成事。

哥哥一听就火冒三丈，说："赤身裸体，像畜生一样不知羞耻，这难道是君子应该做的吗？我绝不会这样做。"

在这个裸人国里，每月初一、十五的晚上，大家都用麻油擦头，用白土在身上涂画各种图案，然后戴上各种装饰品，敲击着石头，男男女女手拉着手唱歌跳舞。

弟弟也学着他们的样子与他们一起载歌载舞，很是开心。裸人国所有的人都十分喜欢弟弟，关系也非常融洽。国王因此买下了他带去的全部货物，而且付给了他十倍的价钱。

若干日子后，哥哥也坐着车子来做买卖。然而他满口仁义道德，指责裸人国的人这也不对，那也不好，引起国王及人民的愤怒，大家把他抓住狠狠揍了一顿，而且把他的全部财物都抢劫一空。若不是弟弟为他说情，恐怕连性命都难保。

兄弟二人准备动身回国时，裸人国的人都热情地跑来为弟弟送行，而对哥哥则骂不绝口。

具有良好的人际沟通和亲和能力是我们每个人都梦寐以求的，良好的人际亲和力给我们带来的种种好处，不仅使我们获得更多的友情，感受到人与人之间的关爱与温暖，还使我们获得更多的人际资源，让我们获得意想不到的好前途和机会。

劳伦是位来自洛杉矶、经验丰富的女商人。她有着时髦的行头，讲究品位。劳伦因为想放慢生活节奏，得到更多的归属感，而搬到西南部的一个小城镇。

尽管她喜欢这个城市和那里的居民，但是她感到她不受欢迎。最终，她的同事给她指出，她的穿着和交谈方式让当地人觉得她在装腔作势，高人一等。

从那以后，劳伦特意穿得很随意，与人谈论当地的事情，多参加社交活动，试着让自己更加容易接近。虽然一开始她很不舒服，不习惯穿卡其布，不习惯谈论经营牧场。但是她发现，她与新邻居和同事更加容易交流了。

人人怕被拒绝，这是人的天性。如果你具有亲和力，不摆架子，也不高人一等，做到入乡随俗，那么别人就会感觉你很“安全”，也就减小了对你的戒备之心，开始接受并欢迎你。

哈佛商学院的蒂齐亚纳·卡夏罗和杜克大学的索萨·洛沃这两位管理学专家分析了多种职场关系，他们得出结论是：大多数人宁愿与讨人喜欢的傻瓜一起工作，也不想和有本事的讨厌鬼共事。卡夏罗强调说：“员工有问题总愿意找他们觉得可亲的人帮忙，即使这个人的水平不高。”

1964年，68岁高龄的土光敏夫就任东芝董事长，他经常不带秘书，独自一人巡视工厂，遍访东芝散设在日本各地的三十多家企业。身为一家公司的董事长，亲自步行到工厂已经非同小可，更妙的是他常常提着一瓶一升的日本清酒去慰劳员工，跟他们共饮。这让员工们大吃一惊，有点不知所措，又有点受宠若惊的感觉。没有人会想到一位身为大公司董事长的人，会亲自提着笨重的清酒来跟他们一起喝，因此工人们称赞他为“捏着酒瓶子的大老板”。

土光敏夫平易近人的低姿态使他和职工建立了深厚的感情。即使是星期天，他也会到工厂转转，与保卫人员和值班人员亲切交谈。他曾经说过："我非常喜欢和我的职工交往，无论哪种人，我都喜欢和他交谈，因为从中我可能听到许多创造性的语言，获得巨大收益。"的确，通过对基层群众的直接调查，不仅获得了宝贵的第一手资料，而且弄清了企业亏损的种种原因，还获得了许多有价值的建议，更重要的是赢得了员工的好感和信任。

入乡随俗，不是委屈自己，也不是迁就别人，这是你应该做的，你不能触犯他人的禁忌。相反，当人家来到你所生活的环境里，他们同样也会遵循你们这里的生活习俗，轻易去触犯他人的禁地，只会让自己在别人眼里变得更加讨厌。

朋友之间要经常联系

生活在如今这个节奏飞快的时代，我们每个人都会有自己的朋友，因为通过与朋友的交流，我们能够释放生活中的压力，感受生活中的美好。当然，也正是因为生活节奏的飞快，当自己遇到困难时，认为某人可以帮自己解决，本想马上去找他，但后来一想，过去很多时候本来应该去看望人家的，可是因为工作繁忙结果都没有去，现在有求于人了突然去找他，是不是太唐突了？

这种顾虑的产生，就是由于与朋友之间平时疏于联络的结果。朋友之间从相识、相知到相处都需要细心地呵护，其中相处是持续时间最长、最需要用心经营的阶段。朋友之间的相处，实际上是心灵之间不同形式的交流和碰撞，这种心灵之间的交流与碰撞是最需要智慧和技巧的，最基本的原则就是朋友之间要始终保持联系。没有了联系，深厚的友谊可能变得越来越淡；没有了联系，两颗心灵之间可能会彼此疏远；没有了联系，曾经无话不谈的朋友可能变得形同陌路。

所以说，对于朋友我们要经常保持联系，这样才能友谊长青。

经过自己不断地努力，紫琼终于成为一家财经媒体的主编，拥有了广泛的财经记者圈，而且在圈里的知名度也非常高。在一些人的印象中，紫琼是一个主意多的热心人。于是，他经常被电视台相关节目请去做节目策划。

随着参加电视节目的机会日趋增多，渐渐地，紫琼在节目策划圈也有了一定的名气，成了电视策划圈的成员。但紫琼认为仅仅有这两个关系网显然是不够的，作为一名主编，还要有一个领域对工作有一定帮助，那就是出版社了。

当然，紫琼也明白，自己在出版界的人脉并不广，于是，他还是分析自身优势：熟悉财经领域，能出相关选题；拥有媒体资源，能为图书做市场推广。对这些有了清晰的认识后，紫琼通过朋友介绍，主动结识了出版界知名人士，并利用自己的优势与他们合作：参与策划图书选题，通过各种途径为图书做推广，还时常写个书评、推荐短文等等。

不仅在业务上紫琼和这些新老朋友们频繁联系，每逢假日，他还会邀请几位一起坐坐，或者登门拜访，或者电话联系，或者通过电子邮件进行交流。

渐渐的，紫琼与朋友们的关系越来越好，找他合作的出版社越来越多，紫琼认识的出版圈朋友也是越来越多，而现在，书商有经管类的书要出版，也少不了找紫琼出点子。就这样，紫琼在各个领域的事业都是风生水起，他明白，这些成绩和朋友们的大力帮助有着直接的关系。

从紫琼的身上我们可以看到，要想保持良好的朋友关系，一定要和朋友多保持联系。中国有句古语：“亲戚在于走动，朋友在于沟通。”这句话很好地说明了保持良好人际关系的秘密。

从心理学的角度讲，多加联系就是让朋友更多地了解你的生活状况，从而拉近了朋友之间的心理距离，增进了感情。因此，在朋友交往中，要想获得知心的朋友，就要更多地跟朋友保持联系，友情会在不断沟通和交流中变得愈发炽烈。

当然，和朋友保持联系，这其中最关键的一点就是真诚。只要你抱有诚心，抱有真情，用你的真诚来维系朋友关系，你的人际关系会更加的广泛，路也会越走越宽。否则，朋友会感到你的目的就是利用自己，那么一定会对你感到反感。

第一，别忘了感谢朋友

当朋友帮助你做到了某件事情后，你一定要在第一时间向朋友表示感谢，哪怕是利用电话或电子邮件，甚至是一张感谢卡。表面上看，这样做好像没有什么必要，但是，这样做就会让朋友更加了解你，会与你持续保持联络。如果你真的重视建立关系，你就会随时随地找寻机会，而不是在特定时候或是紧急的时候才想到。重要的是建立长久的互惠关系，而不应是为了特定的目的而建立某种关系。

第二，离得再远，也别忘了和朋友电话联系

也许是因为工作的缘故，也许是因为家庭的缘故，有时候也许我们不得不远走他乡，和朋友的距离瞬间拉远。可是，这并不是我们可以不联系朋友

的借口，不要忘记现代通讯非常发达，电话、网络，这些依旧能够架起你和朋友联系的桥梁。如果你连这些都做不到，那么迟早有一天你会发现，你的身边再没有朋友了。

何华因为工作的原因，五年前离开了家乡，到了另一座城市工作。这五年来，何华一直忙于事业，从来没有和过去的朋友联系过。终于，这一年她回到了家乡，可是，她却发现当年的朋友和自己都疏远了。

何华回家的第一天，在街上碰到了一个老朋友，那位老朋友虽然见她感到是熟识的，但却怎么也想不起来她到底是谁。虽然何华提醒他："五年前我的头发是很短的，现在是留长了。"可是，老朋友依旧没有说出她的名字。

就在何华非常急切的时候，那位老朋友说出了一句让人哭笑不得的话："你是跑保险的吗？"

老朋友的话，让何华差点晕倒。当何华向他自报家门的时候，他自己也笑了起来，连着向何华道歉，然后说着改天联系的话，就转身离开了。

看着老朋友远去的身影，何华的眼泪不禁流了下来。这时候，她才后悔这些年自己的"绝情"。当年离家时，这位朋友还经常给她发邮件，可自己总是借口"忙"，从来没有给他回过一封邮件。就这样，这个原本和自己亲密的朋友，逐渐就从自己的生活中消失了，与自己成了陌路。

回到家里，何华急忙和过去的朋友们联系，可是电话那头传来的不是"您拨打的电话已停机"，就是"你拨打的号码是空号"。看着熟悉又陌生的街头，何华不禁再一次潸然泪下。

第三，主动联系朋友，关心朋友

在平常生活中，尤其是在节假日期间，我们一定不要忘记联系朋友。如果朋友有了心事，我们更应积极地表现出关怀。我们可以陪朋友一起去公园散心，可以陪朋友一起在酒吧述说心事，让朋友的情绪得到发泄、缓解，这样，他就能从之前的困惑走出。而你的帮助和鼓励，朋友自然也会看到眼里，对你产生信赖、依赖之感，这样当你遇到问题时，他也会毫不犹豫地伸出援助之手。

在茫茫人海中，你能与人相逢甚至成为朋友，这绝对是一种缘分。也许，你和这位朋友的关系并没有那么亲近，但这份关系却是值得珍惜和值得持续的。要明白，人与人之间的关系会随着见面次数的增加而加深，久而不见的朋友自然也会日渐疏远。所以，要想珍惜那份珍贵的友谊，要想让朋友不离弃你，那么就不要忘了和朋友常联系。

亲和力有助于提升竞争力

在现代社会，处处是竞争，而竞争又分为多种，一种是单纯技术上的竞争，另一种则是亲和力的竞争。当你和客户交流的时候，如果你们的产品在技术上和竞争对手差不多，那么，亲和力的强弱无疑是决定客户选择你还是选择竞争对手的重要元素了，因为谁都不愿意与一个和自己心理距离很遥远的人打交道。

无人能及的脱口秀女王奥普拉·温弗蕾她是《时代周刊》1996年首次评选出的美国最有影响力的25位入选者之一，是五次最佳美国电视访谈节目“艾美奖”得主，其主持的脱口秀节目十多年来一直被称为“第一收视率”节目。

集这许多耀眼的光环、含金量极重的荣誉于一身的奥普拉究竟是一位什么样的人呢？典型的黑人妇女且相貌平平，已过妙龄，体重超标。但就是这样的奥普拉却以她极具亲和力的主持风格、超凡的口才，以及从丰富生活阅历中汲取的沉稳风度，将千百万观众的心抓得紧紧的。每天美国有900万人准时将电视机调到奥普拉主持的脱口秀节目，看看老朋友奥普拉那熟悉而又亲切的笑容，听听她犀利如剑、妙语连珠的评论。在节目中她和现场的观众以及屏幕前的观众组成了一个大家庭，奥普拉就是家中的一个成员，分担你的烦恼，分享你的快乐，与你推心置腹，谁都会在这个大家庭中真实地展现自我、表白自我。“亲和力”一词的催化作用在这里得到充分地释放。

在充满亲和力的奥普拉脱口秀节目中，她打动观众的力量在于她不利用观众，也不捉弄观众，她对观众具有一种推心置腹、愿与之分享一切隐秘的真诚。

为了以真诚面对观众，为了创造亲和力，她甚至把自己最难以启齿的事即年轻时曾吸食过毒品的秘密在节目中向观众袒露。

当时场内外哗然，举座为之震惊，而奥普拉却非常镇静。用她的话说“说自己想说的话，给观众一个真诚的自我，不能欺骗观众”。事实上观众朋友从她这里得到鼓舞，敢于正视事物的真相，哪怕是心灵中最可怕的黑洞，同时也更深切地感受她的真诚。

真实的东西并不一定都是美的，但由于其真实却往往给人以美的体悟。主持人这种真诚把我们引向另一种境界，欣赏到一种超凡脱俗的人格魅力，这种毫不掩饰地袒露心扉，观众怎能不把心灵向她敞开？这种真诚正是亲和力的基石。

奥普拉可能没有别的主持人外表漂亮，但她给了千百万观众很强烈的亲和力，使得她比其他的主持人更能受到人们的欢迎，我们不得不说，亲和力是她提升竞争力走向成功的一个法宝。

第三章　礼仪亲和力：展示出优雅的品味

良好的个人礼仪所展示的亲和力并非与生俱来，也非一日之功，要靠后天不懈地努力。因此，个人礼仪文明要通过得体的着装、规范的握手等身体动作，说必要的客套话、遵守约定时间及微笑待人等诸方面来实现。

初次见面怎样展现亲和力

在社交过程中，初次见面展现亲和力，从而给别人留下好印象其实并非难事，只要能依照专家的指示做便可轻易办到。有专家称："引人注目不仅仅是让别人注意你，而且意味着让别人记住你。"以下就是专家的建议：

第一、主动向对方打招呼

俗话说："一回生，二回熟。"对于陌生人来说，你先开口向对方打招呼，就等于你将其置于一个较高的位置。以谦恭热情的态度去对待对方，一定能叩开交际的大门。如果你能用自信诚实的目光正视对方的眼睛，会给对方留下深刻的印象。

另外，说话要清楚且直截了当，特别是在工作场所。不要含糊其辞，也不要每句话后都加上"你知道吗？"专家称，如果你遵循以上建议，你将会对同你交往的人产生很有效的作用。

第二，报姓名时略加说明

记忆术中有一种被称做记忆联合的方法，这是一种把一件事与其他事连在一起的记忆方法，初次见面的人利用这种方法可以加深他人对你的印象。比如你姓张，便可说："我姓张，张飞的张，不是文章的章。"这样加以说明，对方会认可你的幽默风趣，也会更容易记住你。

第三，找出与对方的共同点

任何人都有求同心理，往往会不知不觉地因同族或同伴意识而亲密地联结在一起，同乡会、校友会之类的组织便应运而生。如果你能找出与对方拥有的某种共同点，即使是初次见面，也会在无形中让对方产生亲切感，一旦心理上的距离缩小了，双方便很容易推心置腹了。

初次见面的人，如果能用心了解与利用对方的兴趣、爱好，就能缩短双方的距离，加深对方的好感。例如，和中老年人谈健康长寿，和少妇谈孩子和减肥，和孩子谈米老鼠、唐老鸭等。即使是对自己不甚了解的人，也可以谈谈新闻、书籍等话题，这都能在短时间内使对方喜欢上你。

任何人都有自觉得意的事情，但是，再得意、再值得骄傲和自豪的事情，如果没有他人的询问，自己也不能主动提及。而这时，你若能适时而恰到好处地将它提出来作为话题，对方一定会欣喜万分，并敞开心扉畅所欲言。适当地给人以机会，你们的关系会更加融洽。

培养一种有趣的爱好，或掌握某方面的奇特知识。例如，阅读历史上某一特定时期的资料。若你是一位女士，可让人知道你对修理汽车感兴趣，因为这种知识和爱好是生活中不常见的，因而别人将对此产生兴趣。

你可以凭借自己个性中的或你过去经历的某些有趣的事情作出暗示，但不要过早地和盘托出。例如，若你是一位美食厨师，你可能会把话题引到食品方面，但千万别宣称你就是厨师。不立即吐露一切的做法，能让别人产生追根问底的欲念，加强对你的注意。

第四、注意身体姿态

潘斯教授说：“许多人常常精神委靡不振，对比之下，人们容易记住精神抖擞的姿势。”弯腰曲背的人，大多是害羞的、自我防卫心强的人，让人觉得难以与之相处，而脊背挺得笔直的人，会让人觉得富有活力、精气十足。因此，在会谈、面试等社交场合，必须注意挺直你的脊背，让人觉得你精明强干。

尤其要注意自己的表情。人的心灵深处的想法都会形之于外，在表情上显露无遗。一般人在到达见面的场所时，往往只注意“领带正不正”、“头发乱不乱”等着装打扮方面的问题，却忽略了表情的重要性。如果你想留给初次见面的人一个好印象，不妨照照镜子，审慎地检查一下自己的面部表情是否跟平时不一样，如果过于紧张的话，最好先冲着镜中的自己傻笑一番。

另外，可以适时地指出对方身上的微小变化。每个人都渴求拥有他人的关心，对于关心自己的人也容易产生好感。所以我们要积极地表示出自己对他人的关心。只要一发现对方的服饰或常用物品有所变化，哪怕是极其微小的变化，也应立即告诉对方，绝对没有人会因此而感到不高兴。愈是指出对方细微的、不容易被发现的变化，愈能使对方高兴。让对方感受到你的细心和关怀，你们之间的关系就会变得比以前更为亲密。

第五、恰如其分地附和对方

“附和”是表示专心倾听对方说话的最简单的信号，体现谈话双方的情感交流。真正用心听他人谈话时，总会发现谈话中有自己不懂的、有趣的或令人拍案叫绝的地方。如果能够将听时的感想积极地表现出来，随声附和，在谈话中加入“真是这样吗？”“你说的是……？”“为什么？”之类的话，定能使对方的谈话兴趣倍增，乐于与你交谈。

第六，注意打扮

如果你是一位男士，不妨系一条鲜艳的红领带，配上法兰绒灰西服。如果你是一位女士，可以系一条艳丽的绿松石围巾，穿上黑底色的服装。

要选择一种你常使用的特别香水。专家称，人们几乎总是下意识地对香气产生反应。人的嗅觉十分神奇，外来的一点点香气便会留下持久的印象。

佩戴一件令人感兴趣而且不同凡俗的装饰品。如果是男士，装饰品可以是一块旧怀表；如果是女士，则可以是手工制作的耳环。

不要忽略分手的方式

心理学认为，人类的记忆或印象具有记忆的系列位置效果，也就是说，人的记忆或印象会随着它的话语中出现的位置的不同而有深浅之分。一般来说，最有效果的是最初和最后的位置。所以，在事情进行过程中留下不好的印象或出现某些小问题，如果能在最后关头将良好印象深植于对方心中，就能挽回原来造成的损失。

当客人准备告辞的时候，一般都应真诚地挽留。同时，送客返身回屋后，应将房门轻轻关上，不要使其发出响声，那种等客人刚出门时，就砰的关上大门的做法是极不礼貌的，并且很有可能因此而葬送在客人来访时你精心培植起来的所有感情。对远道而来的客人，则要事前为他买好车票、船票，并送客至车站、码头，等车、船开动直至消失在视野以外后再返回。尤其不要表现得心神不宁或频频看表，以免客人误解成你催他快快离开。

如果有话想与对方单独说，那你此时更要送一程。如果对方来访时还带着另一个人，那就更要相送了，这会使你的客人很高兴，因为你在他人面前表达了对客人的尊重。

为了表达对客人及客人的同事、亲人的友好感情，给他们以一定的精神扶助，临别时，别忘了告诉客人代表你向他们问好，可以这样说：“请代我向令尊令堂大人问好！”“请代我向其他同事问好！”等等。必要时还应为客人或客人的亲友赠送一份土特产或纪念品，请客人笑纳。

作为客人应该清楚告知对方离别的时限，而不应该在交往中“踩急刹车”，应在之前略作一点铺垫，使对方对告别有一个思想准备。比如说，你在一刻钟之后有一件事要干，那不妨在这之前把情况向对方说清楚，这样对方会把要说的言简意赅地说了。如你不事先给对方打招呼，突然一看表说“我要走了”，就显得唐突而失礼了。

注意在告别之时，可以作一些适度的寒暄，如对、师长表示问候、请对方保重身体等。对待同辈朋友，可以问候其父母，祝其安康，也可根据实际情况，向对方表示良好的祝愿。

努力按照上述建议去做，长期坚持不懈，相信你一定会充分展示你的亲和力，收到意想不到的效果。

让得体的着装显示出气质

俗话说，“人靠衣裳，马靠鞍”，得体的着装不仅能给人带来美的享受，还能体现出一个人的形象与气质。你的衣服可以不高档，但必须得体、有气质。古今中外，着装都体现着一个人的文化修养和审美情趣，是一个人的身份、气质、内在素质的无言的介绍信。

从某种意义上说，服饰是一门艺术，服饰所能传达的情感与意蕴甚至不是用语言所能替代的。在不同场合，穿着得体、适度的人，能给人留下良好的印象，而穿着不当，则会降低人的身份，损害自身的形象。我国已故的周恩来总理在着装方面为后人树立了一个得体潇洒的典范，不论在任何条件下，他都把衣着的整洁合体，姿态端庄，一举一动彬彬有礼，光明磊落，待人谦虚，亲切诚恳，作为做人的准则。在社交场合，得体的服饰是一种礼貌，在一定程度上直接影响着人际关系的和谐。

影响着装效果的因素，这里有重要的三点，一是要有文化修养和高雅的审美能力，即所谓“腹有诗书气自华”；二是要有运动健美的素质，健美的形体是着装美的天然条件；三是要掌握着装常识、着装原则和服饰礼仪的知识，这是达到内外和谐统一美的不可或缺的条件。

下面我们就教你几招，让你在社交中熠熠生辉。

第一，着装要遵守TPO原则

TPO是英文Time Place Object三个词首字母的缩写。T代表时间、季节、时令、时代；P代表地点、场合、职位；O代表目的、对象。着装的TPO原则是世界通行的着装打扮的最基本原则。它要求人们的服饰应力求和谐，以和谐为美。着装要与时间、季节相吻合，符合时令；要与所处场合环境，与不同国家、区域、民族的不同习俗相吻合；符合着装人的身份；要根据不同的交往目的、交往对象选择服饰，给人留下良好的印象。

根据TPO原则，着装时应注意与自身条件相适应。选择服装首先应该与自己的年龄、身份、体形、肤色、性格和谐统一。

着装还要与职业、场合相适应，这是不可忽视的原则。工作时间着装应遵循端庄、整洁、稳重、美观、和谐的原则，能给人以愉悦感和庄重感。着装应与场合、环境相适应。正式社交场合，着装宜庄重大方，不宜过于浮华。参加晚会或喜庆场合，服饰则可明亮、艳丽些；节假日休闲时间着装应随意、轻便些；家庭生活中，着休闲装、便装更益于与家人之间沟通感情，营造轻松、愉悦、温馨的氛围，但不能穿睡衣拖鞋到大街上去购物或散步，那是不雅和失礼的。着装应与交往对象、目的相适应。与外宾、少数民族相处，更要特别尊重他们的习俗禁忌。总之，着装最基本的原则是体现和谐美，上下装呼应和谐，饰物与服装色彩相配和谐，与身份、年龄、职业、肤色、体形和谐，与时令、季节、环境和谐等。

第二、服装的色彩搭配与饰物礼仪

首先是服装的色彩搭配。不同的色彩有着不同的象征意义。

暖色调包括：红色，象征热烈、活泼、兴奋、富有激情；黄色象征明快、鼓舞、希望、富有朝气；橙色，象征开朗、欣喜、活跃。

冷色调包括：黑色，象征沉稳、庄重、冷漠、富有神秘感；蓝色，象征深远、沉静、安详、清爽、自信而幽远。

中间色包括：黄绿色，象征安详、活泼、幼嫩；红紫色，象征明艳、夺目；紫色，象征华丽、高贵。

过渡色包括：粉色，象征活泼、年轻、明丽而娇美；白色，象征朴素、高雅、明亮、纯洁；淡绿色，象征生命、鲜嫩、愉快和青春等。

服装的色彩是着装成功的重要因素。服装配色以整体协调为基本准则。全身着装颜色搭配最好不超过三种颜色，而且以一种颜色为主色调，颜色太多则显得乱而无序，不协调。灰、黑、白三种颜色在服装配色中占有重要位置，几乎可以和任何颜色相配并且都很合适。

着装配色和谐的几种比较保险的办法，一是上下装同色，即套装，以饰物点缀；二是同色系配色。利用同色系中深浅、明暗度不同的颜色搭配，整体效果比较协调。利用对比色搭配（明亮度对比或相互排斥的颜色对比），运用得当，会有相映生辉、令人耳目一新的亮丽效果。

其次，饰物礼仪。饰物在着装中起着画龙点睛的作用，饰物的选用也应遵循TPO原则，重要的是以和谐为美。

在社交活动中，人们除了要注意服装的选择外，还要根据不同场合的要求佩戴不同的饰物，主要有领带、围巾、丝巾、胸针、首饰、提包、手套、鞋袜，等等。

通过握手抢占交际的主动

握手，是人与人交往的一个重要部分。握手的力量、姿势与时间的长短往往能够表达出不同礼节与态度，显露出自己的个性，给人留下不同的印象，也可通过握手了解对方的个性，从而赢得交际的主动。美国著名盲聋女作家海伦·凯勒曾写道："手能拒人千里之外，也可充满阳光，让你感到很温暖……"事实也确实如此，因为握手是一种语言，通过握手可以反映一个人的内在修养和气质。

现在就教教你怎么握手，能给别人留下好印象。

第一，注意握手的顺序

当主人、长辈、上司、女士主动伸出手时，客人、晚辈、下属、男士应该再相迎握手。

长辈与晚辈之间，长辈伸手后，晚辈才能伸手相握；上下级之间，上级伸手后，下级才能接握；主人与客人之间，主人宜主动伸手；男女之间，女方伸出手后，男方才能伸手相握；如果男性年长，是女性的父辈年龄，在一般的社交场合中仍以女性先伸手为主，除非男性已是祖辈年龄，或女性未成年在20岁以下，则男性先伸手是适宜的。但无论什么人，如果忽略了握手礼的先后次序而已经伸了手，对方都应不迟疑地回握。

第二．掌握握手的方法

握手时，距离受礼者约一步，上身稍向前倾，两足立正，伸出右手，四指并拢，拇指张开，向受礼者握手。掌心向下握住对方的手，显示着一个人强烈的支配欲，无声地告诉别人，他此时处于高人一等的地位，应尽量避免这种傲慢无礼的握手方式。相反，掌心向里同他人的握手方式显示出谦卑与毕恭毕敬，如果伸出双手去捧接，则更是谦恭备至了。平等而自然的握手姿态是两手的手掌都处于垂直状态，这是一种最普通也最稳妥的握手方式。

握手时应伸出右手，不能伸出左手与人相握，有些国家习俗认为人的左手是脏的。戴着手套握手是失礼行为，要记住在握手前一定先把手套取掉。

男士在握手前先脱下手套，摘下帽子，女士可以例外。握手者双目要注视对方，微笑，问候，致意，不要看第三者或显得心不在焉。

如果你是左撇子，握手时也一定要用右手。当然如果你右手受伤了，那就不妨声明一下。

在商务洽谈中，当介绍人完成了介绍任务之后，被介绍的双方第一个动作就是握手。握手的时候，眼睛一定要注视对方的眼睛，传达出你的诚意和自信，千万不要一边握手一边却在东张西望，或者跟这个人握手还没完就将目光移至下一个人身上，这样别人从你眼神里体味到的只能是轻视或慌乱。那么是不是注视的时间越长越好呢？并非如此，握手只需几秒钟即可，双方手一松开，目光即可转移。

握手的力度要掌握好，握得太轻了，对方会觉得你在敷衍他；太重了，人家不但没感到你的热情，反而会觉得你是个老粗；女士尤其不要把手软绵绵地递过去，显得连握都懒得握的样子，既要握手，就应大大方方地握。

握手的时间以1至3秒为宜，不可一直握住别人的手不放。与大人物握手，男士与女士握手，时间以1秒钟左右为原则。

如果要表示自己的真诚和热烈，也可较长时间握手，并上下摇晃几下。作为企业的代表在洽谈中与人握手，一般不要用双手抓住对方的手上下摇动，那样显得太恭谦，使自己的地位无形中降低了，完全失去了一个企业家的风度。

当被介绍之后，最好不要立即主动伸手。年轻者、职务低者被介绍给年长者、职务高者时，应根据年长者、职务高者的反应行事，即当年长者、职务高者用点头致意代替握手时，年轻者、职务低者也应随之点头致意。和年轻女性或异国女性握手，一般男士不要先伸手。

女士应该注意，为了避免在介绍时发生误会，在与人打招呼时最好先伸出手。记住：在工作场所男女是平等的。

多人相见时，注意不要交叉握手，也就是当两人握手时，第三者不要把胳膊从上面架过去，急着和另外的人握手。

在任何情况下拒绝对方主动要求握手的举动都是无礼的，但当手上有水或不干净时，应谢绝握手，同时必须解释并致歉。

恰当、礼貌、大方、友好地握手，可以向对方表现自己的真诚与自信，也是接受别人和赢得信任的契机，是你获得好人缘的基础。

记住别人的名字很重要

为了社交或生意，学习聆听的艺术，第一条规则就是要记住别人的名字。这一点值得一再重复：注意听别人的名字，并且背下来。

如果你留意的话不难发现，在交际活动中，绝大多数人是十分看重自己名字的，他们往往把名字与友谊联系在一起。比如，多年不见的同学、同乡相会时，如果对方仍记着你的尊姓大名，你心里必定非常高兴，彼此间的友谊感情也会因此而亲近几分。相反，如果对方把你的名字忘得一干二净，或出现张冠李戴的情形，你心里势必感到不舒服，在心理上就可能与之拉开距离。

小刘是一个演员，但从来没演过台词超过三句的角色，用行话说就是“跑龙套的”，但是他并不气馁，相信路是人走出来的。

每次做完群众演员，小刘都会得到几张各个部门工作人员的名片，或是一些联络方式，当然，大多都是摄像、剧务、道具等小职位的。有些演员觉得这些没啥用，又不是大导演的，于是不稀罕，随手丢在脑后，可小刘却不这么认为，他不但把这些名片分类整理好，收藏好，而且还会时常翻看自己的名片簿、电话本，很清楚地记着某个人是某部电视剧的什么工作人员，叫什么名字，长什么样子等。

有一次，小刘闲着没事情又去影视基地转悠，等待有剧组来挑群众演员。这时候，一个摄像模样的人拎着机器架走过，小刘忽然想起他是谁，于是热心地打招呼：“顾XX，最近好吗？”

对方被他一叫，有些愣住，转而笑着问：“我们见过？”“是啊。”小刘说起去年冬天，一起在某个剧组，“那是我最痛苦的一次当群众演员的经历，天冷得简直要杀人，你当时还在镜头下面放了一个火炉，不然机器杆根本无法旋转。”

就这样，小刘和摄像师成为朋友，经常一起喝酒，一起讨论拍电影的诸多想法，后来这位摄像师在自己的行业做得有点名气后，转行做导演，他当然要为自己的朋友安排个角色。于是，小刘后来成了他的“御用”演员，虽然不一定是主角或戏份很重的角色，但小刘不仅交到了一个好哥们、好朋友，还不用再当临时演员了，实在是天道酬勤。

不过是记住几个名字，不过是多关注他人一点，我们就可以获得这么多。也许小刘最初记下那些工作人员的名字是有些目的性的，是为了今后的发展，但我们注意小刘再次与顾摄像师相遇时说的话，他是真的曾关注过顾摄像师，甚至还记得当时的情景，这就不能不令顾摄像师感动，从而使两人成为挚友。

名字是一个人的记号，代表着一个人的一切，荣与辱，成与败，高贵与卑贱……对于一个人来说，名字是所有语言中最突出、最动听的声音，清清楚楚地把它叫出来，就是对他人的赞美，就会获得他人的好感。

有一位大公司的总裁，因为尽力记住别人的名字，结果成功地拉拢了一位公司职员的心，获得了私人间永久的良好关系。总裁和那位职员在一次会议中见过面，过了几个月，两个人又在大厅中相遇，出乎意料的是，总裁向他点头打招呼，并且说道："嗨！汤姆，你那个部门近来一切都很顺利吧！"

那个公司有好几百个员工，总裁和汤姆也只见过一次面而已，而总裁却把握了机会，仔细听人介绍了汤姆的名字，并且以简便的名字联想法，把它记下来。许多年之后，汤姆都没有忘掉总裁记得他名字的这件事。

姓名本来只是一个语言符号，人们所以看重它，是因为它包含有特殊的意义。可以说，名字就是你，你就是那个名字，这一点在交际中表现得尤为明显。当人们的名字被遗忘、被搞混，不管有意无意都可能带来不良的影响，轻者叫人家心理上反感，拉开彼此距离，重者会影响彼此感情，损害人际关系。

因此，为了友谊，为了交际成功，我们应记住他人的姓名、职务，见面时能道出其名其职。这样做，一方面出于礼节礼貌，表示尊重；另一方面又是珍视友谊的表现。从一定意义上说，记姓名是一种廉价然而有效的感情投资。记住他人的姓名就等于把一份友谊深藏在心里，记忆时间越久，情谊就越深，如同一瓶陈年好酒，越放就越醇。在交际中记住对方的姓名，对方必定从中体验到你的深情厚谊，感受到他在你心目中的位置，进而增加亲切感、认同感，加深彼此的感情。

两个人即使很久没见过面了，仍然能描述碰到过的人里最风趣、最迷人、最和蔼、最有礼貌、最有成就的人，肯定是能记得住你名字的那个人。为什么这样肯定呢？因为我们都是人，人性的本能让我们知道，记得我们名字的人，一定尊敬我们，因为名字是构成身份与自尊的重要一环。

吉姆·弗雷德从来没有进过一所中学，但是在他46岁之前，已经有四所学院授予他荣誉学位，并且成了民主党全国委员会的主席、美国邮政总局局长。

有记者去采访他，向他请教："听说你可以记住1万个人的名字。"

"不，你弄错了，"吉姆·弗雷德一口回绝了记者的说法，"我能叫出5万个人的名字。并且，若干年后再遇见他们时，我依然会叫出他们的名字，我还会问候他们的妻子、儿女，以及聊起与他们工作和政治立场等相关的各种事情。"

他说这是一个极其简单的方法。他每当新认识一个人就问清楚他的全名、家里的人口，以及干什么行业、住在哪里。他把这些牢牢地记在脑海里。

在罗斯福竞选总统期间，吉姆每天都要写好几百封信，给遍布西部和西北部各州的熟人。然后他跳上火车，19天内行程600千米。他每到一个市镇，就跟他所认识的人一起吃饭喝茶，向他们倾吐一番肺腑之言。然后又继续他的下一站。结果是：他使得罗斯福获得了众多的选民，进入了白宫。

那么，怎样才能牢牢记住别人的名字呢？一是要用心记他人的名字。有的人博闻强记，过目不忘，见一次就可以记住。这自然最好。但是，大多数人没有这样的能力。所以，用心记名字就成了必要。看重友谊很重要，一般情况下，珍视友谊的人在记名字上就会表现出特别强的注意力。注意力越集中，重视程度越高，就会记得越牢。

二是经常翻翻他人的名片。俗话说，“好记性不如烂笔头”。不管老朋友还是新朋友，在打过交道之后都应把姓名记在小本上，或者保存好对方的名片。有时间就要翻一翻，借此回忆往事，加深印象。

三是忘了名字要想法补救。如果在路上遇到朋友，突然忘了人家的名字，那就应想办法搞清楚，记在心里。

一定不要忘了说“谢谢”

在日常交往中，对别人说声“谢谢”，不过是张口之劳，可是它换来的却是微笑，是友谊，是轻松愉快的气氛。

学会说一句“谢谢”，你的人生之路将更加平坦。中国人向来是重感情的，但就像是竖立在清华园里的“行胜于言”的碑，中国人向来是不会或者不屑表达，以至于很多人连句“谢谢”都不会说。但是，活在这个世界上，值得我们心存感激的事情实在是太多太多，把你的感激表达出来吧，不要把它永远藏在心里。

在人和人之间，最容易建立起亲近感的方法就是礼貌。当我们每个人都开始使用那最简单但也最温暖的词汇时，我们就能够得到最大限度的尊重。

当你说“谢谢”的时候，表明你对他人给予的帮助或服务是满意的，对方听了会感到很高兴。当别人为你服务或者帮了你的忙后，你不说这两个字，也没人会责怪你，但是，面对他人的服务而无动于衷，这表明彼此之间存在一条无形的界限，充其量也不过是一种职业化了的服务与被服务的关系，缺少人与人之间感情的沟通。可是，假如你对这种理所应当的服务表示一下谢意，那么彼此的关系就会因此而发生变化，彼此之间的心理距离缩短了，感情就有了呼应和共鸣。对方在兴奋欢悦之余会给予更多的关照，更好的回报，这样交际的气氛就会变得更加和谐热烈。

交际心理学认为，人与人之间存在互酬互动效应，即你如何对待别人，别人也会以同样的方式给予回报。道一声“谢谢”，看似平常，可它却能引起人际间的良性互动，成为交际成功的促进剂。

有一位美国医生，他给那些受焦虑、忧愁、挫折或自我怀疑折磨的病人开了一个独特的处方，称之为“谢谢你疗法”。他要求患者无论何时何地、无论何人对自己表示关心时都说声“谢谢”，并强调要面带微笑，这样坚持六周。结果大多数病人的症状在六周内得到明显改善。

向别人说一声“谢谢”，足以引起对方因其社会价值得到承认而产生的满足和感激之情，自然你在他心目中就会留下美好的印象。他会把你看成是一个有教养、礼貌、细心的人，当然也是一个受欢迎的、值得尊敬的人。这在无形之中，你就赢得了人心，比起那些对于他人的服务不屑一顾、不予理睬的人更显得有光彩。尤其是在与陌生人交往的情况下，更是如此。在交际场合，有时候一句表示真诚谢意的话语，还可能成为结识新朋友的契机。

在一个雷雨交加的夜晚，当渡轮“埃尔金淑号”撞上一艘货轮沉没之后，船上的393名乘客全部掉入密歇根湖中。一个名叫史宾塞的年轻人奋勇跳入冰冷的湖水中，抢救溺水者，当他救出第17个人后，终因筋疲力尽而虚脱，再也无法站起来。此后，英雄在轮椅上度过了自己的余生。

许多年后，有记者问他那晚留给自己最难忘的是什么，他的回答让人感慨万千：17个人中，一直到现在，都没有一个人回来向我说声“谢谢”。

由此可见，一声“谢谢”在一个人心中有多大的分量啊！

有位青年学生坐公共汽车的时候，看到一位抱小孩的妇女上了车就站起来为她让座。这个妇女径直走过去，一屁股坐下，对让座人看都没看一眼，更不用说谢谢了。这个学生心里很别扭，他想，哪怕你冲我点点头，知道是我让了座，心里也就平衡了。但是她没有，他感到自己的好意受了污辱。从那以后，他再也没为别人让过座位了。

这是多么遗憾的一件事情。

这个妇女少了一句“谢谢”，少了一点礼貌，就这样挫伤了一个人的善良之心。试想一下，假如说这个学生再一次遇到这位妇女的时候，他还会主动让座吗？

有一位老太太，健健康康地活了104岁，很多人都问她有什么长寿秘诀。老人说：长寿秘诀只有两条，一是要幽默，二是要学会说“谢谢”。从25岁结婚起，她每天说得最多的两个字就是“谢谢”，她感谢她的丈夫，感谢她的父亲，感谢女儿，感谢邻居，感谢大家给予她的关怀和体贴，感谢每一个祥和与温暖。别人每对她说一句亲切的话语，每为她做一件平凡的小事，每送她一张问候的笑脸，她都忘不了说声“谢谢”。

这个老太太的一生是幸福的，因为她的心中充满着感谢。

缺少客套话就缺少亲和力

客套话是双方关系的润滑剂。见面之时，能用短短一两句话就传出对他人的好感，如“你可算来了！”“你这就走吗？”这就是难以抗拒的亲和力。

客套话就是先寒暄一下，所谓“醉翁之意不在酒”，而后再引出你所要说的，一般是出于尊重和礼貌我们才说客套话的，这样才不至于太白，让人有个过渡过程。还有就是商场上的打交道，不能得罪人所以说些客套话，拉近关系，同时也顾及别人的颜面。

在拥挤的闹市街区上常常遇到这样的事：一个人不小心撞了另一个人，这个人如果马上诚恳地向对方表示歉意，说声“对不起”，被撞的人虽然可能还不高兴，却也能立即表示谅解，说“没关系！”。假如撞人者无动于衷，被撞者骂骂咧咧，很可能就开始了一场舌战：“你瞎了眼啦？干什么撞人？”“你才瞎眼呢，没看见人多挤！怕人撞，坐小汽车去！”你来我往，吵得不可开交，甚至可能演变为拳脚相争。

同一件事，为什么有截然不同的态度、截然不同的结果呢？很简单，只因为知礼与不知礼的区别而已。

很多人对提倡讲礼貌没有足够的重视，不以为然。他们说：“搞那些形式客套有啥用？”“都是些生活小事，细枝末节，不值得三番五次地宣传。”这种认识是错误的。礼貌是人们共同遵守的一种行为规范和道德准则，它是通往相互友好和尊重的一道桥梁。

礼仪、礼貌问题绝不是小事，虽然比起一些违法乱纪的事，它是比较小的事，但从这种“小事”里，往往可以窥见一个人的内心世界，反映他的品德和文化修养的高低。通常，不讲礼貌的人除了缺少习惯培养的原因外，往往在思想意识上有些毛病，或者自私、狭隘，或者骄傲自大；而讲礼貌的人则多是关心集体、尊重他人的人。出于这种关心和尊重，讲礼貌的人不论对方是强者或弱者，领导或群众，好朋友或陌生人，有求于人或无求于人，在公共场合或无人监督的环境，都是一样的。而真正做到这一点，必须具有质朴、谦逊、真诚、平等待人这些优秀品质。在这方面，周总理是一个好榜样。总理待人接物，总是谦虚恭敬，彬彬有礼。他去理发时，服务员考虑总理工作忙，请他先理，总理总是坚守制度，按次序理发。理完发，从不忘说声“谢谢”。在招待外宾的宴会上，不管对方国家大小、身份高低，都平等相待。“于细微处见精神”，总理身居高位不特殊，处处以礼待人，不正是他作为一个伟大的人的高尚品德的一个方面吗？

也许你与朋友之间的关系异常亲密，可以说是无话不谈。而你的才学、相貌、家庭、前途等令人羡慕，高出你朋友一头，但如果你不分场合，尤其与朋友在一起时，锋芒毕露，过于表现自己，言谈之中流露出一种优越感，这样会使朋友感到你在居高临下对他说话，在有意炫耀抬高自己，他的自尊心就会受到挫伤，很可能觉得和你有太强的距离感。因此，在与朋友交往时，要控制过于彰显自我的情绪，保持理智平衡，态度谦逊，虚怀若谷，把自己放在与朋友平等的地位，千万不能忘了朋友的存在。

有时你好胜心切，在大庭广众面前，肆意卖弄自己，贬低朋友或他人，用词又极其刻薄，以挖苦嘲笑为能事。竟不知会大伤朋友和气，使朋友感到人格受辱，认为你变得缺少家教，后悔误交了你，也许你还不以为然，会说朋友之间开个玩笑何必当真，殊不知说出去的话就是泼出去的水，再也难收回来，何况你当真不当真朋友怎么知道。所以，朋友相处，尤其在众人面前，应和蔼相待，互敬互慕互尊，切勿乱开玩笑，恶语伤人。

在我们日常生活和工作中，难免要说一些客套话，这种客套话不是曲意逢迎，不是巴结，而是要表达自己内心的真实想法。可是总有一些朋友会有这样那样的顾虑，不能勇于说出，不能畅快表达。因为他们总在想：“我这样说，对方会不会感觉不好？”或者“我该怎么说比较好？”一旦顾虑太多，就会错过很多表达的机会，也容易引起他人的误解。

再比如，看望生病的朋友，你其实很不忍心看到对方痛苦的样子，可是还是顾虑到说客套话会不会让人觉得虚伪，会不会让人更加难过，于是想来想去还是不说了，可是这样会让病人感觉到很生分，尤其是在痛苦中需要安慰的病人。

我们完全可以关心地问一句：“好些了吗？”或者“没事吧？”或者说“注意休息！”“多喝水！”之类的话，让病人感觉到你真切的关心。

有的人甚至连最普通的客套话都不会说，一句简单的问候都说不出口，他们总觉得没有必要，或者就是明知故问。可是在他人看来，这是基本的礼貌问题，这种人被冠以“不懂事”或者“冷酷”的帽子就难免了。

适时说出客套话，比如“你还好吗？”这里面，你可以加进去自己的真实感情，比如“有什么可以帮你的？”“我看到你难受的样子很伤心！”“没事吧？等你好了，我们一起去打羽毛球！”把一句简单的客套话改变为带有个人感情的语言，你就会根据不同场合不同情景自如地表达自己的情感，也就不会顾虑太多了。

要想朋友常常记起你，客套话一定不能省。如果缺少应有的客套话，也就缺乏亲和力。

守时的人给人留下好印象

守时是一种素质，西方人一般都讲究遵守时间，德语中有一句话说“准时就是帝王的礼貌”。

现代生活的快节奏，呼唤着人们的时间意识。守时，理应是现代人所必须具备素质之一。但是，不守时的情况经常在我们的身边发生。如果一个人跟你约好了时间，他人没到，你会怎么想？你就会觉得自己有一种被耍的感觉。虽然现代的通讯工具给我们的工作和生活带来便捷，但有些人依然不能做到守时、准时。守时就是遵守承诺，按时到达要去的地方，没有例外，没有借口，任何时候都得做到。即便你因为特殊原因不得不失约，也应该提前打电话通知对方，向对方表示你的歉意。这不是一件小事，它代表了你的素质和做人的态度。如果你对别人的时间不表示尊重，你也不能期望别人会尊重你的时间。

约会见面的事情在日常生活中频繁发生，即使是朋友之间，迟到、失约会严重影响一个人的声誉。也许，很多人认为，迟到一会儿，天也塌不下来，迟到、失约并不是什么大不了的事情，到时候只要多说几句道歉的话，一切都会烟消云散的。但是，迟到、失约虽然没有让天塌下来，它却动摇着你的信誉基础。

在西方，准时赴会是判断对方可信、可靠度的一个最基本的原则。在商业礼仪中，如果由于某种原因不能如期赴会，一般要提前24小时通知对方。这种情况大多数是由于个人的身体健康不允许，如生病、受伤等，或者是其他极其特殊的原因等等。人们的时间是一样的珍贵，无论你是皇族还是百姓，是领导还是下级，尊重别人的时间是对别人的基本尊重，也是对自己的基本尊重。

通常，在约会中赴会者应该提前5分钟到达。但是，在中国，我们发现遵守这个规则的人很少。大部分人会或多或少地迟到，因为在我们的民族文化中，时间概念并不是非常强烈。大多数人还不懂得，如果将要迟到时，应该礼貌地打电话告诉对方："我由于某种原因，将会迟到15分钟，请您原谅。"人们会原谅你的迟到，因为，你懂得时间的价值，懂得尊重别人，人们会尊重一个懂得保持自己承诺、尊重他人的人。

遵守时间、准时赴约的人，能够赢得对方对你无言的信任，也赢得了尊重。对于商人而言，没有比商业信誉更为重要的"不可见资本"了。在正式的商业交往中，人们只能从交往的礼仪等行为来判断对方。而有无准确的时间观念是对合作伙伴的为人和生活原则的考验。很多品牌之所以获得人们的信赖，首先是对于品牌的信任。遵守时间，是在商业活动中建立个人信任的第一步。

在西方的戏剧院，到了开场的时间后，迟到者须等到节目间休或者换节目时才准许入场。因为迟到者在场中寻找座位，会影响到每一个观众，而且扰乱演出者的情绪。准时入场是对其他观众和演员的基本尊重。

在一家咨询公司工作的阿伟是个非常守时的人。他与一位天津的朋友约定在星巴克咖啡店相见，但是健忘的朋友没有准时赴约，也没有打电话通知阿伟，以至于阿伟在咖啡厅里苦苦等了三个小时，打了十几个电话，发了十几个信息，都没有回应。阿伟说："我相信他如果是个正常的人，一定会打电话通知我。一定是不正常的事件发生才使得他的手机不在身旁。我一夜无法入眠，打了多少次交通管理处，询问高速公路是否有车祸，人家以为我是个盼望车祸的精神病。直到第二天，阿伟的朋友才发现自己忘了约会时间，并把手机放在了车里。

我们往往通过小节判断对方的人格，其目的是为了预测他的未来行为。如果对方留下遵守时间的可靠的印象，你自然地会相信，他的人格也如同他遵守约定的行为一样可靠，因而可以决定与之进一步交往的可能性及关系发展的潜力。目前，在中国，由于商业上的互利互用原因，处于优势的一方往往忽略对另一方的时间的尊重。不守时的行为，其实是自己在本来光辉的形象上添上一个败笔。某电视台的记者是个非常遵守时间的人，他经常要采访一些领导。但几乎每次他都要久久地等待，有时会被领导的秘书告知："我们安排了别的活动，改日再来吧。”

那种不遵守时间的人，大脑中就没有效率的概念。而懂得时间并遵守时间的人，会被认为可靠和值得信任。

真正的智者应该懂得时间的价值和遵守时间就是信誉的道理。无论商业会见还是休闲的约会，不能及时赴约时，至少应该先通知对方，明知故犯地不守时是对别人的不尊重，尤其长期不守时，是偷窃别人的时间，是犯罪。在中国进入世界商业竞争时，你就会理解到：“时间就是金钱，守时就是信誉。”

有人说，守时不仅体现出一个人的观念，更能体现出这个人的道德修养。我们在不同的场合切记做到守时。比如：拜会、会见、会谈等活动应正点准时到达；参加招待会、宴会，可正点到达或略迟两三分钟；对于特别正式、隆重的大型宴会千万不可迟到；参加会议或出席文艺晚会等，应提前到达。早到等于守时，也不要早到很久，会给别人一种不好的感觉。世界太多意外，搭车会迟，等电梯也会迟，所以时间一定要充分预备。

一个不遵守时间的人，做事是不靠谱的，也是没有人愿意和他做朋友的。

用餐礼仪细节不能忽视

随着中西饮食文化的不断交流，中餐不仅是中国人的传统饮食习惯，还越来越受到外国人的青睐。而这种看似最平常不过的中式餐饮，用餐时的礼仪却是有一番讲究的，这也是关乎一个人亲和力的因素之一。下面我们就来告诉大家基本的用餐礼节。

坐在椅子上时应坐直，不要紧靠在椅背上，以眼正视前方，别只顾垂头逃避对方的视线。手腕（不是手肘）可自然地放在桌子边缘上。椅子离桌边的距离不宜太远，否则进餐会增加身体移动的机会。

等对方拿起餐巾后，你便可把它放在大腿上。如果餐巾很大可对折成长方形或三角形，较小的则可直接把餐巾放在大腿上，以防用餐时汁液弄污衣服。

自己应选定想吃的食物，如果看遍菜牌也没有头绪的话，可请服务员为你推荐餐厅的招牌菜，但要给明确地表示，如想吃海鲜、不吃红肉等，切记事事拿不定主意，只说“是，但……”的人只会为同台客人添麻烦。

等候上菜时，通常会有开胃饮料及面包奉上，不妨边倾谈边享用。面包可以用手去拿，然后放在左手边的小碟上。用餐要注意的细节甚多，但其实大部分也是日常的礼仪，只要保持冷静，不做大动作，不出声响或不阻碍别人用餐已算合格。以下列出部分常犯的错误：

用餐前以餐巾角轻印嘴唇，可减淡唇膏留在杯上的痕迹。喝水、饮酒时尽量固定一个位置喝，以免整个杯口都布满唇印。

使用餐具最基本的原则是由外至内，完成一道菜后，就顺手收去该份餐具，按需要（如甜品）会补上另一套刀叉。

吃肉类时（如牛扒）应从角落开始切，吃完一块再切下一块。遇到不吃的部分或配菜，只需将它移到碟边。

如果嘴里有东西要吐出来，应将叉子递到嘴边接出，或以手指取出，再移到碟子边沿。整个过程尽量不要引起别人注意，之后自然地用餐便可。

遇到豆类或饭一类的配菜，可以左手握叉平放碟上，叉尖向上，再以刀子将豆类或饭轻拨到叉子上便可。

若需要调味料但伸手又取不到，可要求对方递给你，千万不要站起来俯前去取。

喝汤时身子要坐直，头不能低下去就汤匙，而要把汤匙送到嘴边。所以汤不要太热，每匙也不要太满，更重要的是喝时不能发出声响。喝到最后，可把盘子稍向外倾出。

口中有食物时不要说话，也不要含着食物喝水，因为用水将食物冲下是不礼貌的。

嘴角或手指上沾上污渍，可用餐巾的角落轻印几下，但不要大力擦拭。如中途要离席，可将餐巾对折两下，整齐地放在椅上，谨记弄污了的一方应折向内，别让人看到你“战绩斑斑”的餐巾。大模大样地将用过的餐巾放在台上，等于把自己失礼的一面展示人前。离席时，可将餐巾放在椅子上或桌上，同样要将干净的一面向外。

千万别小看餐桌上的这些细节，这些决定着交际的成败和还有没有再相聚的机会。

用语幽默使你更有亲和力

幽默不是天才、高智商、喜剧演员的专利品，其实，每个人都可变得幽默。只要你常看一些笑话故事、歇后语，学习让嘴角向上翘，换个新鲜高度欣赏事物，必可找回幽默和学会幽默。平易近人会使你有好的人缘，用语幽默会使你更有亲和力。

心理学家认为，幽默是人的天性、兴趣、本领、意志的一种综合体现。幽默是语言的调味品，有了它，什么话都可以让人感到醇香扑鼻、隽秀甜美；幽默是引力强大的磁铁，有了它，便可以把一颗颗散乱的心吸引起来，让每个人的脸上绽开高兴的笑容。幽默是一个人在现代社会生存和发展的必要条件。

正如俄国文学家契诃夫说过：“不懂得开玩笑的人，是没有希望的人。”具有幽默感的人，生活充满情趣，许多看来令人痛苦烦恼之事，他们却应付得轻松自如，使生命重新变得趣味盎然。

我们多么羡慕那个永远是乐呵呵的大肚子弥勒佛，“大肚能容，容天下难容之事；笑口常开，笑世上可笑之人。”我们应该学学这位大智大觉者，在生活中的每个人都应当多一点幽默感，少一点气急败坏，少一点偏执极端，少一点你死我活。

心灵的灿烂才能带来脸上真挚的微笑，真正的笑，是发自内心的。它首先是一种乐观开朗的生活态度，是对人对己的宽容大度，是不计较得失的坦然心胸。

幽默是一种修养，是人品的修养。在我们遇到不顺心的事或不喜欢的人时，不妨笑一笑，或来点幽默，不要把它看得太严重，不要自寻烦恼，自我折磨。更进一步地说，幽默是一种艺术，是运用你的幽默感来增进人际关系，深化对自己的了解和真诚地评价他人的一种艺术。它可以使我们从自我封闭中走出来，使我们和他人相处时不致紧张，它可化解冰霜，使我们获得益友。

用幽默来处理烦恼与矛盾，会使人感到和谐愉快，相融友好。机智而又敏捷地指出别人的缺点或优点，在微笑中加以肯定或否定。

幽默不是油腔滑调，也非嘲笑或讽刺。正如有位名人所言：“浮躁难以幽默，装腔作势难以幽默，钻牛角尖难以幽默，捉襟见肘难以幽默，迟钝笨拙难以幽默，只有从容，平等待人，聪明透脱才能幽默。”

乐观与幽默是亲密的朋友，生活中如果多一点趣味和轻松，多一点笑容和游戏，多一份乐观与幽默，那么就没有克服不了的困难，也不会有整天愁眉苦脸、忧心忡忡的痛苦者。

一位显然具备领导潜能的大学毕业生，幽默从他那富有创意的思想中萌发出来。

他冲进一家报馆里问："你们需要一位好编辑吗？"

"不需要。"

"那么记者呢？"

"不需要。"

"那么，印刷小工如何？"

"不，我们现在什么空缺都没有。"

"那么你们一定需要这个东西。"这位大学生从公事包里拿出一个精美的牌子，上面写着"额满暂不雇用"。

报馆的领导被大学生的幽默逗笑，于是和他攀谈起来。两个小时后，大学生破例被留下来。

幽默是一种宽容精神的体现。要善于体谅他人，要使自己学会幽默，就要学会雍容大度，克服斤斤计较，同时还要乐观。

在建筑公司上班的老陈在单位是出了名的人缘好，无论是高层领导还是刚分来的年轻大学生都喜欢和老陈在一起，提起他大家都说最喜欢他。

老陈是个大胖子，由于体形过于肥胖，在行动中有诸多不便，但是乐观的他从没有因为自己的肥胖而感到自卑，他不但人憨厚淳朴还十分热情。有一天办公室的同事趁午休的时间在讨论减肥的问题，性格乐观的老陈对同事们说："你们信不信，其实我是个极具有亲和力的男人，当我在公交车上让座时，完全可以容纳下两个老人或三位苗条的女士坐下。"老陈的一番话博得在座的同事哈哈大笑。这样轻松愉快的自我调侃给周围的同事们带来了轻松感，使交谈的氛围更加和谐融洽，拉近了与众人之间的距离。

有一年在中央电视台的春节联欢晚会上，当台湾影星凌峰出现在晚会现场，取下帽子向观众行礼时，看到他那颗又圆又光的脑袋，晚会气氛活跃了许多。紧接着，一段精彩的即兴发言使他获得了热烈的掌声。他这样对观众说："两年多来，我在大江南北走了一遍——拍摄《八千里路云和月》，所到之处呢，观众给予我们很大的支持，尤其男观众对我的印象特别好。因为他们认为本人的长相特别像中国，为什么？因为中国五千年的沧桑全都写在我的脸上。一般来说，女观众对我的印象就不太好，为什么？因为有的女观众对我的长相已经达到了忍无可忍的地步，她们认为我是人比黄花瘦，脸比煤球还黑。但是，时代在变，潮流在变，审美的观念也在变。如果你仔细地归纳一下就会发现，现在的男人基本上分为三种：第一种，你第一眼看上去很漂亮，可看久了以后，就觉得他没有什么男人味道；第二种，你看上去很难看，看久了是越看越难看；第三种，你看上去很难看，看久了以后你会发现，他有另外一种男人的味道。我就属于这第三种。鼓掌的都表示同意了！"观众笑得前仰后合。

还有一次，也是一个晚会上，凌峰这样开始了他的开场白："我这副长相很对不起观众，有时候上街都得备点零钱，以防有损市容被罚款……"又是一阵雷鸣般的掌声。

爱因斯坦尚未成名的时候，一天在纽约的大街上碰到一位熟人。那人见他衣着寒碜，便不解地问道："你怎么穿得这样破旧？"爱因斯坦笑了笑，说："反正这里没人认识我。"几年以后的一天，爱因斯坦成了科学界的大名人，在纽约街上又遇见那位熟人，问他："你怎么还是穿得这么破旧？"爱因斯坦笑了笑，说："反正这里的人都认识我。"

当年里根总统执政的时候，有一次在白宫举行钢琴演奏会招待来宾。正当里根在麦克风前致辞时，夫人南希一不小心连人带椅子由舞台上跌到台下，全场来宾都站起来惊呼。当她又重新回到舞台上去，观众以很热烈的掌声为她打气。

中断了演讲的里根，确定了夫人没有受伤之后，清了清喉咙说："亲爱的，我不是告诉过你，只有在观众不给我掌声的时候，你才可以做这种表演吗？"

有一次加拿大总统特鲁多，邀请美国总统里根到加拿大访问。

正当里根在多伦多的一处广场上演讲时，远处有一群示威民众，不时高呼反美口号，打断里根的演说。

这种场面让特鲁多总统十分尴尬，面对远来的客人，他不知道如何是好，只好频频向里根道歉。没想到里根总统却说"这种情况在美国是屡见不鲜的，这一群人一定是从美国白宫前面来到这里的，他们是想让我觉得来到这里就像是在家里一样。"

一句话很快就化解了特鲁多总统满脸的尴尬。

生活中有幽默，生活更有味道。王蒙说："幽默是一种酸、甜、苦、咸、辣混合的味道。它的味道似乎没有痛苦和狂欢强烈，但应该比痛苦和狂欢还耐嚼。"

幽默是人际交往中的磁石，可以将你周围的人吸引到你身边来，幽默也是转化器，可以将痛苦转化为快乐，将郁闷转化为欢畅，每个人都愿与机智幽默的人交朋友，做一个幽默的人你将成为颇受欢迎的人。如果你为别人做了这件好事，那么你也就获得了一剂精神良方，能超越一切障碍，走向成功。

微笑展示的亲和力是社交名片

有位名人曾经说过："人世间最美的语言是微笑。"微笑是不用翻译的世界语言，它传递的亲切、友好、愉悦，能产生无穷的魅力，可以消除人与人之间的隔阂，化解矛盾，拉近距离。可以说微笑是社会和谐的催化剂。同样，友好、和蔼的微笑能够有效提高一个人的亲和力。

交际中，亲切的笑容是一张有情无言的名片，是无需任何成本的感情投资，是施展亲和力的"开场白"，是开启成功交际的金钥匙。

当你微笑着面对他人的时候，就像一团温暖的阳光，温暖着他人也温暖着自己，有谁不愿意和一缕阳光做朋友呢？微笑是时时刻刻的，不分贵贱的。哪怕你是白领丽人，当你去菜场买菜时，请对菜农们微笑。走在路上，当你看见可怜的乞讨者的时候，请也对他们微笑。素不相识的两个人因为微笑会在瞬间从陌生迈向相识，也便有了迈向相知的桥梁。

人们都喜欢微笑着的脸。那种由衷的、善意的、真诚的微笑，表达着理解、友好、感激、尊重的感情，它是精神文明的礼花。

微笑，是沟通心灵、密切关系、增进情谊的一种极好的润滑剂，它和"请"、"谢谢"、"对不起"之类的礼貌用语一样美妙。

微笑，为你的家庭带来和谐美满；微笑，支持你在工作中万事如意；微笑，帮助你传递友谊。对于疲劳者，她犹如休息；对于失意者，她仿佛鼓励；对于伤心者，她恰似安慰。

生活中不能没有微笑。许多境况下，不愿或不会微笑就做不好工作，也处理不好人际关系。从某种程度上讲，愿不愿与会不会微笑，是衡量一个人对周围环境适应的尺度。现实生活中，谁善于发出亲切自然的微笑，谁的生活就会更多姿多彩。

亲切的笑容使人赏心悦目、开朗心情、惬意舒坦。无论亲密或生疏，只要粲然一笑，世界都会向你敞开温暖的怀抱。

一天，为单位的招聘计划跑了许久都没有跑下来，同事们每次公关回来都抱怨计划处门难进，脸难看，事难办。无奈之下，处长让田津津再去试一试。

田津津个性开朗，整天端着张甜甜的笑脸，逢人三分笑，很讨人喜欢。田津津领受任务的当天就把批复办回来了。

处长拿着批文不停地夸奖说："还是小田有能力啊！"

同事们围上来问她使用了什么"迷魂大法"？

田津津笑说："什么迷魂大法，公事公办啊。"

同事们不信，纷纷说："是不是不愿意把这招过给我们啊？"

田津津调皮地笑着说："要说招数啊，那就是没有人会拒绝一张亲切的笑脸。"

处长听他们议论，也凑过来说："小田说得没错。灿烂的笑容会传染的，即便是你碰上了冷漠的人或者是心情不愉快的人，在你亲切笑容的感染下，他的坏心情也会逐渐好起来。心情好了，话就投缘了，话投缘了，事就好办了。所以，我们外出搞公关交际，要学小田，首先给别人一张笑脸。"

交际中，人们都希望同热情和善的人打交道，不愿意同冷漠无情的人交往。如果你吝啬自己的笑容，就别想看到别人的笑脸。我们常说能够从别人的脸上读到自己的表情，那是因为你对别人的态度事实上就是别人对你的态度。

第四章　语言亲和力：最具感染力的名片

语言的亲和力，是指通过语言迅速与对方融洽起来，使之感到亲密无间的“磁力”。增强语言的亲和力，对我们赢得好人缘尤为重要，因为它不仅可以拉近与听众的心理距离，还可以构建和谐的人际关系。

怎样增强说话的亲和力

作为一个社会中的人，每天都会结识不同层次、不同类型的人。语言是沟通的桥梁，在很大程度上决定你成功与否。增强说话的亲和力也就是增强语言表达的效果，也是我们提高口语能力应当关注的一个问题。

语言的亲和力首先来自语言的亲近感。很难设想，说些冠冕堂皇、虚情假意的话就可以产生亲切感。因此，即使对话双方身份不同，处境各异，只要说的是坦率的、真诚的、发自肺腑的话，往往都能起到增加亲切感的作用。

当一个人处于失望、沮丧的情况时，如果我们在说话时有意增添一些肯定性的内容，就好比给干旱的庄稼送去了及时的雨，给停滞的船送去了顺帆的风，自然而然地会带给对方一种被人信任的感觉，从而也就起到了增强亲和力的作用。

青年业余作者小刘写了一个电影剧本《戈壁狼烟》，虽然完成了第八稿，仍然被制片厂给否定了。正在苦恼之时，有人传话给小徐，说是导演看过那个剧本，说："虽然不够成熟，却有火花，有闪光的东西，我读的时候还掉了几次泪。"小徐听了别人的这番话后，顿觉一股暖流从心底涌出，于是立即找到导演，使这个剧本终于获得通过，拍成了一部成功的影片——《狼烟岁月》。

由此可见，无意之中说出的肯定性的话给予当事人内心的冲击和信心，又岂是言语所能传达出的？

欲使自己的话有亲和力，就有必要尽可能地注意多以商量的口吻，讲一些与对方痛痒相关利益相连的话，以增强关切感和认同感。

一家工厂就要倒闭了，工人们齐聚老板办公室愤然抗议。老板注视着工人们，镇静地说："大家知道，今天即使把厂子拍卖了，也得先还银行贷款，咱们一个人也分不了几文。工厂是大家的，我看，我们组成个专门委员会行不行？把工厂按比例分给大家，人人都是股东，都当老板。少拿点薪水，苦熬苦撑几个月看看，如果赚了，是大家的，如果赔了，那时再关门也不迟，对吧？"

一番话，让工人霎时明白了，老板还是"一条船上的人"，于是十分爽快地同意了老板的意见。显然，老板是抓住了说话的关键点，懂得了以平等的商量的语气与对方交流，从而增强了工人们对他的认同感，因此才收到了好的语言效果。

说理解的话来增强语言的共鸣感，如果与人对话时，多从沟通的角度出发，多一点将心比心的理解，多说一点善解人意的话，那么语言表达就容易引起对方的共鸣，一种独特的亲和力也就寄于其中了。

古人说："恻隐之心，人皆有之。"不过，这"恻隐之心"是需要真情实感才有可能触发，尤其是对于曾经伤害过自己的人，如果能从善意出发，说一点宽容的话，往往能触及对方最隐秘之处，从而产生一种对人灵魂深处的冲击力，正是在这种冲击力中，人与人的心灵才得以交流，得以产生一种亲和力，从而达到最佳的语言效果。而说风趣的话，却又能增强语言的感染力。

一位女歌手非常崇拜音乐家柏辽兹，多次请他签名却遭到拒绝，最后，她只好写了一封信给音乐家，说："如果我能得到您的签名，那么，我一定请您吃最好的馅饼，并且让您吻个痛快！"

这番近乎调侃的话，果然感动了柏辽兹，他立即回信道："只把馅饼寄来吧，其他大可不必了。"

细想起来，女歌手的话，近乎玩笑，为什么得到对方热诚的回应呢？显然同她那诙谐而平易的语言有关，尤其是个中蕴涵的随和机智之类的因素，无形中加强了语言的亲和力和感染力，自然也就博得了对方的好感，引起心灵共鸣了。

任何语言性的东西最关键的在于你是否能深入人心，达到成功交际的效果。

说话要懂得委婉

亲和力就是举止言谈都能给人一种和蔼可亲、可敬的印象，让人很容易接近你，这就是最好的亲和力。因此，在社会交往的过程中，许多时候我们还是必须要得懂得委婉的道理，直来直去固然很豪爽，但要看是什么场合。委婉会给人面子，而你给的这份面子人家肯定会记住，你要是毫不顾忌地指责别人，只会让你的形象大打折扣。

中国的民风讲究淳朴，“说实话”应该是分内应有的道德。然而，现实生活中遇到很多这样的情况：实话实说会惹人不快，而实话不实说却会得人心。

有的人虽然态度谦恭，却由于不注意语言表达的委婉、平和，常常在不经意间冒犯了他人。在一定程度上，言语冒犯带来的恶劣后果要大于盛气凌人。言语冒犯有轻有重，轻者，惹人不高兴；重者，则可能伤及别人的面子、自尊，让人产生报复你的心理。

上海一家在国内较有影响的报社招聘编辑部主任，应聘者200多名，结果张博士和郑硕士进入最后的面试。在第一轮面试后，两人难分伯仲，各有千秋，使社长和主编难以定夺。最后，主编出了一个相当关键的问题，让两人浏览近期的几份报纸，然后写一份策划报告对该报纸做总体评价，并根据自己对这份报纸的认识勾画出它的市场定位、稿件内容、组稿对象、刊物风格和未来发展方向。

五天后，两人都按要求完成了任务，并将报告发送到主编的电子信箱里。正如他们的面试一样，报告也是双峰对峙。不过，两人的报告还是有些差别，主要集中在第一个部分，即对该报纸现状的评价上。张博士曾从事过编辑，所以对报纸的缺点看得非常清楚，他虽然对该报纸进行了肯定，但是在最后，其主要篇幅用在点评该报纸的缺点和不足上。而且在报告中“语重心长”地警告：如果不改变现在的办刊方向和做法，该报纸将很快被市场淘汰。

相比之下，郑硕士报告的第一部分的主要篇幅是谈论报纸的优点，而且承认这份报纸能坚持下来正是它本身具有足够的优势，比如读者对象把握较好，文章内容和风格有个性等等。但是他也提出了如果能在某些方面改进一些，比如商业资讯的快速传达到位，就可能赢得更大的市场空间，当然他是在间接指出报纸的缺点。

最后的结果是郑硕士被录用，张博士被淘汰。社长和主编决定录用郑硕士的理由是：对报纸的评价中肯，策划基本到位。而不录用张博士的理由是：虽然策划也基本到位，但对该报纸的评价过于偏激。

为什么高学历而有工作经验的张博士被淘汰，而相对学历低一些的郑硕士却被录用？难道真应了忠言逆耳那句古训？实际上，问题并不出在张博士该不该指出这家报纸的缺点和不足，而是他指出的方式并不符合一般人接受批评的心理，尤其是当他在求职时，没有把握好主次关系，因而无法赢得老板的心。

有些人说话不会拐弯，喜欢直来直去，心里怎么想的张嘴就说出来，自己认为这叫诚实，但换作别人的说法这就是“缺心眼”，为此自己惹了很多不开心，同时也得罪了不少人。

聪明的人，就是在做事情说话的时候，采取委婉的方式，温情又能顺利地解决问题。事情做妥当，别人还是非常乐意接受的。

有的时候，我们也会去称赞百折不挠的精神固然可敬，但如果这里虽然望得见目标，而前面却是一片陡峭的山壁，没有可以攀缘的路径时，我们也只好换一个方向，绕道而行。为了达到目标，暂时绕道走一走与理想相背驰的路，正是智慧的表现。

事实上，在人生的旅途中，是没有几条便捷的直达路径可走的。我们时常必须把目标放在背后，而耐心地去做披荆斩棘、铺路修桥的工作，在尝试很多条看来非常晦暗无望的道路之后，才发现距离目标近了一点。只要我们记住了方向，就算绕道多兜几个圈子，也并不算错误。

国外有人说：“眼睛可以容纳一个美丽的世界，而嘴巴则能描绘一个精彩的世界。”委婉的语言常常可以平息矛盾与纠纷，化干戈为玉帛。

供职于某科技公司的盖先生就遇到过这么一件事。

盖先生去沈阳出差，下飞机后提着大包小包走出了机场。由于他只顾寻找接他的朋友，东张西望，一不小心撞在了一个行人的身上。

那个人长得膀大腰圆，被撞后睁大两眼瞪着盖先生生气地吼道：“你干吗，没长眼睛吗？”

听着对方的话，盖先生心里很不高兴，刚想回敬两句，转念又想，他不文明咱不能不礼貌，吵几句又能怎样？搞不好麻烦会更大。想到这，盖先生连连道歉，说道：“实在对不起，我不是故意的，请多包涵。”

盖先生几句话，说得那个人也没脾气了。他只是余怒未消地看了盖先生一眼，径直走了。

直言直语不是一把可以披荆斩棘的开山刀，而是一把让人心冷并讨厌的双刃剑，许多人都害怕被它刺痛。试想一下，如果盖先生以不敬还不敬，以不礼貌对不礼貌，结局恐怕就是另外一种了。

有一次居里夫人过生日，丈夫彼埃尔用一年的积蓄买了一件名贵的大衣，作为生日的礼物送给爱妻。当她看到丈夫手中的大衣时，爱怨交集，她既要感激丈夫对自己的爱，又要说明不该买这样贵重的礼物，因为那时试验正缺款，她婉言道：“亲爱的，谢谢你，谢谢你，这件大衣确实是谁见了都是喜爱的，但是我要说，幸福是内涵的，比如说，你送我一束鲜花祝贺生日，对我们来说就好得多。只要我们永远一起生活、奋斗，这比你送我任何贵重礼物都要珍贵。”

这一席话，使丈夫认识到花那么多钱买礼物确欠妥当。

每个人内心都有一个堡垒，一个很脆弱的“自我”缩藏在里面，你的直言直语恰好能够把他的堡垒攻破，把那个脆弱的他从堡垒里揪出来，谁也不会高兴，所以，在许多场合能运用委婉的策略实在是一种明智之举。

实话是要说的，但是可以换着方式说。有的实话，如果不加修饰就说出去，会令当事人难以消化，产生反作用，不仅你白费了心血，还会招致对方的不满和厌烦。比如善意的谎言，既是为了自己，也是为了别人。善意的谎言是无碍于诚信的。

因此，当你有了一定要说、不得不说的实话要告诉对方时，请你给自己几分钟时间，或者事先对自己说一说想要讲的话，如果这些话能令对方听了很舒服的，那就大胆地说吧。要不，就再换个说实话的方法试试。

会倾听最易获得好人缘

倾听是与人沟通的最基本的技巧，尤其是和陌生人第一次见面时更为重要。倾听是一种对别人的尊重，一个人可以耐心地听别人说话，可以给对方满足感，激发对方的表达欲望。当一个人滔滔不绝的时候，一定是感觉很棒的时候，对方甚至可以把你当成知心朋友。

在社交沟通过程中，最有魅力的人一定是一个倾听者，而不是滔滔不绝、喋喋不休的人。倾听，不仅仅是对别人的尊重，也是对别人的一种赞美。最善于与人沟通的高手，是那些善于倾听的人。也许在交谈过程中他并没有说上几句话，但是他一定会得到他人的肯定，认为他是善于言辞的人。倾听是对别人最好的尊敬，专心地听别人讲话，是你所能给予别人的最有效也是最好的赞美。不管说话者是上司、下属、亲人或者朋友，或者是其他人，倾听的功效都是同样的。人们总是更关注自己的问题和兴趣，同样，如果有人愿意听你谈论自己，你也会马上有一种被重视的感觉。

小玲虽然是公司里年纪最小的姑娘，不过大家都很喜欢她。她积极、上进，总是很虚心，无论是谁说话，关于工作的或者与工作无关的，她都能够做到安静地聆听，提起她都说她是个懂事听话的好员工。

其实，小玲只不过是在与人交往的过程中注意倾听别人讲话，给人留下良好的印象。

在小说《傲慢与偏见》中，丽萃在一次茶会上专注地听着一位刚刚从非洲旅行回来的男士讲非洲的所见所闻，几乎没有说什么话，但分手时那位绅士却对别人说："丽萃是个多么擅言谈的姑娘啊！"

看，这就是倾听别人说话的效果！

倾听能让你更快地交到朋友，赢得别人的喜欢。当然，倾听不仅仅是保持沉默，用耳朵听听而已。如果我们只用眼睛或耳朵来接收文字，而不用心去洞察发现对方的心意，就没有实现读或听所希望达到的目的，结果只是浪费时间，并不能达到有效沟通的目的。真正的倾听，是要用心、用眼睛、用耳朵去听。

给别人说话的机会，一方面是表示你的谦逊，而使别人感到高兴，一方面是可以借此机会，观察对方的语气神色，给你一个思考的机会，这是个两全其美的方法。可是，现在有许多人，总是喜欢抢先，好像自己先说了，便可以压倒对方或者使对方觉得自己不是一个平凡的人；又有好多人，一开始说话便滔滔不绝，自以为是个长于口才者，殊不知别人早已对他有一个恶劣的印象。事实上他已经失败，这根本不是交谈，完全是他说给人听，以后他将不受人欢迎，人们见到他只有退避三舍。

倾听可以尽可能多地掌握信息。每个人表达信息的层次是不一样的，可能有的人开门见山，有的人半天也说不到正题。经常有客户向你也提出各种问题，各种抱怨，但经常情况下客户只是想找个对象发泄一下，并不想怎么样。或者是由于个人在生活中心情不好，看什么都不顺眼，抓到什么就拿什么来说事。这些情况都需要我们用心地去倾听，只有这样我们才能掌握尽可能多的信息，以便处理和解决问题。

学会做一个会倾听的人，就要从以下几个方面入手：

第一、懂得倾听要注意的要点

克服自我中心，不要总是谈论自己。

克服自以为是，不要总想占主导地位。

尊重对方，不要打断对话，要让对方把话说完。千万不要去深究那些不重要或不相关的细节而打断人讲话。

不要激动，不要匆忙下结论，不要急于评价对方的观点，不要急切地表达建议，不要因为与对方不同的见解而产生激烈的争执。要仔细地听对方说些什么，不要把精力放在思考怎样反驳对方所说的某一个具体的小的观点上。

尽量不要边听边琢磨他下面将会说什么。

问自己是不是有偏见或成见，它们很容易影响你去听别人说。

不要使你的思维跳跃得比说话者还快，不要试图理解对方还没有说出来的意思。

注重一些细节，不要了解自己不应该知道的东西，不要做小动作，不要走神，不必介意别人讲话的特点。

第二，倾听时注意身体上的回应

倾听时身体前倾，表示对谈话感兴趣。

倾听时要“所答即所问”，这表示你在与人交流。

以头部动作和丰富的面部表情回应说话者。

第三，倾听的技巧

你必须充分认识到有提高这方面技巧的必要，并且很想改进它。如果没有这种强烈的愿望，再怎么努力也是枉然。

在倾听的过程中，适时加上自己的见解，以使给予和吸收两个方面平衡。

当你很难弄懂对方表达意图的时候，要问：“你为什么要告诉我这些？”

要对“红牌”词语加以警惕。这些词语可能会引发过激反应，或造成偏见，比如“女性解放”、“男性沙文主义者”等词。

如果你发现你走神了，当你回过神来的时候，你无法接上对方的谈话，那么就注意一下关键词和使用最多的词。当说话的人谈吐不清、词不达意、不切题时，这种情况会经常发生。

要尽量找一个不受干扰的地方交谈，如果周围有太多容易令你分心的事，就会影响你集中精力，从而使得你很难续接上你的思维链条。

不要对谈话内容漠不关心。不要只听内容，忽略感觉。

第四、注意倾听时的细节

要让诉说者放松，两个人都坐下来，并且在同一高度上，面对面，距离比一般的社交距离稍近些较好。

如果诉说者一开始情绪激动，必然导致无法把事情说清楚，此种情况常见于女性诉说者。此时作为同性，拥抱和拍抚都是很好的稳定对方情绪的方法。

在倾听中，目光专注柔和地看着对方，适时给出回应，比如点头和“嗯”，表示你正在专心倾听。

没有听懂或弄清楚的地方要及时提出并沟通，以免造成误解。但不要喧宾夺主，更不要把话题扯开。

在对方说完前不要急于发表观点，也不要提前在心中作出预判，尽量避免把对方的事情染上自己的主观色彩，耐心听完。

对方说完后，有条件的话，让他喝一点热茶或热牛奶、巧克力什么的，他需要感受到被人关心，热的东西也容易让人重新振奋起来。

无论对方说的事情在你看来多可笑幼稚，他向你诉说都是表示对你的信任，这是一种对你人格的赞美，所以，不要嘲笑他，也不要带着高姿态评点他的事。即使你不赞同他的想法，都要给予他想要的理解和安慰，在困境中支撑对方是作为朋友的义务。

你不需要完全感染对方的情绪，或者想个办法帮他出气。如果对方的诉说内容只是一种莫名的情绪。如果这是个尚待解决的问题，你可以帮他把事情从头到尾理一遍，哪些地方是他自己做得不对，哪些地方主要是别人的问题、解决方法的步骤等。

你可以从他的观点看问题，但提出的建议一定要出于自己的想法，对方想听到的是你的意见。如果担心自己的想法太过主观，尝试从多个角度切入问题，如此可以尽可能地确保客观、公正。

当然也有可能，对方在诉说的过程中，自己渐渐有了主意。如果你觉得你的想法会更好，那么作为一个提议告诉他，帮他参谋而不是作决定。决定一定是当事人自己作出的，即使他最终没有采纳你的建议，也要给予他鼓励和祝福。

会听，才能真正地做好沟通，而让对方开口的最好方法是你先闭嘴。不要把“说服”当做沟通，沟通最重要的是接纳对方的感觉。接纳他人的感觉，是沟通的基础。接纳不一定要同意，但至少是我听到了。以诚相待，诚实地表达我的感觉，我的讯息，而不是噤若寒蝉、一味地沉默，如此才是沟通。不要忘了，“先去私心，而后可以治公事；先平己见，而后可以听人言”。

管好自己的嘴巴——别乱说

古训道：“是非只因多开口，烦恼皆由强出头。”交浅不可言深，言多必失，所以话到嘴边要三思。因为话语是自己与他人沟通交流的主要工具，和外界沟通最有效果的也是语言，不说话就不会和外界有什么联系，但是，说的东西多了，向别人透露的信息就多，信息越多就越容易出现漏洞，或者是说多了就会不自觉地说出让别人误会或自己本来不想传达的信息。

俗话说：“话多不如话少，话少不如话好。”还有一位哲人曾经说过：“话说得太多总会说出蠢话来。”我们每一个人都应该牢记这些至理名言。这就是说我们在说话时要有针对性，不能盲目地口若悬河，滔滔不绝。

说话最忌讳的就是不假思索、口无遮拦的坏习惯。讲究说话的艺术对于迅速有效地传递信息，塑造良好的自我形象，以及提高为人处世的能力起着至关重要的作用。假如贪图一时痛快，无所顾忌地说了不应该说的话，只会使自己陷入尴尬的境地，甚至会造成无法收拾的局面。

徐慧在上中学的时候和一个高年级的男孩偷偷好上了，满以为爱情的甜蜜就定格在今后的生活中，在一次约会中忍不住的少男少女偷尝了禁果，青春懵懂的她没想到给自己惹了大麻烦。最后在妈妈的陪同下不得不去做了人流，手术之后的徐慧一切都变了，变得不再是以前那个活泼开朗的美丽公主了，变得每天郁郁寡欢，她不得不离开了原来的学校继续读完高中，结果考上了一所还算不错的大学。

绚丽多姿的大学生活，让徐慧逐渐从阴影中走出来，忙碌而充实的大学生活让她也参加各类文体活动，很快她有了新的感情生活。徐慧男朋友是学生会的骨干，优秀潇洒的他是很多女生心目中的白马王子，他唯独对徐慧情有独钟，这让徐慧欣喜不已。

在一次聚会中，大家都喝了很多酒，徐慧也借着酒精的劲向自己的闺中密友刘英说出了心里的秘密。没想到第二天就收到了男朋友的短消息，他表示无法接受徐慧的过去，要结束这段感情。

原来徐慧的好朋友刘英也暗恋着她的男友，当她听到徐慧这个天大的秘密后，便不假思索地向徐慧的男朋友泄露了这个秘密。尽管徐慧拼命辩解，但仍无济于事。

男朋友和她分手了，她也因为记恨刘英而和她大吵一架，两人分道扬镳，同学们也用异样的目光看她，她变得孤僻、急躁，整天闷闷不乐。

正所谓“逢人且说三分话，未可全抛一片心。世上什么人都有，不是个个可倾心。话不投机少言语，无须弄到不开心。有时说错一句话，误会便会有风云。”龙蛇混杂的社会，有着各式各样人；可能有人在算计怎样出卖你的灵魂。有一句时说一句，便是愚蠢到不堪，等于让别人知道，自己见识甚低浅。

我们必须记住：唇为枪，舌为剑，用之须慎。言从口出，覆水难收，而精神上的伤害却又会比肉体上的伤害更深、更让人刻骨铭心，所以说口无遮拦是要坏事的。

顺着别人的脾气说话

与人打交道时能游刃有余，恐怕是现代人最需要的生存能力之一。所谓“性格决定命运”，不同性格的人，最好找到适合自己的沟通技巧，这就是根据当事人的性格特征和问题的具体情况，选择恰当的方式，以达到最佳效果。

人都有自己的性情、脾气、观点，你如果能顺着对方的脾气和他交往，他当然会和你成为好朋友，也会在你有事时鼎力相助。

不知你是否养过猫狗之类的宠物，如果没有，应该也看过宠物的主人如何爱抚它们。

爱抚宠物最基本的方法就是顺毛轻轻地抚摸它们。每当主人有这个动作时，猫就会眯起眼睛，并发出满足的叫声；狗就快乐地摇起尾巴，甚至回过身来舔你的手你的脸，作为对你的回应。如果逆着毛摸呢？猫狗因为感觉不舒服，就算不咬你抓你，也会不高兴地跑开。

人其实也是如此，喜欢别人顺着“毛”摸。人当然没有一身的“毛”让你抚摸，人的“毛”就是一个人的性情、脾气、观念，也就是每个人心中的

"自我"。如果你能这么做，那么必有良好的人际关系，而且能让别人受到你的影响。这样，办起事来自然就顺利。

总的来说，顺脾气有以下几种方法。

第一，学会倾听

大部分人都有发表的欲望，如果他在社会上已有一些成就，更有不可抑制的发表欲，当他滔滔不绝的时候，你就做一个倾听者。一则你的倾听可让对方满足发表欲，他一满足，对你就会没有恶感；一则你可在倾听中了解他的个性和观念；然后，你要顺着他的谈话，发出"嗯，啊"的赞同声，还可以在恰当的时机提出一些问题让对方说明。那么做，对方一定过瘾极了。而你没说什么话，就了解了这个人。这一招，对熟朋友和初见面的人都管用。

第二，不做无益的辩论

如果对方说的话你从内心来说不同意，你也不要提出辩驳，除非你们是好朋友。如果你和他的交谈另有目的，则更不宜和他辩论，因为有些事情并不能辩得明白，而且很可能越辩越气，最后不欢而散；如果你辩倒对方，那更有可能造成关系的中断。总之，要记住，辩论不是你的目的。

第三，学会引导话题

这是最重要的关键，如果你一番"顺脾气"另有目的，尤其需要"引导"这最后的步骤。也就是说，你要在对方已经满足时，才把你的意思显现出来，但显现的方式还是要"顺脾气"，不要让对方感到不快。例如你应该这么说，"我很同意你的观点，不过……"或"你的立场我能了解，可是……"先站在对方的立场，再提出自己的立场，这样就可以像大禹治水一般，把他的意志引到你希望的地方去。

“顺脾气”的聪明做法，可以用在平时求人办事上，可以用在说服别人上，也可用在带领下属上，可以说是事半功倍，因此，当你硬来不行的时候，不妨试试这一招。

“顺毛摸”只是方法，而不是目的，你如果能成熟地运用这个方法去说话办事，别人就会在不知不觉之中受到你的影响，甚至接受你的意见。

不善言谈也要保持微笑

常言道：“多读书养才气，慎言行养清气，重情谊养人气，能忍辱养大气，温处世养和气，讲责任养贤气，淡名利养正气，不媚俗养骨气，敢作为养浩气。”

“多读书养才气”一直以来备受推崇，真正博览群书的人，知识面广，说起话来是妙语如珠，处处透出一股才气，这样的人已把知识消化吸收在体内，形成了自己的文化素养。这样的人到哪里都是一道美丽的风景线。

但是世界上不是所有的人都能博览群书，对于一部分人或家庭经济原因，或个人原因，或其他原因没有机会读书或错过了读书的大好时光，那么说起话来肯定会或多或少地受些影响，这样的话，始终保持迷人的微笑也会获得好人缘，让周围的人喜欢上你。

微笑，似蓓蕾初绽，这朵花，植根于美好的心灵。真诚和善良，在微笑中洋溢着沁人肺腑的芳香。

日本人喜欢微笑，日式微笑服务也举世闻名。一个有关微笑的产业因此而诞生。在日本，有微笑培训课程教授公司主管如何令微笑具有说服力，有微笑咨询导师教企业如何利用微笑赚更多的钱，有微笑书籍教生意人如何微笑着在商场上达成协议，还有企业专门研究微笑，推出可以捕捉微笑的照相机。作为日本商业市场上的一块大蛋糕，微笑产业每年可以带来数千亿日元的产值。脸部43块肌肉同时抽动，大脑突然释放出内啡肽，或许还有牙齿的瞬间暴露。对于大多数人来说，这只是一个微笑。而对于日本人来说，却是一个每年带来几千亿日元产值的产业。

日本服务业十分重视微笑服务，所以这一需求催生了微笑培训课的诞生，微笑产业成为日本商业市场上的一块大蛋糕。

由此可见，微笑是一种态度：爱生命，爱生活，爱自己。

所以，当你没有出众的才气时，永远保持迷人的微笑不失为获得好人缘的好办法。

拒绝别人要讲究艺术

人生是不断地说服他人，以寻求合作；反过来也可以说，人生是不断地遭到拒绝和拒绝他人。这就需要在拒绝别人时讲究语言艺术。

对于许多人来说，拒绝别人是一件很难办的事。当别人对你提出要求时，不好意思张口说“不”，因为这样很可能会伤害对方的感情，造成两个人的关系疏远。但是有时如果答应别人的要求，自己又确实有难处，或者自己会丧失许多东西。许多人在面对这种矛盾时都十分苦恼，不知该怎样办。其实，在自己确有难处，或者如果答应别人的要求自己的利益会损失很大的情况下，我们就应该拒绝别人。

拒绝，就是不接受。在语言方面来说，拒绝既可能是不接受他人的建议、意见或批评，也可能是不接受他人的恩惠或赠与的礼品。从本质上讲，拒绝亦即对他人意愿或行为的间接性否定。有时尽管拒绝他人会使双方一时有些尴尬难堪，但“长痛不如短痛”，“当断不断，反受其乱”，需要拒绝时，就应将此意以适当的形式表达出来。

我们每个人的能力都是有限的，谁也不是齐天大圣，有许多事情，我们都无能为力，这个时候，你必须学会拒绝，别因为碍于面子而犹豫地应承下来，这对自己和朋友都无任何好处，弄得不好，会使双方的关系从此中断。比如在现实生活中，为帮人办事死撑着，死要面子活受罪的人很多。当一些朋友托自己办事时，为了保全面子，或为给对方一个台阶，我们往往对对方提出的一些要求会不加分析地加以接受。其实，当你知道自己完全没有能力做到的时候，你就应该告诉他，自己的能力有限，无能为力，而不是你不愿意帮助他，这样，对方也会理解。

当然，拒绝别人的要求的确很难去做。每一个人都有自尊心，每个人都希望得到别人的重视，更何况我们也不希望别人不愉快，因此，也就难以说出拒绝对方的话了。别人托自己办事，聪明人都会采取拖的手法。“让我想想看，好吗？”这种话常常可以听到。

但许多人会作出不自觉的承诺。所谓不自觉的承诺，就是本来你并未答允对方，但在别人看来你却承诺了。每一个人都有怕“难为情”的心理，拒绝朋友的话更是难以说出口。人们都喜欢言出必行的人，多数人对于你无法履行某一件事不能谅解。

与其你要让你的朋友来误会你，还不如告诉他，你实在是无能为力，或者，你可以把话说得圆一些，切忌作出信誓旦旦的样子。为此，人脉学专家建议我们：“拒绝只需要在聆听别人陈述和请求完毕之后，轻轻摇摇头，态度无须激烈。”轻轻摇摇头，代表了否定，别人一看见你摇头，就明白你已拒绝，接着你可以从容地说出拒绝为对方提供帮助的理由，使别人接受你不能照办的苦衷，自然也就不会对你记恨在心了。

有些人喜欢拖，因为他不愿意明白地告诉对方自己无法帮忙，对方常常要跑好几次来听他的最后答复，这样做并不好。这样，你在别人眼里就成了一个伪君子。

通常，拒绝应当机立断，不可含含糊糊，态度暧昧。别人求助于自己，而这个忙不能帮时，就该当场明说。当时拍了胸脯，此后却一拖再拖，东躲西藏，最后才说没办法，既误事，又害人，非正派的人士之所为，因为这等于骗人。

从语言技巧上说，拒绝可有直接拒绝、婉言拒绝、沉默拒绝、回避拒绝等四种方法。

直接拒绝，就是将拒绝之意当场明讲。采取此法时，重要的是应当避免态度生硬，说话难听。在一般情况下，直接拒绝别人，需要把拒绝的原因讲明白。

婉言拒绝，就是用温和曲折的语言，去表达拒绝之本意。与直接拒绝相比，它更容易被接受。因为它在更大程度上，顾全了被拒绝者的尊严。一位男士送内衣给一位关系一般的小姐，这非同寻常。但如果这位小姐反唇相讥："这是给您妈买的吧？"这样做便似泼妇了。不如婉言相拒，说："它很漂亮。只不过这种式样的我男朋友给我买过好几件了，留着送你女朋友吧。"这么说，既暗示了自己已经"名花有主"，又提醒对方注意分寸，不过总算不难听。

沉默拒绝，就是在面对难以回答的问题时，暂时中止"发言"，一言不发。当他人的问题很棘手甚至具有挑衅、侮辱的意味时，"拔剑而起，挺身而斗"，未必勇也。不妨以静制动，一言不发，静观其变。这种不说"不"字的拒绝，所表达出的无可奉告之意，常常会产生极强的心理上的威慑力，令对方不得不在这一问题上"遁去"。

沉默拒绝法虽则效果明显，但若运用不当，难免会“伤人”，所以你还可以顾左右而言他。

回避拒绝，就是避实就虚，对对方不说“是”，也不说“否”，只是搁置此事，转而议论其他事情。遇上他人过分的要求或难答的问题时，均可相机一试此法。

诚然，拒绝别人会让你有点不安，但是你不能不做。那么不如巧妙地布置，把交际当舞台，你就会让拒绝成为一门创造性的人际交往艺术，于是你达到了目的，也避免了关系的僵化。

学会巧妙地赞美他人

赞美可以大大提升你的亲和力，让你身上的“磁力”越来越强，周围的“磁场”越来越大，让你身边的朋友越聚越多。建立和保持良好的关系，别忘记经常赞美别人。一句赞美在拉近双方距离的同时，也为良好关系的建立打下了坚实的基础。赞美除了直接用语言表达外，还有其他的方式。比如，表达自己的思念、喜欢、快乐，但是注意强调是对方带给你的。这是一种无形的赞美。

赞美对陌生人来说无比受用，虽然你们之前并不相识，但你的赞美至少表达了你对他的尊重与欣赏，他哪有不喜之理？适时适地地赞美别人，为建立良好的人际关系打下坚实的基础。

诚恳地饱含热情地去赞美对方，不仅能表现我们的友善心理和良好修养，从而博得对方好感，还能让对方感到自我价值被认可、被接受。认为自己的内心深处有与你这个陌生人相通的地方，从而很容易对你产生好感，主动亲近你，渴望与你搞好关系。

印尼前总统苏加诺是个外交老手，有一次他访问中国，在广州青年为他举行的欢迎会上，他说了这样的一番话：“今天，我和大家见面，感到非常幸福，你们青年人，是民族的希望，未来的建设者，未来的主人翁。”

“青年人是多么幸福啊！印尼有很多神话，其中有一篇说到一棵神树，这棵树叫‘愿望之树’，谁要是站到神树的下面，说出他自己的愿望，那么，他的愿望就能够立即实现。假如，现在我能够站到这棵神树下，来了一个神仙问我说：‘喂，苏加诺，你想要什么？你有什么要求？’那我就要告诉他：‘我希望恢复我的青春。’”

苏加诺针对青年听众，热情歌颂他们拥有的宝贵青春。这些诚挚的肺腑之言，一方面激起了听众的自豪感，另一方面使听众认为这个演讲者和蔼可亲、值得信任，拉近了感情，增进了友谊。

球迷叶华，常常既为推销工作又为看球赛而四处奔走。有一次在去深圳的火车上，与同座一位山东口音很浓的小伙子侃起来。她一开始先故作惊讶地得知他是位山东人，然后顺口赞美山东人的豪爽，她说她有好几位山东籍的朋友，人特爽。

小伙子自然高兴，自报家门，他叫罗杰，是泰安人，并戏谑地说山东自古出响马，是很讲朋友义气的，山东人大多粗犷、豪放。而叶华话锋一转，说山东人也很团结，特别是山东足球队，虽然每位队员都不是非常出色，但是他们团结一致，奋力拼搏，经常取得好的成绩。恰巧罗杰也是位球迷，两人直侃得天昏地暗，下车后互留了通讯地址。

在罗杰的介绍下，叶华认识了很多球迷，其中有一位就是她这次南下准备争取的客户吉米，吉米和罗杰关系很不错，于是叶华轻松地完成了这次推销任务，为公司赢得了一家大客户，更值得高兴的是，她还结交了许多朋友。

两个意气相投的人在一起才有“酒逢知己千杯少”的慨叹，总觉得有说不完的话。因此，我们在和陌生人交往时，不妨多寻求彼此在兴趣、性格、阅历等方面的共同之处，使双方在越谈越投机的过程中，获得更多关于对方的信息，迅速拉近距离，增进感情，往往还会带来意想不到的收获。

在一些特定的场合，对陌生人直接的赞美会显得矫揉造作、不伦不类。这时我们不妨盛赞与对方密切相关的其他事物，以此表现自己对对方眼光独到、经营有方的欣赏。

某市文化单位要建一座影剧院。一天，公司王经理正在办公，家具公司李经理上门推销座椅。一进门便说：“哇！好气派。我很少见过这么漂亮的办公室，如果我也有一间这样的办公室，我这一生的心愿就满足了。”

李经理就这样开始了他的谈话。然后他又摸了摸办公椅扶手说：“这不是香山红木吗？难得一见的上等木料。”

“是吗？”王经理的自豪感油然而生。他介绍说：“我这整个办公室是请深圳装潢厂家装修的。”又亲自带着李经理参观了整个办公室，介绍了计算比例、装修材料、色彩调配，兴致勃勃，自我满足，溢于言表。

如此，李经理自然拿到了王经理签字的订购合同。同时，互相都得到了一种满足。

李经理没有直接赞赏王经理有品位、有见地，而是称赞王经理办公室的豪华气派，令对方倍感自豪，兴致大发，于是自然就拉近了与这个陌生人之间的感情。

当然，赞美并非是不讲原则，否则，就有阿谀奉承之嫌了。真正明智之人对于无休止的赞美和恭维也并不喜欢。我们绝对不可以随随便便地赞美别人。对于那些摸不清底细的人，最好是慢慢地深入了解，等到找出他们喜欢的赞美方式，再使用这一策略也不迟。比如：一个你根本不认识的人，一见面就对你的头发和指甲指手画脚地赞美一通，以至所有人都对这种毫无头绪的赞美感到莫名其妙。因此，赞美要了解对方的喜好，否则会适得其反令对方很尴尬。

某公司有位女士，漂亮而且聪明，嘴巴也很甜。她的上司非常爱美又很会搭配衣服，搭配组合稍微一变就像很多套新衣服，而那位嘴巴甜的女士过分恭维让她的上司苦不堪言。因为每天早上，一到办公室她就大呼小叫："哇塞，经理又买新衣服了对不对？好漂亮哦！颜色也很棒，穿在您身上就是不一样哦！"隔天又来了："看看看，我们经理的衣服多高贵啊，还有耳环、项链、戒指都是新的吧？我就缺这个本事，不像您这样会打扮。"

不仅如此，她还当着客户的面恭维上司，说辞几乎千篇一律："在我们经理的英明领导下，我才有今天的成绩，好多人都以为我跟经理很久了，其实是经理大人有大度肯教我，对不对？"

上司终于被她过分的恭维及不诚实的眼神弄烦了，告诉她："不是你没有见过的就是新衣服，我的衣服都是穿了好几年的，只是我保护得很好配来配去就不一样了。你一嚷嚷人家以为我多浪费呢，以后别再说我的衣服了。"

这位甜姐给上司送的高帽就很不得体。首先内容千篇一律毫无新意，其次感觉太虚太假，触犯了赞美的大忌，她的领导不喜欢她就不足为奇了。可见，太多太滥的赞美只会让人讨厌，同时毁了自己的名声和品位。

在社会交往中，懂得适时地赞美别人，并且运用恰当的策略增强赞美效果，能够有效地维护对方的自尊心，令对方感到满足、开心，从而增强对方对你的印象。

俗话说："人受一句话，佛受一炷香。"李兰就是参透了这个"真理"，才从前台小姐变成翘尾巴的小凤凰。

李兰的小嘴如抹蜜般甜，只有她能把办事处经理刘娜哄得心花怒放。举例说，刘娜最让人不敢恭维的是她的梳妆打扮。那天，她在披散开的烫发上别了一枚褐色的发夹，看上去极像旧上海的交际花，但刘娜压根儿没意识到这副打扮何等刺眼。

大家都忍着不发表议论，只有李兰称赞说："人漂亮怎么打扮都出色。对了，您的发质这么好，肤色又白，把头发盘起来肯定更有风韵，让我帮您换个形象吧，我在蒙妮坦学过两个月的美容美发呢。”刘娜闻听欣喜地问：“真的？”“那当然。”李兰边说边从抽屉里拿出发梳，细心地给刘娜梳理起来。

忽然，李兰俯在刘娜耳边低声说：“以后您可别太操心了，有活该让我们干就让我们干，看，都有白头发了，别动，我给你揪下来。”看到刘娜没言语，李兰又道：“唉，要说也是，这么大一个办事处，得有多少事啊，您不操心也不行。”

刘娜的表情就在李兰这几句贴心贴肝的话语里很微妙地变化着，当然是忧喜交加。这时刘娜的头发已定完型，看着镜子里自己光彩照人的模样，刘娜满意极了。更让她高兴的是，第二天李兰送来两大盒太太口服液，她那一句“身体是革命的本钱，千万不能为了工作再费心”让刘娜别提多感动了。想想一个女人能得到下属这样的关心，不正是自己成功的表现吗?

要说李兰的确是细心，不知怎么知道了刘娜的生日，于是那天不动声色地张罗大家去吃饭。一些不明就里的人忙着回家就推脱了，只有几个单身汉围着刘娜共进晚餐。当李兰举杯说“祝您生日快乐”时，刘娜激动得话都说不出来了，她真的忘了自己的生日。正值她感动之际，一个漂亮的双层大蛋糕出现在她面前。

李兰说：“刘主任从台湾来北京，女儿和老公全在台北，一个女人能做到这一点真是不容易。再看咱们办公室的几位女士，下了班飞也似的向外逃，舍不得老公孩子热炕头。都是女人，就是不一样啊！”看，有比较才有鉴别，那几位能干的白领丽人在李兰的嘴里变成了刘娜的陪衬者。

就这样，前台小姐李兰成功地实现了三级跳：先提升做秘书，后是经理助理，现在的她已是行政主管了。理由只有一个，刘娜说李兰细心体贴，有从事行政工作所必需的素质。

记住：赞美要适时适地、恰到好处，才能使自己成为人脉大赢家。

第五章　个性亲和力：彰显你的个人魅力

个性亲和力是一个人通过气质、性格等心理因素所表现出来的个人魅力。个性所表现的是个人的独特风格，是一个人的基本精神面貌。培养个性亲和力就是培养优良的性格，将自身性格中的快乐带给他人，实现人际关系的良性发展。

对照九型性格解析自己

亲和力在一个人的性格方面具体表现为幽默、智慧、爽快、诚信、谦和，等等。我们在工作学习和社会活动中，会有太多的感觉：某某人与我格格不入，性格不合；某某人做事我就是看不上……为什么人与人之间的交往会有这么多的矛盾和差异？这是由于我们的性格类型不同，才导致不同的人说话办事甚至思考都不一样。这并不奇怪，只要你了解了这几种基本的性格类型，认识了自己，理解了他人，在交往中加以注意，扬己之长，避他之短，就可以在社交过程中发挥出自己的优势。

九型人格学是一个有两千多年历史的古老学问，它按照人们惯性的思维模式，情绪反应和行为习惯等性格特质，将人分为九种，称为九型人格，亦有称为九型性格。九型人格学是一个近年来备受美国斯坦福等国际著名大学MBA学员推崇并成为现今最热门的课程之一，已风行欧美学术界及工商界。九型人格是一个深入了解自己和他人的工具，也是一个易学易懂的企业管理工具，能够帮助我们改善沟通，提升自我，对于培养、提高和发挥一个人的亲和力很有必要。

当我们找准自己的性格型号，就找准了正确的成长进步的起步点，从这点开始，就知晓如何突破自己个性局限，如何发挥自己个性优势，跨过的性格障碍，向事业更高顶峰发展。以下九类职业性格可供参考。

变化型：追求多样化的活动，善于转移注意力和工作环境。比较适合从事的职业类型：记者、推销员、演员等。

重复型：可以连续不停地从事同样的工作，能严格按计划或进度办事，喜欢有规则的、有标准的职业。比较适合从事的职业类型：各类专业技术工种。

服从型：可以严格按别人的指示办事，不愿自己独立作出决策，而喜欢让他人对自己的工作负责。比较适合从事的职业有：办公室职员、秘书、翻译等。

独立型：喜欢计划自己的活动和指导别人的活动。在独立的和富有职责的工作环境中感到愉快，喜欢对将要发生的事情作决定。比较适合从事的职业类型有：管理人员、律师等。

协作型：在与人协同工作时感到愉快，想得到同事们的喜欢。适合从事的职业类型有：社会工作者、咨询人员等。

劝服型：这对于别人的反应有较强的判断力，且善于影响他人的态度、观点和判断。适合从事的职业类型有：辅导人员、行政人员等。

机智型：在危险的状况下能自我控制和镇定自如，能出色地完成任务。比较适合从事的职业类型有：商务谈判人员、应急处置人员等。

好表现型：喜欢能够表现自己的爱好和个性的工作环境。比较适合从事的职业类型：各类艺术工作等。

严谨型：倾向于严格、努力地工作，以便能看到自己付出努力后完成的工作效果。比较适合从事的职业类型：会计师、精算师等。

有关专家强调，以上只是一些粗略的分类，实际上每个人、每种工作的个性特质可能有交叉。但无论如何，正确分析自己的个性特点，再结合自己的实际生活和工作情况，可以恰当地调整自己的期望值，便于自己获得好人缘。

不放弃自己的内在特质

物以类聚，人以群分。因此，我们可以确定，被吸引到我们身边来的人，都是品格与我们相同的人。在这个世界上，每个人都是独一无二的。因此，我们有理由保持自己的本色。事实上，这也正是你的亲和力的体现。

可以想象一下，一个人生活在众人之中，如果细致的人批评他粗心马虎，爱打扮的人批评他太简朴老土，考虑烦琐的人批评他太简单，谦虚的人批评他太骄傲，委曲求全的人批评他太刚强直率，那么会令他无所适从，不知应该听从哪一个人为好。对此，我们可以不去管众人的是是非非、毁誉称赞。也就是说，要有自己的个性，有自己的生活准则，有自己独立的价值标准，有自己的人生观。

我们不该再浪费任何一秒钟，去忧虑我们与其他人不同这一点。应该尽量利用大自然所赋予你的一切。不论如何，你都得自己创造自己的小花园；不论好坏，你都得在生命交响乐中，演奏你自己的小乐器。

索菲娅·罗兰是意大利著名影星，自1950年从影以来，拍过60多部电影，曾获得1961年度奥斯卡最佳女演员奖。她16岁时来到罗马，要圆演员梦。但她从一开始就听到了许多不利的意见。用她自己的话说，就是她个子太高，臀部太宽，鼻子太长，嘴巴太大，下巴太小，根本不像一般的电影演员，更不像一个意大利式的演员。

制片商卡洛看中了她，带她去试了许多次镜头，但摄影师们都抱怨无法把她拍得美艳动人，因为她的鼻子太长、臀部太“发达”。卡洛于是对索菲娅说，如果你真想干这一行，就得把鼻子和臀部“动一动”。索菲娅可不是个没主见的人，她断然拒绝了卡洛的要求。她说：“我为什么非要长得和别人一样呢？我知道，鼻子是脸庞的中心，它赋予脸庞以性格，我就喜欢我的鼻子和脸保持它的原状。至于我的臀部，那是我的一部分，我只想保持我现在的样子。”她决心不靠外貌而是靠自己内在的气质和精湛的演技来取胜。她没有因为别人的议论而停下自己奋斗的脚步。

她成功了，那些有关她“鼻子长，嘴巴大，臀部宽”等的议论都“自息”了，这些体征反倒成了美女的标准。索菲娅在20世纪行将结束时，被评为这个世纪的“最美丽的女性”之一。她在自传中这样写道：“自我开始从影起，我就出于自然的本能，知道什么样的化妆、发型、衣服和保健最适合我。我谁也不模仿，我从不会奴隶似地跟着时尚走。我只要求看上去就像我自己：非我莫属……衣服的原理亦然。”

人们都喜欢一个本色的你，而不是一个矫揉造作的你，试想一下，当你在社交场合处处刻意地掩饰自己的时候，别人会怎么看你？因为不管怎样，人的本性会自然流露，人们宁愿接受一个本真的你而不是在真实的外面再包裹一层薄纱的你。假如索菲娅·罗兰一开始就接受制片人的意见，那么，她就失去了本色演出，那么，她也不会凭借她独特的个性和一个真实的自我让观众去接受，更谈不上让观众去喜爱。

许多时候，我们没必要完全在乎别人的意见，委曲求全来迎合一部分人是得不偿失的，不仅仅会让自己受到压抑得不到个性的释放，也不可能让别人去接受你。

一个真正懂得与人相处的人，绝不会因场合或对象的变化而放弃自己的内在特质，盲目地迎合、随从别人。有的人总觉得自己本来的面目不如别人，于是随着环境、对象的变化而不断改换自己，结果弄得面目全非。当然，保持一个真实的自我个性，也不等于要使自己与别人格格不入或标新立异，甚至明明知道自己错了或具有某种不良习惯而固执不改。

有效掌控自己的情绪

从某种意义上说，情绪就是性格。情绪是流动、易变的心路历程，所以文学家有时拿它与火或水相比，认为情绪犹如火，太大则会烧毁一切，把它们化为乌有，太少则会使人间寒暖尽失；又认为情绪犹如水，量适当则可浮舟，量太大，流动太凶猛则会覆舟，我们的情绪表达也不能极端得太多或太少。一个人若能守住中庸把情绪表达得适当，我们则称他为情绪稳定，心理健康的人。而这样的人，才能凝聚周围的力量到他身边来，由此也就具有了性格上的亲和力。

就以上的认识而言，情绪本身并没有好坏之分，它是我们适应社会的一种心理生理活动。但因为情绪的不当表达对我们身心健康、自身发展和社会进步有不利影响，所以我们要学会去调节和掌控情绪的发生发展。情绪的管理不是要去除或压制情绪，而是在觉察情绪变化后，调整情绪的表达方式。有心理学家认为情绪调节是个体管理和改变自己或他人情绪的过程，在这个过程中，通过一定的策略和机制，使情绪在生理活动、主观体验、表情行为等方面发生一定的变化。这样说，情绪固然有正面有负面，但真正的关键不在于情绪本身，而是情绪的表达方式，以适当的方式在适当的情境表达适当的情绪，就是健康的情绪掌控之道。我们来看这样一个例子：

一天，美国陆军部长斯坦顿来到林肯那里，气呼呼地对他说一位少将用侮辱的话指责他偏袒一些人。林肯建议斯坦顿写一封内容尖刻的信回敬那家伙。“可以狠狠地骂他一顿。”林肯说。斯坦顿立刻写了一封措辞强烈的信，然后拿给总统看。“对了，对了。”林肯高声叫好，“要的就是这个！好好训他一顿，真写绝了，斯坦顿。”但是当斯坦顿把信叠好装进信封里时，林肯却叫住他，问道：“你干什么？”“寄出去呀。”斯坦顿有些摸不着头脑了。“不要胡闹。”林肯大声说，“这封信不能发，快把它扔到炉子里去。凡是生气时写的信，我都是这么处理的。这封信写得好，写的时候你已经解了气，现在感觉好多了吧，那么就请你把它烧掉，再写第二封信吧。”

人不可能永远处在好情绪之中，生活中既然有挫折、有烦恼，就会有消极的情绪。比如我们常会看到一些好脾气的人，有时会突然发火，做出一些使人吃惊或者让他自己也后悔的事来，这往往就是平时压抑的结果。同时压抑还会造成更深的内心冲突，导致心理疾病。一个心理成熟的人，不是没有消极情绪的人，而是善于调节和控制自己情绪的人。

在掌控情绪的过程中，我们可以运用以下技巧加以掌控。

技巧之一：尽可能地变化生活环境

环境对于人而言，不能直接地将人引入积极的情绪状态，它对人的作用更主要的是帮助我们营造良好的心境，这种好的心境是积极情绪发生的必要场所。一般而言，较大的空间对于人而言总是有利的，因为物理空间和心理空间是有直接联系的。通常人们都不喜欢太过于拥挤的地方，外界空间的拥挤会导致人的烦恼和压抑。心理学家对于这种心理空间和物理空间的微妙联系无法作出解释，更多的是将之归于类似于动物划分领地而互不侵犯的本能行为。由此可见，人们对于大海、草原或各种各样荒无人烟的地方的喜爱是十分有道理的。

对于我们而言，没有时间也不可能经常去这样的地方，因此我们可以通过改变环境的熟悉程度来达到类似的效果。一般而言，新鲜的环境对人总是有吸引力的。因此，在情绪不佳的情况下，可以尝试通过布置环境来达到创设良好心境的目的。有的人改变居室的布置，有的人放音乐，有的人养花种草，这些都是改变环境的有效措施，对于情绪的调节能够有一定的帮助。实在没法改变就变变服装、发型或行走路线，给自己一点新鲜感。

技巧之二：运用表情训练法

人可以更为主动地控制自己的情绪。有一年中央电视台的新闻节目中播放了这样一则新闻：日本人善于做生意，这是举世公认的。但日本人他们在做生意的时候不喜欢表露自己的感情，特别是不喜欢笑。所以，日本人在谈生意的时候给人的感觉是压抑和刻板的。由于日本人的主要贸易伙伴大部分都是西方人，而西方人性格外向，因此这两种文化之间往往会产生冲突。

为了能够在生意场上更好地表达自己的情感，日本人想了很多办法，其中之一就是这则新闻：日本公司的老板为了让职工面带笑容，于是在下班之前的半个小时里，训练他们笑。具体的方法是每人发一只很短的筷子，横着咬在嘴里，固定好脸部表情后，将筷子取出。此时人的脸部基本维持一个笑容的状态，再发出声音，就像是在笑了。

这则新闻说明了什么呢？一般人是不会知道其中的奥妙的。这种做法有着心理学研究的依据。这一研究的最主要问题是：究竟是情绪引起身体的反应，还是身体的反应引起情绪的变化呢？换句话说，人们是因为哭才会愁，还是因为忧愁而哭；是因为恐惧而发抖，还是因为发抖而恐惧呢？通常而言，人们都认为是情绪引起人的反应。也就是说，人们忧愁的时候才会哭，恐惧的时候才会发抖，但心理学家的研究表明并不完全是这样。恰恰相反，人们会因为哭而发愁，会因为发抖而感到恐惧。这就是说，人的情绪是可以由行为引发的。根据这种观点。人可以通过控制行为的方式来控制自己的情绪。日本人的面部表情的锻炼充分运用了这个观点。

最常见的一项研究证明，当你在生气的时候，可以找一面镜子，对着镜子努力做出笑容来，持续几分钟之后，你的心情会变得好起来。不信你回家试试。

技巧之三：通过改变对事物的认识来调节情绪

对事物的不同认识可以导致情绪的极大不同。例如，当学生受到老师的批评的时候，往往会有不同的反应。有些人认为老师是在和他作对，故意刁难他；而有些人认为老师是在教育他，帮助他认识到自身的不足。所以，认识上的不同，会产生不同的情绪。前面一个学生会对老师产生厌恶甚至对立的情绪，而后一个学生会觉得和老师的关系更为亲密。所以情绪的变化有时取决于人对事物的看法。因此，在情绪受到困扰的时候，我们可以通过调节自己的认识的方式来调节情绪。

运用改变认识来调节情绪这一技巧需注重三个要点：

一是转移目标。我们受到无法避免的痛苦打击时，往往会长期沉浸在痛苦之中，既于事无补，不能解决任何问题，又影响自己的工作、生活、心情并损害健康，所以我们应该尽快地把自己的注意力转移到那些有意义的事情上去。这种做法的目的，是尽量减少外界刺激，减轻不良情绪的负面影响和作用。影星姚晨就是一个典型的扇形思维的人，此路不通，我再找其他的路，我不在一棵树上吊死。

二是学会解脱。解脱就是换一个角度来看待令人烦恼的问题。从更深、更高、更广、更长远的角度来看待问题，对它作出新的理解，以求跳出原有的圈子，使自己的精神获得解脱，以便把精力全部集中到自己所追求的目标上。解脱并不是消极地宽慰自己，其实这样做有更重要的、积极的一面。我们的烦恼有很多都是因为自己心胸狭窄，只看到自己眼前的一点利益或身边的几件事，而没有从更广的范围、长远的角度来想，为一些非原则的小事而忽略了生活中的大事。积极的解脱是把长远利益放在首位，抛开区区小事，而全神贯注地去追求自己的远大目标。心中有了目标，就不会计较身边发生的区区小事，心胸也会豁然开朗。

三是升华自我。升华就是利用强烈的情绪冲动，把它引向积极的、有益的方向，使之具有建设性的意义和价值。我们常说的“化悲痛为力量”就是指升华自己的悲痛情绪。其实不只是悲痛可以转化为力量，其他的强烈情感也都可以化为力量。例如，可以化愤怒为力量、化仇恨为力量、化教训为力量、化鼓励为力量、化羞辱为力量，等等。世界上最值得赞美的行为之一就是发奋努力、不断进取、升华自我。这种升华是人类心灵中所迸发出来的最美的火花，也是人类赖以生存和发展的最重要情操。著名心理学家弗洛伊德把升华看做是最高水平的自我防御机制。他认为，只有健康和成熟的人才有可能实现升华。

技巧之四：正面利用情绪

利用，就是我们常说的坏事也能变成好事。一种利用是对时机和客观条件的利用。一个能使我们苦恼的强制性要求，如果能巧妙地加以利用，首先在精神上感到自己由被动转化为主动，进而可以使烦恼变为怡然自得、乐在其中。再一种利用，就是对情绪本身的利用。把情绪化为情趣加以利用，这里说得更为具体一些，是指“嬉笑怒骂，皆成文章”的意思。诗人利用他涌现的激情写出了流传千古的诗篇，作曲家则当他灵感来潮时谱出了动人心弦的乐章。当自己真挚的感情强烈涌现时，抓住它做一些有益的事。

能有效地控制自己的情绪，保持一种良好平静的自我心态，就是主宰自我的一个基础。

自信带来的亲和力效果

中国有句古话说：人不自信，谁人信之。自信是对自我能力和价值的一种肯定，是一种积极的心态。通过对自己的信任和对自我价值的肯定，大脑会建立一种潜意识的思维模式，那就会使你成为一个成功的人。而这种积极的自我暗示，会在人遇到挫折或困难时，激发出对成功的渴望，表现出勇敢和必胜的信念。

一个自信的人会充满活力，焕发光彩，谈吐洒脱、大度，在不知不觉中产生一种感染人的魅力。自信就像是根魔棒。一个人只要是真正地充满了自信，就会发现整个人都会为之改观，气质会更优秀，能力会更强，随之生活态度也将变得更乐观。而乐观的人自然会受到更多人的欢迎，因为谁也不愿意和那些愁眉苦脸的人待在一起。自信的人不仅能获得别人的认可，让周围的人更愿意接近自己，还能促进事业的成功。

小泽征尔是世界著名的交响乐指挥家。在一次世界优秀指挥家大赛的决赛中，他按照评委会给的乐谱指挥演奏，敏锐地发现了不和谐的声音。起初，他以为是乐队演奏出了错误，就停下来重新演奏，但还是不对。他觉得是乐谱有问题。这时，在场的作曲家和评委会的权威人士坚持说乐谱绝对没有问题，是他错了。面对一大批音乐大师和权威人士，他思考再三，最后斩钉截铁地大声说：“不！一定是乐谱错了！”话音刚落，评委席上的评委们立即站起来，报以热烈的掌声，祝贺他大赛夺魁。

原来，这是评委们精心设计的“圈套”，以此来检验指挥家在发现乐谱错误并遭到权威人士否定的情况下，能否坚持自己正确的主张。前两位参加决赛的指挥家虽然也发现了错误，但终因随声附和权威们的意见而被淘汰。小泽征尔却因对自己充满信心而摘取了世界指挥家大赛的桂冠。大家对他也是非常地佩服。

自信是件很重要的事情，在人群中那些昂首挺胸、微笑从容、浑身透射着自信的人往往引人注目。自信的人信心十足，往往吸引着许多人，他们有信仰，信自己的智慧和才能，他们以自信的心乐观处世，宽容待人，从容应变，使自己成为亮点，成为最具魅力的人。

被人们称为“全球第一CEO”的美国通用电气公司前首席执行官杰克·韦尔奇曾有句名言：“所有的管理都是围绕‘自信’展开的。”凭着这种自信，在担任通用电气公司首席执行官的二十年中，韦尔奇显示了非凡的领导才能。韦尔奇的自信，创造了许多的奇迹，也感染了许多的人。

但是，韦尔奇并不是个很完美的人，在他小时候，他还患有口吃症，连说流利的话都很困难，但是，他有一位好母亲。

韦尔奇的母亲想方设法将儿子这个缺陷转变为一种激励。她常对韦尔奇说：“这是因为你太聪明；没有任何一个人的舌头可以跟得上你这样聪明的脑袋。”于是从小到大，韦尔奇从未对自己的口吃有过丝毫的忧虑。因为他从心底相信母亲的话：他的大脑比别人的舌头转得快。

在母亲的鼓励下，口吃的毛病并没有阻碍韦尔奇学业与事业的发展。而且注意到他这个弱点的人大都对他产生了某种敬意，因为他竟能克服这个缺陷，在商界出类拔萃。美国全国广播公司新闻部总裁迈克尔就对韦尔奇十分敬佩，他甚至开玩笑说：“杰克真有力量，真有效率，我恨不得自己也口吃。”

韦尔奇的个子不是很高，但是他从小酷爱体育运动，特别是篮球。读小学的时候，他想报名参加校篮球队，当他把这想法告诉母亲的时候，母亲便鼓励他说：“你想做什么就尽管去做好了，你一定会成功的！”于是，韦尔奇参加了篮球队。当时，他的个头几乎只有其他队员的四分之三。然而，由于他听了母亲的话，心中很是有信心，他当时并不觉得自己不如别人，以至几十年后，当他翻看自己青少年时代在运动队与其他队友的合影时，才惊奇地发现自己几乎一直是整个球队中最弱的一个。

青少年时代在学校运动队的经历对韦尔奇的成长很重要。他认为自己的才能是在球场上培训出来的。他说：“我们所经历的一切都会成为我们信心建立的基石。”在整个学生时代，韦尔奇的母亲都始终是他最热情的拉拉队队长。所有亲戚、朋友和邻居几乎都听过一个韦尔奇母亲告诉他们的关于她儿子的故事，而且在每一个故事的结尾，她都会说，她为自己的儿子感到骄傲。

现如今，视韦尔奇为偶像的大有人在，他的身边也有许多形影不离，忠实追随着他的人，因为他的自信经常感染着别人。

自信的人在与别人相处的时候就会很轻松自在，试想，假若韦尔奇是一个很自卑的角色，他又怎么能与他的队友友好相处，他又怎么能在篮球队一直坚持下来呢？所以说，当你抱着十足的信心去做某一件事情的时候，你会感染你周围的人，这种亲和力效果，会在无形中为你的人际关系加分。

培养和发挥乐群性格

一个健康的人应该不仅仅能够很好地接受自己，处理自己的生活，还应该乐于接受他人，善于与人相处，认可别人存在的重要性和作用。性格中的乐群性对我们的一生具有重要意义。

乐群性高的人，能为他人所理解，为他人和集体所接受，能与他人相互沟通和交往，人际关系协调和谐，能与生活的集体融为一体，既能在与挚友团聚之时共享欢乐，也能在独处沉思之时而无孤独之感。在与人相处时，积极的态度（如同情、友善、信任、尊敬等）总是多于消极的态度（如猜疑、嫉妒、畏惧、敌视等），因而在社会生活中具有较强的适应能力和较充足的安全感。相反，一个乐群性低的人，总是把自己隔离于集体之外，与周围的环境和人们格格不入，自己心里也不那么舒服。

人活在这个世界上，总要和人相处，这些你要如何面对呢？而正是有了和周围人之间真挚的感情才使你成为一个性格完整的人。

有的人很吝啬于为别人付出时间和心力，觉得自己的生命这么宝贵，追求自己的幸福还不够，花在别人身上真是浪费。其实，每个人的幸福都不是独自得到的，在你为别人付出的同时，你的快乐也随之而来。

一群无所事事的年轻人终日被烦恼所折磨，他们忧愁、痛苦，不知该用什么办法排解。一天，他们在山上看到一位头发已经花白的老人在砍伐一棵大树，老人面带微笑，哼着小曲，非常快乐。于是他们向老人请教，快乐到底在哪里？老人说：“你们还是先帮我造一条独木船吧！”年轻人为了找到快乐的秘诀，开始帮老人造船。他们同心协力，用了49天时间，锯倒了那棵又高又大的树，挖空了树心，造出一条独木船。

独木船下水了，他们把老人请上船，一边合力荡桨，一边齐声唱起歌来。老人问："孩子们，你们快乐吗？"他们齐声回答："快乐极了！"老人说道："快乐就是这样，它往往在你为别人的需要而付出努力和劳动的时候突然来访。"

相信很多人都有这样的体会，你独自一人享受的东西，如果让大家一起分享，那份快乐是很不同的。有人说："痛苦与人分担，痛苦变成了一半；快乐与人分享，快乐却变成了两个。"在和别人相处的过程中，你能够得到一个人永远都得不到的东西。

有个人去拜访一位年长的智者。他问："我如何才能变成一个使自己愉快也能够给别人愉快的人呢？"

智者笑着望着他说："你有这样的愿望，已经是很难得了。很多比你年长很多的人，从他们问的问题本身就可以看出，不管给他们多少解释，都不可能让他们明白真正重要的道理，就只好让他们那样好了。"

这个人满怀虔诚地听着，脸上没有流露出丝毫得意之色。

智者接着说："我送给你四句话。第一句话是，把自己当成别人。你能说说这句话的含义吗？"

这个人回答说："是不是说，在我感到痛苦忧伤的时候，就把自己当成是别人，这样痛苦就自然减轻了；当我欣喜若狂之时，把自己当成别人，那些狂喜也会变得平和中正一些？"

智者微微点头，接着说："第二句话，把别人当成自己。"

这个人沉思一会儿，说："这样就可以真正同情别人的不幸，理解别人的需求，并且在别人需要的时候给予恰当的帮助。"

智者两眼发光，继续说道："第三句话，把别人当成别人。"

这个人说：“这句话的意思是不是说，要充分地尊重每个人的独立性，在任何情形下都不可侵犯他人的核心领地？”

智者哈哈大笑：“很好，很好。孺子可教也！第四句话是，把自己当成自己。这句话理解起来太难了，留着你以后慢慢品味吧。”

这个人说：“这句话的含义，我一时体会不出。但这四句话之间就有许多自相矛盾之处，我用什么才能把它们统一起来呢？”

智者说：“很简单，用一生的时间和精力。”

这个人沉默了很久，然后叩首告别。

后来，这个人变成了壮年人，又变成了老人。再后来在他离开这个世界很久以后，人们都还时时提到他的名字。人们都说他是一位智者，因为他是一个愉快的人，而且，这个人也给每一个见到过他的人带来了愉快。

不管你现在能不能完全理解智者的四句话，但请你一定记住它们，在生活中去体会，慢慢地，你会成为一个受欢迎的人。当你快乐地和别人生活在一起时，如果你想起了这几句话，也请和别人分享，因为还有不少人在为怎样和别人相处的问题而苦恼呢。

乐群的性格是我们人生幸福的一大保障，怎样培养呢？

第一，学习一些人际交往的法则，培养自己的人际魅力

很多时候，一个人不和别人交往，不是因为他不想，而是因为他不知道该怎样和别人交往，在处理人际问题的时候，显得很笨拙。渐渐地，也就失去了和人交往的兴趣和信心。很简单的解决办法，就是学习一些技巧，看一些人际交往方面的书，看看别人都是怎么做到的，然后，在生活实践中练

习，会大有裨益。一个精通交往守则的人，对别人也会更有吸引力，会拥有越来越多的朋友。

第二，常与别人接触，加强心灵的交流

乐群的性格是在和别人的交往中一点点培养起来的。如果你不和别人接触，那么学习多少交际的知识都是毫无用处的。在生活中，和人打交道的机会很多很多，但如果你总是退缩，那还是一个朋友也交不到。勇敢地露出你的微笑，大方地主动问好，会为你赢得更多朋友的心。多关心朋友内心的想法，会让你得到更深入、更稳固的关系。

第三，培养开朗的性格，保持宽阔的胸襟

在生活中，你可以注意一下，哪些人更容易交到朋友和维持友谊。你会发现，那就是开朗和宽容。如果你动不动就发脾气，动不动就给别人脸色看，再好的朋友也会被你吓跑的。

你的朋友是你宝贵的财产，他们让你开怀，让你更勇敢。他们总是随时倾听你的忧伤。你需要他们的时候，他们会支持你，向你敞开心扉。你还忍心伤害他们吗？

第四，多参加集体活动，培养合作意识和团队精神

在集体活动中，有更多和别人接触的机会。在大家共同努力做一件事的过程中，你也可以体会到和别人心往一处想，劲儿往一处使的凝聚力，这对于培养你的团队精神大有好处。当今社会，一个不能和别人合作的人是无法在社会上立足的，所以你应该知道怎么去做。

性格亲和力是无形的魅力

在实际生活中，我们能一眼就能看出一个魅力十足的人：他在聚会上似乎万人熟；他在人群中游刃有余， 顶着光环，众人像铁之于磁石那样地被他吸引；他让人们觉得似乎他拥有这一切好的特质……

一个人平时的一言一行，一举手一投足，都会折射出他的素质修养品行。别人对他的评价好与坏，可以说这一因素占了很大比重。有的人谈吐精神抖擞，情感丰富，口若悬河，表情自如，显示出超人的才干和气质，博得了听众的喜爱和青睐；有的人窘迫不安，语无伦次，面部表情麻木，手足不知如何放置，让人大失所望。

每一个人都具有一种理想的自我形象，这就是心理学上所说的“理想自己”，它往往被赋予很高的价值，体现在宽阔的胸怀、轻松自在的个性、开朗和幽默等多个方面。

第一、要有宽阔的胸怀

心胸开阔，宽容待人，能容人处且容人。不能得理不饶人，无理辩三分，甚至浑身是刺儿乱扎人。正所谓“君子坦荡荡，小人常戚戚”，有容人之量的人在被人尊敬的同时显示出自己的魅力。

第二、培养轻松自在的个性

生活得充实而富于情调，节奏明快又不失浪漫色彩，会给人以极佳的感觉。这需要我们在学习和工作之余，培养广泛的兴趣和爱好，对生活充满激情，相信一切都会好。

第三，学会开朗和幽默

在人际交往当中，开朗活泼的人更容易受到广泛的好评。不要过于封闭自己，学会与周围的人沟通，融入集体，走向他人，让更多的人了解你纯美的心灵。幽默深受人们的欢迎，不但对自身快乐积极的生活大有益处，还会带给周围的人轻松和愉快。需注意的是幽默不等于搞笑，它体现着一种智慧，一些独到的人生体验，可以通过丰富自己的知识，对生活多思考来培养。

第四，情感表达真挚自然

与朋友交往要真心实意，敢于说真心话，不能为了取悦对方而总是说些好听的话，吹吹拍拍会使别人轻视自己，也会失去他人的信任。在朋友面前要做真实的自我，显示真我的风采，切不可矫揉造作，刻意模仿，否则不伦不类，得不偿失。

第五，对人厚道谦虚

伙伴关系中不可避免地会出现竞争，对于竞争后的输赢要正确对待。所谓的厚道是指输给了对方或对方的进步和收获是你梦寐以求而没有得到的，这时能够真心实意地恭喜对方，不会因嫉妒而怨恨。当自己是胜利的一方时是谦虚，不可沾沾自喜，过分炫耀，还要支持对方继续努力，以利再战。

第六，带着微笑去努力进取

在很多著名大师的传记里，时常看到微笑的存在。因为，微笑可以使你与人交往的魅力增分不少。同时，使人减少对你的猜测，而且觉得你蛮好相处，很有友善；和你相处不会有烦恼，还会解决烦恼。所以学会微笑，无论在学习、工作还是生活当中，都要做一个不懈怠的人，应该尽自己的努力去实现理想，创造人生的价值，体现出不轻易屈服的精神。带着微笑去努力进取是魅力展现的法宝之一，也是你吸引朋友的桥梁。

第七、装作主人的样子跟所有人交谈

这是个很酷的套路，值得一试。不要缩在角落里，啜着饮料，守株待兔地等人说话。要反客为主，开始和所有人谈话。如果你想象自己就是这次活动的主人，你就能做到这一点。开始四周环顾，去找那些努力装得很酷、但却很想别人能找其交谈的人。把他们从窘境中解脱出来，你就会看到他们的脸上变得神采奕奕，他们很感激你能接近他们。在人群中四处活动，向每个人问长问短。他们都会变得神采奕奕的，而且会友好地回应你。去认识人，然后把这些人介绍给那些人。大多数人没有勇气接触生人，因此当你为他们做这些后，他们会非常感激的。

不要根据社会圈子作出区别对待。所有人都是等同的。溜冰健将、艺术家、经济学家、 股票经纪人、律师、医生、企业家、站在角落里的服务生以及所有人，都同他们交谈。和所有人说话，并让他们感到宾至如归。你需要做的只是让事情开始运作起来。一旦你开始和生人说话，并能侃侃而谈，你就会成为一只永不停歇的社交家。

第八、甘于付出

人生的每时每刻都在付出，不过要看是付出什么和面对怎样的对象。这个好比上学，首先，现在上学是要付出金钱，然后是时间，最后是努力。所以，不管什么东西都得付出。何况，是感情的社交。如果有个人没有依靠这几项原则去进行社交，那么就如同空头支票，银行也不会拨款给这类人。

综合运用上述技巧：宽阔的胸怀，轻松自在的个性，开朗和幽默等等，你就会发现自己正在成为那个总是让厅堂熠熠生辉的人。

让乐观性格伴随你一生

英国有一句名言说："生活是一面镜子，你对它笑，它就对你笑……"乐观的精神永远是人生最大的财富。一个人能够培养出积极乐观的性格，有助于在生活及工作上有所成就。因为一个心境正面健康的人，会懂得把握正向思维，甚至自觉地坚持自己的行为表现，不与消极者为伍。

自我培养是性格转变及成熟的内在因素，每个人都可以培养自己拥有乐观的性格。一个人经历了许多事后，对客观事物会形成基本的评判和认知度，知道什么是正确的，什么是错误的，什么是好的，什么是坏的，什么是美的，什么是丑的。在此基础上，针对复杂的社会环境，不断增强自我意思，积极吸取正面的有利影响，抛弃负面的不利影响，性格就朝着好的方面发展。查·霍尔说："有什么样的思想，就有什么样的行为；有什么样的行为，就有什么样的习惯；有什么样的习惯，就有什么样的性格；有什么样的性格，就有什么样的命运。" 后来教育心理学领域把这句经典名言整理为："播下一种思想，收获一种行为；播下一种行为，收获一种习惯；播下一种习惯，收获一种性格；播下一种性格，收获一种命运。"这些话很好地诠释了思想与命运之间的互动关系，也确立了性格的关键作用。

毛泽东的雄才韬略，坚韧、勇敢、果断、乐观、自信是他在湖南长沙第一师范读书期间勤奋好学、自我培养、自我塑造的结果。毛泽东青年时代就"身无分文，心忧天下"，积极探索救国救民的道路，积极投身中国人民的解放事业，他的自信源于他的博学，他说"人生自信二百年，会当击水三千里"。清代著名的文学家、史学家赵翼的"江山代有才人出，各领风骚数百年"深深地影响着他的性格。"问苍茫大地，谁主沉浮？"一个英气横溢的青年主宰、一个富有浪漫创新精神的学生在湘江走向全中国，走进中国革命的征途并起到中流砥柱的作用，都彰显出他为人乐观的性格。

诗仙李白才华横溢、抱负远大、洒脱不羁，“天生我才必有用”及“行路难，行路难，多歧路，今安在？长风破浪会有时，直挂云帆济沧海。”更是唱出充满乐观、自信和自强不息的最强音。他相信尽管前路障碍重重，但仍将会有一天，乘长风破万里浪，挂上云帆，横渡沧海，到达理想的彼岸。“安能摧眉折腰事权贵，使我不得开心颜”成就了李白的一种更可敬的超脱与放达。

苏轼的外儒内道的作风，具体表现为乐观旷达的人生态度。苏轼一生几经磨难，但是，他表现了对苦难的傲视和对痛苦的超越。黄州这座山环水绕的荒城在他笔下是“长江绕郭知鱼美，好竹连山觉笋香。”

事实证明，无论发生什么事，你总还有一项权利，即决定自己对待它的态度，并进而影响自己的情绪和后来的行动。乐观的人在每次危难中都看到了机会，而悲观的人却在每个机会中都看到了危难。

有一位苏格兰诗人说过这样的话：“如果一种方式无法使你快乐，那么，试试看另外一种；快乐这种事没有深奥的哲理，只要健康幽默的人都能拥有。许多人追求幸福而不可得，是因为他就像个粗心大意的人，不停地找着戴在头上的帽子。”他是要告诉我们，快乐本该是属于我们的，它也一直就在我们身边，只是有时却因为我们一时的疏忽，粗心地把它赶跑了。

如果你现在不开心，或者你根本不知道该怎样让自己开心，没关系，现在来教你几个保持乐观的窍门。

第一、只为今天，活在当下

昨天已经过去，明天还没有到来，我们真正拥有的只有今天、现在。如果我们把全部的心力倾注在当前正在进行的事项上，事情就会简单很多。过去的就让它过去，并且相信未来的问题到时候总会有解决的办法。

只为今天，活在当下，那么你要做些什么呢？读读卡耐基的《只为今天》，相信会对你有所启发：

只为今天，我要很快乐。正如林肯所说，大部分的人只要下定决心都能很快乐。是的，快乐是来自内心的，而不是存在于外在。

只为今天，我要让自己适应一切，而不去试着调整一切来适应我的欲望。我要以这种态度接受我的家庭、我的事业和我的运气。

只为今天，我要爱护我的身体。我要多加运动，善自照顾，善自珍惜，不损伤它、不忽视它，使它能成为我争取成功的好基础。

只为今天，要加强我的思想。我要学一些有用的东西，我决不做一个胡思乱想的人。我要看一些需要思考、需要集中精神才能看的书。

只为今天，我要用几件事来锻炼我的灵魂：我要为别人做一件好事，但不让人家知道；我还要做件我并不想做的事，而这就像威廉·詹姆斯所建议的，是为了锻炼。

只为今天，我要做个讨人喜欢的人，外表要尽量修饰，衣着要尽量的得体，说话低声，行动优雅，丝毫不在乎别人的毁誉。对任何事都不去挑毛病，也不干涉或教训别人。

只为今天，我要试着只考虑怎么度过今天，而不把我一生的问题都在一次解决。因为，我虽然连续十二个钟点做一件事，但若要我一辈子都这样做下去的话，就会吓坏我。

只为今天，我要订下一个计划。我要写下每一个钟点该做些什么事；也许我不会完全照着做，但还要订下这个计划；这样至少可以免除两种缺点，过分仓促和犹豫不决。

只为今天，我要为自己留下安静的半个钟点，轻松一番。在这半个钟点里，我要尽量使我的生命更充满希望。

只为今天，我要心中毫无惧怕。尤其是，我不要怕快乐，我要去欣赏美的一切，去爱，去相信我爱的那些人会爱我。

第二，学会乐观思维方式，学会调节认知

快乐，一方面取决于客观实际；另一方面则取决于认知、思维方式。如果觉得不幸福，就会感到不幸；相反，只要心里想快乐，绝大部分人都能如愿以偿。很多时候，快乐并不取决于你是谁，你在哪儿，你在干什么，而取决于你当时的想法。两个人从同一个窗口往外看，一个人见到的是泥土，一个人见到的是星星。有一个囚犯，当法庭宣布判处他五年徒刑的时候，他竟高兴得跳了起来，因为他一直以为要被判八年。所以，莎士比亚说："事情的好坏，多半是出自想法。"伊壁鸠鲁也说："人类不是被问题本身所困扰，而是被他们对问题的看法所困扰。"如果掌握了乐观思维法、光明思维法，人生万事万物都能够引起我们的快乐。

一个人活着，就要经历和成长，在这个过程中，遭遇挫折是必然的。就像人生也有四季，成功、挫折，春天、冬天，其实是一样的。今天的你遇到挫败其实正是你的幸运，在这个世界上，没有任何一种教训比从挫败中学到的更深刻、更实用。所以，磨难何尝不是一种幸福呢？微笑着品尝它，有什么可怕！

如果我们心情豁达、乐观，我们就能够看到生活中光明的一面，即使在漆黑的夜晚，我们也知道星星仍在闪烁。一个心境健康的人，就会思想高洁，行为正派，就能自觉而坚决地摒弃肮脏的想法，不与邪恶者为伍。我们既可能坚持错误、执迷不悟，也可能相反，这都取决于我们自己。这个世界是我们自己创造的，因此，它属于我们每一个人，而真正拥有这个世界的人，是那些热爱生活、拥有快乐的人。也就是说，那些真正拥有快乐的人才

会真正拥有这个世界。

第三，扩展胸襟，享受生活中的每一次喜悦

人是需要享受生命的。无论你多忙，你总有时间选择两件事：快乐还是不快乐。早上你起床的时候，也许你自己还不晓得，不过你的确已选择了让自己快乐还是不快乐。

如果你沉浸在自己的痛苦里，请你抬头看看周围，是否还有比你更不幸的人呢？忍着自己的苦，试着去关心他们，他们会让你从自己的圈子中走出来，去了解这个世界更真实的一面。如果你可以，试着帮助他们，你会体验到那种无私而纯净的快乐。

我们大多数人一生中不见得有机会可以赢得大奖，如诺贝尔奖或奥斯卡奖，大奖总是保留给少数精英分子的。理论上来说，每个自由地区出生的孩子都有当上总统的机会，但是实际上我们大多数人都会失去这个机会。不过我们都有机会得到生活的小奖。每一个人都有机会得到一个拥抱，一个亲吻，或者只是一个就在大门口的停车位！生活中到处都有小小的喜悦，也许只是一杯冰茶，一碗热汤，或是一轮美丽的落日。更大一点的单纯乐趣也不是没有，生而自由的喜悦就够我们感激一生的了。这许许多多点点滴滴都值得我们细细去品味，去咀嚼。也就是这些小小的快乐，让我们的生命更可亲，更可眷恋。

如果生命的大奖落到你头上，务必心怀感激。但即使它们与你失之交臂，也无须嗟叹。尽情去享受生命的小奖吧！昨日的英雄只是今日的尘土，生命的大奖只是雪泥鸿爪，瞬间消逝，但是那些小小的喜悦却是日常生活中俯拾即是、无虞匮乏的。人生的大喜毕竟少有，可是只要你睁大眼睛与心灵，到处都可以发现那些小小的喜悦。

第四、和性格乐观开朗的朋友一起体味生活

和悲观失落的人在一起，我们也会不自觉地忧郁了很多。尤其是在我们年少的时候，情绪比较容易受到影响，这时候选择什么样的人做朋友，就是一件非常重要的事情了。想要塑造好性格，环境很重要，朋友是和你朝夕相处的人，他们的性格很自然地会影响到你。选择乐观的朋友，学习他们的生活态度，感受他们对生活的热爱，你也会开朗起来。

第六章　诚信亲和力：打造道德人格品质

亲和力来自诚信，无论是对外交往，还是对内施政，都要言必行，行必果。诚信亲和力要求公道正派，豁达大度，襟怀坦荡，表里如一，平易近人，把别人当成朋友和知心人，有话敢讲，有问题敢反映，有困难能得到帮助。

诚信打造德商品牌

诚信和德商这两个概念都属于道德范畴。诚信指一个人待人处世真诚、老实、讲信誉，言必信、行必果，一言九鼎，一诺千金。诚信既是做人的基本准则，也是社会中人与人之间相互关系的基础性道德规范。德商指一个人的道德人格品质，内容包括体贴、尊重、容忍、宽容、诚实、负责、平和、忠心、礼貌、幽默等各种美德。心理学认为，德商是由七种基本美德组成的，即同情、良心、自控、尊重、善良、宽容和公正。作为有效提升德商的途径，诚信打造了一个人的德商品牌。

诚信是指一个人的负责任的能力，不是简单的道德人品问题。诚信是一个人内在气质的反映，是衡量一个人综合素质的重要指标，在人与人交往的过程中，诚信是不可缺少的东西。

诚信是一种情感的表达。无论是夫妻、朋友还是同事甚至是陌生人。良好的沟通与交流讲求的都是真情流露，这是建立在真诚表达、无欲无求的基础之上的。也可以说，诚信是人一生中最重要的资本。一个人糟蹋自己的信用，无异于在拿自己的人格做买卖，卖得越多，留下的也就越少。我们只有事事以“信”为重，才会有“信”满天下的那一天，这样，别人才敢与你相处，才愿意与你相处。

霞的第一份工作是在一家小餐馆当侍者。这个工作虽然很平凡，可是霞却从中明白了很多道理。最让霞难忘的是一位名叫弗雷德的老顾客。他是一个电器销售员，经常到餐馆来点一份火腿、蒙得利干酪加煎蛋卷做晚餐。每一次，霞一看见他向餐馆走来，就早早收拾好他常坐的桌子，为他送上他一成不变的晚餐。当然，还不忘给他送上一个灿烂的微笑，这可是做侍者起码的要求。那时，霞最大的梦想就是拥有一家自己的小餐馆。

有一天，霞向父母说了自己的想法，并希望他们能资助她，可是他们对她说：“我们没有足够的钱帮助你。”第二天，她带着失望的心情上班。弗雷德一见霞就问：“怎么了，‘阳光’？你今天一丝笑容都没有。”霞向他和盘托出了自己的梦想和苦恼。他当时一言不发。第三天，弗雷德居然交给霞一张5万美元的支票，并给霞写了一张便笺：这笔贷款唯一的抵押是你作为一个人的诚信，因为我了解你，有你的诚信作为抵押，其实我也完全可以放心，好人的梦想应该得到实现。

后来，虽然霞的小餐馆并没有开成，但是，霞始终没有忘记弗雷德对自己的信任。在攒到足够的资金后，她将5万美元再加上了每年14%的利息，归还给了弗雷德。他给霞回了一封感谢的条子：这笔贷款是我一生中最成功的一次投资。它帮助一个无助的小女孩，成长为一名成功的职业女性。有多少投资会带来如此大的收益？”

对霞而言，这笔贷款使她明白诚信是最宝贵的财富，她用她的诚信做抵押得到了5万美元的贷款，而正因为她身上所具备的诚信，她又很快归还上了那5万美元，并且还带有利息。

赢得高朋满座，首先要对别人讲诚信，只有如此才能获得人家对自己的信任，与之结为朋友。只要你学会了讲究诚信，你就会意想不到地受到许多人的欢迎。但是，很少有人能够真正懂得诚信的重要意义。他们因不守诚信常常使一些有意和他深交的人感到失望。

英国餐饮业有一个不成文的规矩，用过的盘子一定要刷七次。有一次一个在校学生在酒店做临时雇员，开始很认真，每个盘子都刷七次，后来他感到厌烦，开始刷五次，又改为刷三次，始终没有人发现他的偷懒行为。终于有一天老板在检查工作时，发现了他的这种不讲诚信、不按规矩做事的行为，便将其解雇了。这个雇员想去其他地方洗盘子，可是他不讲诚信的事传得到处都知道，以致其他酒店不再聘他。

当一个人不讲诚信时，他失去的不仅仅是朋友，还有事业。可见诚信对于人何等重要。

一些人认为：一个人的诚信建立在金钱的基础上，一个人有钱、有雄厚资本，就象征着有诚信。这种想法是极端错误的。讲诚信在于身体力行，一个人是否讲诚信不取决于他的财富，而取决于他对待别人是否有一颗诚实守信的心。

不管在哪个时代，人们都不能离群索居。人和人之间要有顺畅的交流、沟通，彼此寻求寄托与抚慰，这是对个体存在的认证，更是对生存状态的肯定。而彼此认同的产生其实就是一个彼此信任、互相接纳、多元包容的过程。作为社会的最小个体，我们不能强求别人重守承诺，但我们自己要能做到真诚守信，信任他人。

现在，社会越来越开放，人际交往越来越频繁，要获得别人的情感认同，不断取得信任，就应该“己所不欲，勿施于人”，“己欲立而立人”，从小事做起，友善待人。要知道，不管时代怎么变，诚信作为为人处世的基本准则不会变，也不能变。

一个人诚实守信与否，涉及他是否有自尊自重的素质。西塞罗说：“没有诚信，哪来尊严。”诚信的人必然能够得到他人诚信的回报。在与他人的交往中，我们先要以诚待人、相信他人，这应当是交友处世的第一原则。要知道：“隐瞒真实，就是骗自己。”至于他人会对我们怎样，那是另外一回事。在实际的交往中，我们自然能够积累经验，用不着过于担心被蒙骗。

诚信的基础是信用。诚信就像是一辆直通车，选择的是沟通心灵距离的最佳路径，唤起的是一种大家发自肺腑的参与感、认同感和荣誉感。如果有一天当你失去了诚信，你会发现，你身边的朋友几乎就没有了，试着想一下，谁会愿意和一个不讲信用的人在一起相处呢？

如何赢得真诚的人缘

在当今社会，如果你没有良好的人际关系，做什么事情都会畏首畏尾，也可能会寸步难行。用时下流行的话来说，就是“混不开”、“吃不开”、“没出息”。因此，人缘是做人做事成就事业的先决条件和资本，尤其是在一个很讲情面的社会里，有人缘就更显得意义非凡。

有人说，春风得意的人不是“赚到了钱”，而是“赚到了人”，这话很贴切。赚到了人，意味着你长袖善舞，八面玲珑，是事情的掌控者，可以为自己的社会身份和地位赢得办事的出路，赚到了人缘，也赚到了关系。总之一句话，人缘就是你的金山，就是你的富矿。

如何巧结善缘，如何利用人缘，如何将人缘作为一生享用不尽的资源？这是成功人生的一种大学问、大智慧。

想一想你身边的一些有人缘的人，他们大多品德修养高，说话得体，做事得力，关系协调，他们让人有亲近感，信任感；这种人有同情心，有人情味，人们总是愿意和他们在一起，也很容易想着他们；这种人有素质有能力，你有事情的时候愿意和他们商量，听取他们的意见，当他们有了困难时你也愿意帮助他们。这种人无论做什么事情，都好似有贵人帮忙，总是得心应手，左右逢源。这种人，就是我们所说的有好人缘的人。

说起这些人有好人缘的原因，可能有很多：有些人容易理解别人；有些人很有品位和地位；有些人保持本色，不会不懂装懂；有些人是非清楚、爱憎分明；有些人有良好的口才和逻辑思维能力……如此归纳，似乎就成了五花八门的交往技巧了，但是，我们也从这些人身上看到了最容易被我们忽视的条件，那就是诚信!

信是交往的基础，是做人的根本。如果你到了35岁，仍然没有建立起如磐石的忠诚信誉，这一缺陷将会困扰你一生，不忠诚的恶名必然会使你在事业上处处不受欢迎。现在许多人都把交往与获得“好人缘”的关注点集中在技巧方面，其实这是舍本逐末的行为。如果诚信不足，尽管技巧高超，也只不过是一时得逞，难以保持长久的友谊。在35岁之前，诚信是投资，而在35岁之后，你会作为一个可以信赖的人，必得到诚信的回报。

俗话说：“种瓜得瓜，种豆得豆”，如果把这条朴素的哲理运用到社会交往中，可以说，如果你处处尊重别人，得到的回报就是别人处处尊重你；如果你对别人诚实守信，也会换来别人对你的诚信 。要想以诚信赚取更真诚的人缘，就必须做到以下几点。

第一、关怀别人、尊重别人

没有什么比收到别人的关怀更让人感动了，而关怀别人的前提是要了解别人。据说，周总理在接见一个人后，不管过了多长时间，再次见到这个人后都能叫出对方的名字，这往往会使对方既惊讶又佩服、感动。

让别人感到受到了尊重，就能让他感到自己的重要性，而渴望得到别人的尊重是人的高层心理需求，如能满足对方的这种渴望，不但可以得到他们的好感，同时还可以得到对方反馈给你的尊重，从而达到良心互动。

拿破仑喜欢在军营中走动，他能够叫出手下全部军官的名字，当他遇到某个军官时，就会叫出他的名字，并和他打招呼，谈论这位军官参与过的战斗或者军事调动。他也经常询问士兵的故乡、妻子和家庭状况。

拿破仑的做法让下属感到很吃惊，他们的统帅居然对他们的情况一清二楚，这种作法让每一个属下都能从拿破仑的谈话中感到他对自己十分在意，使他们对拿破仑忠心耿耿，甘效犬马之劳。

第二、善待他人，乐于助人

人是需要关怀和帮助的，尤其会十分珍惜在自己困境中得到的帮助和关怀，并把它看成是“雪中送炭”，视帮助者为真正的朋友，最好的朋友。

当然，帮助他人，不一定是物质上的帮助，简单的举手之劳，或者一句关怀支持的话语，都会让别人产生久久的激动。如果你能帮助那些曾经伤害过你的人，不但能够显示你博大的胸怀，还有助于“化敌为友”，为自己营造一个更为宽松的人际环境。

第三、信任他人

在这个复杂的世界上，如果想让自己变得简单，只有一种办法，那就是信任他人，真诚是可贵的，信任更是无价之宝。我们每个人都渴望获得别人的关心和爱护，每个人都希望获得理解和友谊，每个人都需要尊重和承认，这些都是需要在他人那里得到。而“欲先取之，必先予之”，如果你总是胸怀戒备，就会割断与爱的牵连，封闭与友善的沟通。

著名画家黄永玉曾在巴黎街头写生，这时有一位年轻的法国女士微笑着在他的背后看他画画。天气很热，那位女士很虔诚地给他倒了一杯水。刚好画家也口渴了，就在他端起水杯的时候，他突然想到在这个陌生的国度里，一个毫无关系的陌生人给自己倒水，她会不会在水里下蒙汗药呢？

正当黄永玉疑惑时，那位女士向他打了下招呼微笑着离开了。他没有喝那杯水，而是马上伸手摸了一下口袋中的钱包，一看还在，他才放心继续作画。

后来当黄永玉回想起这件事时，他甚为自己的举动和思想懊悔，发出了这样的感慨：我心底的不信任，辜负了太多的善意！

在有些人眼中，社会太复杂，像是一个大黑洞，无法看清楚它的真面目，而他人都是心怀叵测、不可相信的。如果抱着这样的心态与人交往，必然不会信任他人，也不会获得他人的信任，不会对他人讲诚信，也就不会获得他人的真诚，这样的生活是狭隘的，是不会有好人缘的。

因此，要想获得好人缘，就必须诚信待人，让真诚与信任在彼此之间自然流动，沟通心灵，使信任之花开出友谊之果。

让人感受到你的真诚

真诚，这是每一个人都需要的品德，也是人与人交往的时候能够被别人所欣赏的一个品质。许多人把它作为评判一个人是否值得交往的重要依据。只有真诚，才能让人相信你，与你做朋友。每个人都希望得到别人的真诚相待，因为你与人为善、真诚待人，别人通常也会反过来如此待你。

有的人对真诚待人抱怀疑或否定态度，理由是：我真诚待人，人若不真诚待我，那我岂不是很傻、很吃亏吗？

不可否认，生活中有这样的人：虚伪、狡诈、阴险，一肚子小心眼，玩弄他人的真诚，戏弄他人的善良，算计他人的毫无防备，蹂躏他人的真情实意，以怨报德、以恶报善。但是，这种人在生活中毕竟是极少数，当他们的真相充分暴露后，必将被众人所指责和唾弃，并被群体厌恶和排斥。

在一所大学里，有这样一个实例：有位教师写了一本《思想政治工作方法》的书，出版社让他推销1000册。对他来说，这远比讲课要难得多。为了把书推销出去，他在学员队搞了一次演讲，他说："当老师的在这里推销自己写的书，总不免有些尴尬。不过，如今作者也很难，写了书，还得卖书。出版社一下压给我1000册，稿费一文没有，所以我不推销不行。这本书写得怎样，我自己不好评说。不过有两点可以保证：第一，这本书是我用三年时间完成的，是我心血的结晶；第二，书的内容绝不是东拼西凑抄下来的，是我自己长期思考的见解。前不久，这本书被思想政治工作研究会评为社科类图书二等奖，这是获奖证书。说实话，对于我们这些教书匠来说，搞推销比写书还觉得难，好是硬着头皮来找大家帮忙。不过，买不买完全自愿，绝不强迫。如果觉得这本书对你有用，你又有财力就买一本，算是帮我一个忙。谢谢。"他的这次演讲立即产生了效果，一次就卖掉了300多册。

这位教师的成功从某种意义上说，就在于他恰到好处地表达了自己的真诚，赢得了听众的信赖。

当我们的善良和真诚被心怀叵测的人愚弄之后，吃亏更多、损失更大的并不是自己，而是对方。伤人的人在承受你愤恨的同时，还要承受他人的蔑视以及被群体排斥的孤独。

与人相处中付出的十分真诚得到了八九分的回馈，自然是情有所值、利大于弊。但有的人怕真诚待人吃亏上当，因此想别人主动先真诚待己。你真诚待了我，我再真诚待你，这是被动为善的人际关系态度。如果人人都这样想，人人都不肯首先付出，那这个世界上还能找到真诚吗？

有这样一个故事：一群印第安人围在一家刚开的店铺门前，看着店主的货物，但就是什么都不买。后来，当地的印第安酋长来拜访店主；“你好啊，约翰，把你的货物拿给我看看。啊哈！我要给自己买一条毯子，给我的妻子买一块印花布……我的毯子需要付三块貂皮，印花布需要付一块。这样吧，我明天再给你。”

第二天那个酋长带着一大包裹貂皮来了。“约翰，我现在给你付账来了。”他从包裹里抽出四块貂皮，一块接一块地把它们放在柜台上，犹豫了一会儿之后，他又抽出了第五块，把它放到了柜台上。这是一块特别珍贵稀有的貂皮。

“已经够了，”商人约翰把它推回去说，“你只欠我四块貂皮，我只收下我应得的。”

他们又为是四块还是五块推来推去地争了好长时间，最后约翰坚持只收四块。酋长的脸上露出了满意的神色。

他把第五块貂皮放回了包裹里，重新审视了这个店主一番，然后跨出门，朝着他的族人们喊道：“来吧，来吧，跟这个约翰做买卖吧，他是不会欺骗我们印第安人的，他不是个坏心眼的人。”

然后，他又转过身，冲着店主说：“如果你刚才收下了最后一块貂皮，我就会叫我的族人们不要跟你打交道，并且，我们还会叫走其他的人。但是，现在你已经是我们印第安人的朋友了。”

因为你的真诚，别人会接受你，会信任你，也因为你的真诚，你会成为一个受人欢迎的人。你待人以善意，别人以善意相报，你待人以真诚，别人以真情回馈。这也就是我们经常所说的，“将心比心”、“以心换心”。

深刻的道理，往往是简单的；而简单的道理，真正做到了却很不简单。人们都非常向往陶渊明描绘的桃花源，因为那里温馨和谐。而营造出温馨和谐的人际关系氛围，需要你付出努力。友善而真诚地待人，其结果是双赢的。在积极主动付出努力的同时，你才会是这个氛围的受益者。

承诺前想好是否能做到

修炼亲和力，取信于人是赢得好人缘的前提。日常生活中，朋友之间相互帮忙，向朋友许诺是常有的事。如果你答应了别人，就一定要做到，如果你没有把握，你可以把话说得留有余地，不然，弄到最后彼此伤了和气，还影响到你的信用度，这对你的人际关系是没有任何好处的。信用像玻璃一样脆弱，坏了将无法修复。一个人一旦失信于人一次，别人就不愿意继续和他交往。每个人都乐意和信用可靠的人交往，不守信用的人是危险的。不守信用这会导致自己的信任危机，并会给朋友之间日后的交往带来难以逾越的障碍。

小张大学毕业后独自去北京找工作，因为小张在大学期间的出色表现使他很快就找到了工作。他工作两个月后，也拿到了一定的薪水，可是北京的消费很高，每个月除去生活费用之后，他口袋里的钱也所剩无几。

有一天，他的一个朋友跟他打电话，他们聊得很开心，因为这个朋友曾经帮助过小张，所以聊到痛快处，他就对那个朋友说，只要他能帮忙的，即使是赴汤蹈火也在所不辞，要借钱什么的只管说。小张说这话的时候也的确能借给他好几百块钱，但他的朋友对他表示了感谢而没有真向他借钱。

一个月后的一天，小张的这个朋友打来了电话说，想向他借钱，恰恰在这个时候，小张从公司辞职出来想另外再找份工作，房租加上每天的生活开支，已经使小张所积累的一点钱花得差不多了，这个时候，他就非常矛盾了，因为他事先夸下海口，但现在已经没法拒绝朋友的请求了。

做一个守信的人，我们就不能够轻易许下一些无法保证兑现的诺言。一项许诺往往容易把人与人的关系变成物与物的关系，即把以情感为纽带的人际关系变成纯粹的“物际”关系。因为“物欲”只有满足欲，没有理解欲，“物际”关系无法用情感来维系，“物欲”一旦不能满足，关系也就全线崩溃。所以，凡是可以避免许诺的地方，我们一定要避免。

承诺的力量是强大的。遵守并实现你的承诺会使你在困难的时候得到真正的帮助，会使你在孤独的时候得到友情的温暖，因为你信守诺言，你诚实可靠的形象推销了你自己，你便会在生意上、婚姻上、家庭上获得成功，受人尊敬的人无不是守信用的楷模。相反的，有些人随随便便地向别人开“空头支票”，到头来又不兑现，这样的人又有谁会去喜欢呢?

在你必须作出承诺的时候，首先要考虑自己实现诺言的实力，承诺不应超过自己的能力范围。也就是说，许诺时一定要考虑到“应诺”的可能性。任何时候，我们都不能光凭良好愿望甚至主观想象去许诺。离开客观实际和条件许可，随意向别人许诺，虽然一时可以用你的诺言满足对方，但是，这“慷慨”带来的苦果却要由你一人来吞食。

同时，也不要把话说绝，这样，你也就获得了一定的回旋空间，靠着这个空间，你就不会失信于人了。承诺时，不要信誓旦旦，作“热血男儿”状，即使有能力办到的事，也可以用“给我一次机会”之类的话语来代替许诺，因为事情的发展是千变万化的，谁也不知道接下来会发生什么。只要你珍惜并把握好“这一次机会”，在解决实际问题的过程中，讲求实效，不拖拉，不哄骗，及时与对方沟通事情进展的情况，就可以获得对方信赖了。

坚持行动不空想白说

一个整天在人面前夸口自己多么能耐，多么了不起的人，是不可能获得好人缘的。真正的人才不在于你拥有了多少知识，而在于你能做出多大的事情。一个没有行动力的人，不管拥有多少知识，都不能叫人才。真正的人才，不是满脑子的空想家，而是那些做了决定就立即行动的人。

想与行动一样重要。因为，生活既需要思考，更需要行动！但是不能只空想，不行动。

正如羊皮卷所说：一张地图，不论多么详尽，比例多精确，它永远不可能带着它的主人在地面上移动半步。路，终究是要走的；日子，终究是要过的；而你，唯有去行动，才能真的改变。想，固然重要，但想是为了行动来服务的，想好了，想通了，就要去行动。不能只为了想而去空想，行动才是最最重要的。

一个没被付诸行动的想法在你的脑子里停留得越久越会变弱，过些天后其细节就会随之变得模糊起来，几星期后你就会把它给全忘了。在实践中，你可以实现更多的想法，并在其过程中产生更多新的想法。记住，想法本身不能带来成功，虽然想法很重要，但是它只有在被执行后才有价值。一个被付诸行动的普通想法，要比一打被你放着“改天再说”或“等待好时机”的好想法来得更有价值。如果你有一个觉得真的很不错的想法，那就为它做点什么吧。如果你不行动起来，那么这个想法永远不会被实现。

西方精神分析学大师弗洛伊德将空想命名为“白日梦”。他认为，白日梦就是人在现实生活中由于某种欲望得不到满足，于是通过一系列的想象、幻想在心理上实现该欲望，从而为自己在虚无中寻求到某种心理上的平衡。

弗洛伊德理论还提出了一个关键性的词——逃避。也就是说，过分沉湎于空想的人必定是一个逃避倾向很浓的人。此言一语中的，这正是空想带给人的极大危害性。下面的故事生动地说明了空想的危害。

一年夏天，一位来自马萨诸塞州的乡下小伙子登门拜访年事已高的爱默生。小伙子自称是一个诗歌爱好者，从7岁起就开始进行诗歌创作，但由于地处偏僻，一直得不到名师的指点，因仰慕爱默生的大名，故千里迢迢前来寻求文学上的指导。

这位青年诗人虽然出身贫寒，但谈吐优雅，气度不凡。老少两位诗人谈得非常融洽，爱默生对他非常欣赏。

临走时，青年诗人留下了薄薄的几页诗稿。

爱默生读了这几页诗稿后，认定这位乡下小伙子在文学上将会前途无量，决定凭借自己在文学界的影响大力提携他。爱默生将那些诗稿推荐给文学刊物发表，但反响不大。他希望这位青年诗人继续将自己的作品寄给他。于是，老少两位诗人开始了频繁的书信来往。

青年诗人的信每次都长达几页，大谈特谈文学问题，激情洋溢，才思敏捷，表明他的确是个天才诗人。爱默生对他的才华大为赞赏，在与友人的交谈中经常提起这位诗人。青年诗人很快就在文坛有了一点小小的名气。

但是，这位青年诗人以后再也没有给爱默生寄诗稿来，信却越写越长，奇思异想层出不穷，言语中开始以著名诗人自居，语气越来越傲慢。

爱默生开始感到了不安，凭着对人性的深刻洞察，他发现这位年轻人身上出现了一种危险的倾向。

通信一直在继续。爱默生的态度逐渐变得冷淡，成了一个倾听者。

很快，秋天到了。爱默生去信邀请这位青年诗人前来参加一个文学聚会。青年诗人如期而至。

在这位老作家的书房里，两人有一番对话：

"后来为什么不给我寄稿子了？"

"我在写一部长篇史诗。"

"你的抒情诗写得很出色，为什么要中断呢？"

"要成为一个大诗人就必须写长篇史诗，小打小闹是毫无意义的。"

"你认为你以前的那些作品都是小打小闹吗？"

"是的，我是个大诗人，我必须写大作品。"

"也许你是对的。你是个很有才华的人，我希望能尽早读到你的大作品。"

"谢谢，我已经完成了一部，很快就会公之于世。"

文学聚会上，这位被爱默生所欣赏的青年诗人大出风头。他逢人便谈他的伟大作品，表现得才华横溢，锋芒咄咄逼人。虽然谁也没有拜读过他的大作品，即便是他那几首由爱默生推荐发表的小诗也很少有人拜读过，但几乎每个人都认为这位年轻人必将成大器。否则，大作家爱默生能如此欣赏他吗？

转眼间，冬天到了。青年诗人继续给爱默生写信，但从不提起他的大作品。信越写越短，语气也越来越沮丧，直到有一天，他终于在信中承认，长时间以来他什么都没写。以前所谓的大作品根本就是子虚乌有之事，完全是他的空想。

他在信中写道："很久以来我就渴望成为一个大作家，周围所有的人都认为我是个有才华有前途的人，我自己也这么认为。我曾经写过一些诗，并有幸获得了阁下您的赞赏，我深感荣幸。"

"使我深感苦恼的是，自此以后，我再也写不出任何东西了。不知为什么，每当面对稿纸时，我的脑中便一片空白。我认为自己是个大诗人，必须写出大作品。在想象中，我感觉自己和历史上的大诗人是并驾齐驱的，包括和尊贵的阁下您。"

"在现实中，我对自己深感鄙弃，因为我浪费了自己的才华，再也写不出作品了。而在想象中，我是个大诗人，我已经写出了传世之作，已经登上了诗歌的王位。"

"尊贵的阁下，请您原谅我这个狂妄无知的乡下小子……"

从此以后，爱默生再也没有收到这位青年诗人的来信。

爱默生告诫我们："当一个人年轻时，谁没有空想过？谁没有幻想过？想入非非是青春的标志。但是，我的青年朋友们，请记住，人总归是要长大的。天地如此广阔，世界如此美好，等待你们的不仅仅是需要一对幻想的翅膀，更需要一双踏踏实实的脚！"

因此，在生活中我们一定要多做实事，多实践少空想。只有这样，我们才能赢得成功。

成功地将一个好主意付诸实践，比在家里空想出一千个好主意要有价值得多。没有行动，再远大的目标也只是目标，再完美的设想也仅仅是设想，要想使其变为现实，必须付出行动。

英国诗人布莱克说："光会想象而不行动的人，只是生产思想垃圾。成功是一架梯子，双手插在口袋里的人是爬不上去的。"

有个20岁的男孩名叫郑凯，是西部地区一所大学经济系的大二学生。到了大三，他发现自己更喜欢做一名企业家，他想到商学院学习企业管理。可是，他没办法转系。系主任告诉郑凯，他以前在大一期末考试成绩不够高，而且现在系里没有多余的名额。但郑凯没有就此罢休，他立即制订了这样的计划：先通过"旁听"选修所有企业管理的课程，参加他们的授课。一个月后，恰好有一个企管专业学生办理休学，郑凯便抓住这个机会去补了那个空缺。

到了大四，郑凯学习了企业管理所有的课程并修满了学分。最后一个学期，他拿着成绩单去见系主任。他问系主任："虽然我没有被正式接受，但是我是否可以得到企管学士的学位？"

系主任感到非常吃惊，同时也很感动。"在我看来，你就是个企业家。"系主任说，"我不知道有什么理由可以拒绝你的申请。"

最后，郑凯得到了企业管理的毕业证书和学位证书，并走出校门到更为广阔的天地去拼搏。

郑凯的成功，毫无疑问来自于他的行动力。假设他一直在观望中等待，无论如何都不可能得到企业管理的毕业证书和学位证书。换了其他人，我们也许会想，还是等一下吧，如果实在没有机会，就毕业后再进修自己感兴趣的专业，相信这是很多人的想法。而毕业之后，面对工作的压力和越来越少的个人时间，我们也许又会想，现在太忙了，等以后有时间再做自己喜欢的事情吧。直到有一天我们老了，才发现自己就在这种等待中度过了一生。

生活中，有美丽的愿望当然是好事，但一味地空想，不但会一无所获，而且还会耽误了你的进取，最终一事无成。想得再好也只是一个设想，要想让愿望变为现实，就必须付出行动。不管你的目标看起来是多么渺茫，不管前面有多少困难，只要你知道具体的目的地，而且向它迈出第一步，你便走上了成功之路。

人际交往中也是一样，有些人夸夸其谈不见行动，慢慢地发现朋友越来越少；有的人脚踏实地，用行动证明一切，便获得了良好的人际关系。

不要事事依赖别人帮助

朋友之间必然会有某种程度上的控制和依赖，这无可厚非，如果过分，那就失去朋友的真义了，也就不是真正的朋友了。

善于交际的人都知道，真正的友谊和虚假的友谊之间有一条几乎模糊不见却又影响巨大的界限。有些人与朋友的关系恶化、令人失望或令人非常不满，就在于他们往往难以区分真正的和虚假的友谊。

对朋友过分地控制和依赖会损害你和朋友的关系，而且是双方的。朋友并非父母，他们没有法定责任来指导和保护你，他们可以给你支持，但不可能包办代替，你必须清楚，这只不过是朋友的关系而已。

如果你事事游移不定，老是向朋友询问，你就会受到朋友正确或错误的意见影响。为此，你应该立刻决定，摆脱对朋友的依赖。

有的人恰恰相反，他们盛气凌人，在与朋友的交往中，总喜欢指手画脚，不管朋友的想法如何，都要求朋友按照自己的意愿去做。这种做法无疑为友谊的发展埋下了不祥的种子。

朋友之间的交往不可超越本分，更不可过分依赖，这是交友起码的原则。

可以说朋友是五伦之一，在事业上也是很重要的一环。《说文》中就说得很明白："朋友，就是感情的象征。志同道合的就可以结为朋友。"朋友是平等关系，切不可把自己的意志强加于他人。

卡罗琳是一位有三个孩子的年轻母亲，她有这样一个女主人式的朋友。新搬进这一居民区，卡罗琳急于找朋友。这时，莉拉进入了她的生活，像只母鸡似地把卡罗琳呵护在翅膀下。不久后，卡罗琳发现，莉拉不仅是只母鸡，还是个大王，她是位社会团体的总裁，整个团体是由她的朋友和她们的丈夫们组成的。

"起初我挺喜欢她，"卡罗琳说，"我是她的特别好友，她要我干啥我就干啥。有时我感到似乎受她的压制，但我不知该怎么办，因为我的确喜欢她，希望与她保持朋友关系。但我逐步不喜欢只是听从她了。"

卡罗琳意识到，如果她真想与莉拉或任何人交朋友的话，她应该学会与朋友平等相处，有往有来，互相帮助。也就是说要弄清自己必须干什么，并把它付诸实施。

如果你想对朋友说，"你应该"、"你不应该"、"你最好"、"你必须"，那么，你无疑是想控制朋友的生活，这种做法会使朋友感到很不愉快，有压抑感。

过分地依赖别人，只会使自己变得懒惰，懒于行动，懒于思考，最后连朋友都会厌烦你，你也会为此付出惨重的代价。如果你是被控制者，不要认为有人为你操心一切是再好不过的了。控制你的朋友不是知心的朋友，一旦你把自己从他的“统治”下解放出来，就会出现奇迹，你和朋友就会变得平等。

靠人必先靠己，你首先得有能力，同时还要努力实干，让人看到你的成绩，让人欣赏你，进而别人也才可能去提携你，你同别人才能水到渠成地搞好关系，成就自己的一番事业。

帮助他人等于帮助自己

许多人都是因乐于助人而获得了升迁的机会的。让他人感到愉快，自然对方也会让你愉快，你此刻的小小付出，日后也许会给你带来意想不到的收益或惊喜。

美国前总统林肯就是这样一个人，他乐于助人，在任何场合都令人喜欢。比如，当林肯住进拉特利奈旅店时，那里非常拥挤，他经常让出自己的床位，睡在仓库的角落，用一卷棉布做枕头。因此，每个遇到困难的人都来求助于他。正是由于他心中永远装着别人，林肯赢得了人民的热爱。

使人愉快是笔巨大的财富。想想看，有什么能比总是引人注目、从不令人生厌的个性更为珍贵呢？这种个性不仅在工作领域很有价值，在生活中的各个领域也是如此。它造就了受人尊敬的政治家；为律师赢得了顾客；对于一名员工来说，它会带给你很多机会。

不论你干哪一行，都不能低估这种个性魅力的重要性，它将为你赢得所有人的支持，减少前进路上的障碍。

一些人能像磁石吸引铁屑一般，自然而然地吸引商人、顾客、委托人，做事则得心应手、顺心如意。这是因为他们拥有那种磁铁般富有吸引力的个性。这些人就是商业磁体，尽管看起来他们不是最努力的，但机遇总围绕着他们打转，一般人称他们为“幸运儿”。如果我们进一步分析他们，会发现他们有着迷人的个性，这就是他们赢得人心的原因所在。

当今许多成功人士和商业巨子的成功，在很大程度上都归功于自己良好的礼貌习惯和受人欢迎的品格。如果不是因为这些，而仅仅依靠他们的聪明才智、毅力和商业实践经验的话，那么他们可能还不能获得现在的成功。不论一个人有多大的能力，他若是粗鲁野蛮，其个性令人生厌，那么他将永远处于劣势。

培养受人欢迎的个性是很必要的，它能使成功的机遇倍增，能够发展人际关系，塑造良好形象。如果你想受人欢迎，就得做到控制私心，克制不良倾向，并且还要有礼貌、温柔、讨人喜欢和乐于与人为伴。这种为了做到受欢迎而进行的努力，也是通向成功和快乐之路所必备的。

学习与人愉快相处的艺术，这将比任何东西更能帮助你表达自己，它将唤醒你的成功潜能，使你赢得更多人的支持。这种才能应该是一种令人羡慕的天赋，然而由于它具有某些后天培养的特质，所以，通过培养和训练也能做到。

总是自私自利、利用他人的人，肯定不会受人欢迎，人们天生就反感并且厌恶那些只为自己打算、从不考虑别人的人。假如你想变得令人愉快，你必须做到慷慨大方。狭隘、吝啬的性格是不可爱的，人们都回避这种个性的人。你必须在表情、微笑、握手和言行中让人感到真诚。假如你的个性散发出迷人的光芒，人们将乐于和你接近，因为我们都在追寻阳光，而尽力躲避阴影。

助人为乐，本来就是生活中一件很平常的事情。助人为乐，其实是给自己积累的一笔人缘财富，你的人生道路会因为你的慷慨而变得宽阔而平坦。

第七章　异性亲和力：帮助你赢得异性缘

能否赢得异性缘主要是看你够不够真诚、直率。只要不藏着掖着，善良对待他人，多数人还是会以同样的态度待你。同时，要注重提高自身的内在修养，增加自身的魅力，这才是上上之策。

不要混淆友谊与爱情的概念

在历史的长河里，同性之间存在深厚友谊的实在是太多了。春秋时期的管仲与鲍叔牙有着深厚的友谊，鲍叔牙不惜向齐桓公推荐管仲为相而自己甘居其下，及齐国有力分诸侯、一匡天下的实力时候，管仲慨然叹曰："生我者父母，知我者鲍子也！"是为友谊的典范。还有鲁迅与瞿秋白，马克思和恩格斯的友谊也是有目共睹千古流芳的。

那么，异性可以成为朋友吗？回答是肯定的。除了爱情，成为朋友是他们之间最好的、最恰当的交往方式，正因为存在着性别的差异，异性友谊才显得更加引人注意。异性友谊很多都可以发展成为爱情，所以它经常会招来流言飞语，使人们面对异性友情止步不前。

实际上，与异性朋友交往，能够处理好双方的关系，将使自己受益匪浅。男女之间，由于性别差异，因而有着迥异的性格。性格的互补，往往成为友爱帮助的互补。异性朋友之间的这种帮助是同性朋友之间爱莫能助的。

一次，几个小伙子在酒吧聚会，大家一边品着咖啡，一边低声议论着什么。但是这种平和舒缓的气氛没能持续多久，席间就有两个朋友因为观点不一致而吵了起来，而且越吵越凶。最后，朋友们劝说也不顶用，他们几乎要动起手来了。就在这时候，小伙子们的一位女性朋友来了。一见这阵势，她就明白发生了什么事了，于是这位女士和颜悦色地说："都怎么了？有话好说，坐下来慢慢谈嘛！"两位小伙子一听，倒感到不好意思，便又坐下来，重新变成绅士，与刚才脸红脖子粗的样子判若两人。

年轻人在与异性交往过程中，由于人们的观念往往各不相同，有的人常会错把友谊当做爱情。如果处理不好，不仅会损害双方的友谊，而且会给双方带来不必要的痛苦。因此，我们应该认真对待友谊与爱情的问题，不要混淆两者的概念，以至于走入误区。

异性之间的友谊不同于爱情。友谊是没有排他性的。生活中，人们不能没有友谊。青年男女经常在一起学习、工作，进行思想交流，无形之中就会建立一定的友谊。但这种感情不同于爱情，爱情是超越友谊的男女之间的一种情感，是男女间基于一定的客观物质基础和共同的生活理想所产生的一种互相倾慕、爱恋并渴望对方成为自己终身伴侣的特殊情谊。爱情具有专一性和排他性，最终是通向婚姻；它和友谊有着本质的不同。

过去那种"男女之间只有婚姻没有友谊"之类的观念，在今天来说是极其片面的。这种处世观念把男女之间的人际关系狭隘地控制在一种"性别之交"的范围内，那仅是从人的自然属性出发，而没有考虑到人的社会属性。这种错误的处世观念往往会让朋友交往进入误区，造成不必要的麻烦。

真正的异性友谊是人们在交往中相互理解、相互信任的基础上建立起来的亲密情谊。它有两个重要特征，一是超物质性，正如君子之交淡如水的道理，不得有一星半点的物质玷污；二是超功利性，其间不能夹杂任何的利用的卑鄙目的。

为保证异性朋友之间友谊的神圣纯洁，异性交往，应掌握好下列原则：

第一，不宜有非分之想

面对热情的异性朋友，要洁身自好。小伙子才华出众、性格开朗，年轻女士多才多艺、温柔美貌，无论其结婚与否，这些都会引起异性的爱慕。与异性朋友交往切忌虚荣轻佻，玩弄他人感情，切忌见异思迁，把握不住自己的感情，禁不起异性对自己爱慕的诱惑，轻率地背叛自己的爱情。

第二，提醒对方自己已有家庭

在爱慕自己的异性面前，最简单有效的办法就是提醒对方你是有夫之妇或有妇之夫。在异性面前，表明自己的态度要重于尊重对方的感情，因为这不只是你们两个人的事，还牵涉道德、法律、义务等各个方面，千万不要掉以轻心。如果你没有能力把这种情感拉到正常的友谊之路上来，为了避免今后的纠葛，最好的办法是尽快地疏远、回避。因为到了这个时候回避可能是最好的办法，因为一旦你卷入一种不正常的情感纠葛中，会出现很多意外的情况，有的甚至会酿成非常严重的后果。

第三，坦诚相待

与异性朋友交往不宜隐瞒事实，应该坦诚相待。已婚男女与异性交往，最好让对方知道。如果你的异性朋友不认识你的丈夫或妻子，你应该介绍他们相识。若有单独的交往，也要告诉你的爱人，避免引起误会，影响夫妻感情。切忌背着自己的爱人，与不相识的异性交往。

与异性朋友交往应该热情大方。已婚男女和异性交往，和未婚男女的最大区别，在于这种交往是纯正的友谊而不包括丝毫择偶因素。所以这时的交往，应一扫少男少女的腼腆羞涩而应落落大方。

对待异性友谊要多一点理性

异性之间把关系相处好，关键是要把距离和分寸掌握好，然而现实中，控制不了“度”的事时有发生，这样友谊就很难建立起来了。

女性与异性交往的时候，从思想和理智上要分清友谊和爱情的界限，严格地用理智将异性间的交往控制在友谊的范围之内。当一方有恋人或已经成婚时，交往的双方应该更加注意自己的言行，以免因疏忽给他人带来烦恼和痛苦。

但是在现实生活中却并非所有的女子都能自尊、自爱，自控适度。经过较长时间的独处，有的女子往往容易放松心理防线，往往会逐渐由厌烦变得忐忑不安到习以为常直到产生朦胧好感，直到心理防线完全崩溃，双方失去理智并最终发生不轨行为。

> 某单位新进来了一个女研究人员，某上级领导不知道是出于关心的目的还是有别的企图，晚上经常单独来访，一开始她不好意思拒见，只好以礼相待，经常聊到深夜。两个多月过去了，有一天，该上司忽然求欢，言辞恳切，信誓旦旦，该女子一时感情冲动，竟然顺从了他。后来这该女子才发现自己上了该上司的当。

理性地看待异性友谊就会避免正常的交往出现难言的尴尬局面。异性之间交朋友，共同面临的一个问题就是“性”。如果双方不能突破这一层面，那么友谊是不可能建立的，因为“性”这个问题是男女交往必须解决的一个问题。

性别差异确实是男女之间发展友谊不可小视的障碍。女人在与男人约会和交往中最头疼的、最伤心的事就是：性在男人心目中总是存在。尽管很少有男人会同意这一观点，但女人的这种看法常常使她不愿意去求助于异性的友谊。很多女人都曾说过：“我从来没和任何男人有真正的交往，我想，性总是男女之间的一个问题。”男人也常有类似的看法，他们常在异性朋友结婚或有了确定的情人之后主动和她断绝交往。问他为什么，他会回答说：“我担心会引起不必要的误会。”

性一旦介入男女之间的友谊关系，那种特有的自然的给予和接受就会变成一种交易。那么，我们该怎样正确地把握与异性交往的“度”呢？心理学专家建议你做到以下几点。

第一，不能过分随便

男女之间交往过分拘谨固然令人生厌，但也不可过分随便，诸如嬉笑打闹、你推我拉之类的举止应力求避免。须知男女毕竟有别，有些话题只能在同性之间交谈，有些玩笑不宜在异性面前乱开。

第二，不必过分拘谨

在与异性的交往中，要注意消除异性间交往的不自然感。在心理上，应该像对待同性朋友那样去与异性交往，不应有任何矫揉造作和扭捏作态，那样反而会使人生厌。

第三，不宜过分冷淡

男女之间交往时，理智行事是必要的，但不应过分冷淡。因为这样会伤害对方的自尊心，也会使人觉得你高傲自大、孤芳自赏，不可接近。

第四，不可过分卖弄

在与异性的交往中，如果想卖弄自己见多识广而口若悬河，丝毫不给别人讲话的机会；或者在争辩中有理不让人，无理也要辩三分，则会使人反感。当然，也不要总是缄口不语，或只是“嗯”“啊”不已，如果这样，尽管你面带笑容，也会使人觉得你城府太深，令人扫兴。此外，男女交往时要注意自尊自爱。

尊重女性要体现绅士风度

所谓绅士风度，原指表现在男人对女人的尊重上，一切体现女士优先的原则。绅士风度从某种意义上讲是一个文明社会的标志。然而在我们的生活中，许多人将绅士风度表现仅在单位和熟人之间，一旦身处公共场合便会忘记了社会公德和风尚。

中华民族具有爱幼、尊老、谦让等传统美德，如果我们能把绅士风度和传统美德有机地结合起来，将爱心表现在公共场合，也就是将绅士风度表现在公共场合。

在公共场合，男人彬彬有礼，具有绅士风度，不仅可以表现文明社会男士的道德风范，也可以看出一个男士的受教育程度。有的男士因与女友相处不得要领，结果不欢而散。其实，男士的风度不仅应表现在与女友的交往中，还应表现在日常生活中对女士的态度上。

男人绅士风度体现在如下几个方面：

第一，彬彬有礼，风度翩翩

当你和女友约会时，如果你能礼貌周到，她就会觉得跟你在一起很光彩，别人看在眼里也会暗自赞叹。但有的男士却习惯大大咧咧不注意自身的形象。在公共场合，千万不要挽着她横冲直撞，或是大声和她讲话，这样会使她感到尴尬。

同时，与女友约会时最好不要迟到，稍稍提前一点点到达约会地点，女性往往比较矜持一点，迟到也无伤大雅；如果你也要耍性子，故意迟到，那就有失风度了。如果不小心迟到了，见了面一定要马上说明情况并道歉。如果她硬是得理不让人，千万不要生气，你可以用幽默的口吻来缓和这个矛盾。

如果你与一般的女性朋友走在街上遇到熟人，你不能把她晾在一边没完没了地与熟人交谈。你可以把熟人介绍给她，但是如果你必须与熟人谈什么事情而且三言两语说不清楚，可以另约时间见面或打电话联系。

第二，充满自信，坦然相处

小王刚工作不久，在与女孩子的交往中总是窘迫拘谨心情紧张，很不自然。到后来索性不愿和异性结交了，变得非常自闭。其实，有这种心理的人，往往把正常的社交活动看成一种神秘的事情。特别是未婚男女，心理存有顾虑，认为和异性交往总需涉及隐私和婚恋上去，或者太注重自己在对方心目中的形象，结果所表现出来的行为适得其反，导致对女性过分敏感和紧张。

所以，关键在于端正认识，把与女性交往作为扩大社交面的正常途径。记住这样一条原则：爱人只有一个，朋友却可以无数。有这种态度，在与女性交往时你也就坦然得多、自信得多了。自信和坦然是男士风度的一个标志。女性最不喜欢腼腆和胆怯的男孩子，她们认为这是最不成熟的表现。

第三、行为得体、落落大方

例如，你的女性朋友坐你开的车，你一定要打开车门让她先坐在副驾驶的位置上，你再坐到自己的位置上。当她要下车的时候，你要先下车，为她打开车门，在车内探过身子打开车门的做法不雅观。当然，也不能让你的女性朋友自己取出行李物品。

第四、积极主动、注意分寸

你应该先向所遇到的熟悉的女性朋友微微点头打招呼。如果某位女士向你走来，请你记住，如果她主动伸出手，你才能与她握手。

如果在舞会上有人给你介绍某位女士，你不妨主动找些适当的话题。刚开始认识，话题当然不能涉及私人问题，如年龄、收入、婚恋等，这些都是私人的秘密，除非她愿意主动告诉你；否则，贸然询问是很失礼的。

交谈过程中需随时注意对方的神色，注意话题能否吸引对方，使对方愿意与你交谈下去；否则，唠唠叨叨、喋喋不休会令人生厌，这时你应另外找个话题。

第五、女士优先、照顾周全

从生理上看，男人体格强壮，动作敏捷，所以，帮助女性减轻她们的负担，是男性绅士风度的突出表现。比如在餐厅就餐，一定要让女士先落座，方能坐下；点菜时，先询问女士的意见，倒茶递纸巾就更不必说了。就餐完毕，男士应先站起，等待女方离座，再帮她取下衣服，为她穿上。进出门口，走在她前面，替她开门。

绅士风度是西方国家公众，特别是英国男性公众所崇尚的基本礼仪规范。在公众交往中注意自己的仪容举止，风姿优雅，能给人留下良好的印象。尊重女性是男子汉绅士风度的体现，它能使每位男士魅力倍增，从而更使得自己受到女性的欢迎。

与男性交往的原则和技巧

社会交往中，一般是男性主动和女性交往，但也有一部分女性尝试着主动和男性靠近，只不过是要遵循一些原则和技巧。

女性在与男性交往的时候，是有其特殊性的，自然也就会有需要特别注意的特殊原则。

原则之一：平衡

一般来说，美丽女性的性格是比较脆弱的，情绪也容易波动，所以应当遵循平衡的原则。平衡原则是人类行为当中的基本原则，是指某种心理现象，会使人产生紧张并出现某种行为，紧张过后行为消失，并出现平衡状态。比如人们因需要水而心理紧张，获得水后紧张便会消除。但是，有时心理作用朝着紧张的方向发展的时候，要想消除是非常不容易的。由于持续的紧张往往被压抑在潜意识中，所以对正在发生的紧张心理现象，应使它持续到自然消除为止，这样才能获得良好的适应。

每个人都可能经常产生一些紧张情绪，我们在与人共事或谈话时要注意，必须选择对方（也包括自己）的紧张情绪消除的时候进行，这时候才是比较好的一个时机。若是正当对方心情不好而你又去打扰，只会引起人家的反感。

原则之二：容忍

女人一漂亮，就容易对别人苛刻，同时嫉妒你的人也可能会多起来，所以讲究容忍，是希望你能学会豁达，不斤斤计较，不嫉恨别人。

原则之三：谦虚

谦虚能使你获得朋友，使你在人们心目中的地位日益提高。切不可因为自己漂亮就得意忘形，趾高气扬。

原则之四：尊重友情

相貌美丽的女性一般朋友也比较多，很明显，当一个人长得漂亮的时候，大多数人都愿意去接近。这时，你要学会尊重友情，尊重友情会使你获得许多朋友，特别是异性朋友。但相处一段时间以后，又可能容易对朋友失望。偶然因为李某曾对她瞒过一件小事，或陈某对别人评论过她，便觉得朋友不可靠了，认为世界上根本没有友谊这东西。这种脆弱的情感，是娇小姐的作风，应当克服。

以上的一些原则，只是女性在与男性交往过程中所需要注意的一部分问题。实际上，作为一个女性，要做到很顺利地和男性交往就必须先了解男性。中国古语说，“知己知彼，百战不殆”，只有当你先了解了男性之后，才能在和他们交往的过程中做到游刃有余。

男性的心理特点与女性是完全不一样的，所以，女性在与男性交往的时候，就应该在处事方法上有所注意。首先要辩证地看问题。了解男性，要从动态的角度出发，而不是以静止的态度看问题。人是活生生的生命体，他的思想、品格、经验每时每刻都在发展，在变化，要认清他的主导方向，他思想脉络的主流，要以宽容的态度对待他身上的小缺点，不能忽略其难能可贵之处。其次要全面地看问题。了解男性，不可以偏赅全。在男性身上，往往优点与缺点并存。倘若不能全面看待他，从总的方向把握他们的特质，就可能失之偏颇。

聪明的女人接近男性的方式方法如下。

方法之一：间接法

一是造成“万绿丛中一点红”机会的秘诀。只要是有男性在那吞云吐雾、吹牛聊天的地方，你尽可以笑嘻嘻地走到他们这个人群里，一般来说，他们在这时绝对不会在谈正经事，一定都是闲得无聊在那里侃天说地。你若是在这个时候，加入他们聊天的圈子，他们一定会搬张椅子来，请你坐下，这就是“一点红”的情形。男性在这个时候，都会欢迎女性的加入，所以看到你，他们会说：“来！过来坐坐吗？”造成这种机会之后，你可能就是他们经常邀请的玩伴，或是和他们之中的某一个人约会。

一般情形之下，女孩在最想接近异性时，也是最难下定决心、最难接近的时候。当你正要和异性擦身而过的时候，最好停下来，不要真的擦身而过。

二是利用帮忙的机会加深印象的方法。若是他要加班，自己的工作虽然和他没有直接关系，你也要说：“反正我也没事，帮帮忙嘛！”这样，你就可以替他倒杯茶，整理桌面的一些资料什么的，清理环境，可能的话，你也不妨帮他处理一些事项。若是他加班到很晚，好不容易工作才告一段落时，你可以找个轻松的话题和他聊聊，让他感觉你的平易近人。这种情形多几次之后，你们就会相处融洽。

方法之二：直接法

一是投资作战。男性在处理金钱方面会比女性更花脑筋，但是，这是否真是他们的习性，就不得而知了。在结交女朋友的同时，会考虑到花多少金钱的男士占八成，所以经过一番计算，若是觉得不划算时，许多男士就借此打退堂鼓了，因为他的背后可能还有一大堆书要买、房租未交等问题困扰着他。所以，为了避免男性的不好意思，女性若能主动负担费用，就可以消除交往时的障碍。譬如说你买了两张电影票，对他说："我这儿有两张电影票，不知道你晚上是否有空？"如果他拒绝你，你就将这两张电影票转卖，减少你的损失，或是先请好对方，再来买票也不迟。

二是利用贺卡、信件的方法。一张简洁的贺年卡、探望卡，相信无论是寄的人或是收的人，都不会像对普通信件那样看待，而且收的人一定会对寄信人存留有好印象，认为"她还不错嘛！还会寄贺年卡给我"。

若是你从旅行的地方寄张旅游明信卡片来，虽然他的家人不会太在意类似的卡片，但是，他一定会将你的心意埋藏在心底。

在未彻底了解他内心想法的时候，就不要写内容过多的信，要慢慢地等他一段时间。

知道他生日时，你不妨给他寄张生日卡，表示你对他的倾慕，借着这张生日卡，也就等于阐明了你的心意。

尽量找些借口，写些简单的明信卡、贺年卡给他，这样以后见了面，他也会和你打招呼了。

方法之三：观察法

通过观察去了解男性，是一个良好的途径。观察法是指在特定的环境中，对某个男性的各种表现、待人接物等方面进行考察，得出综合印象，再经过自己的分析加工，最后把握其本质特点。这种方法是最易于实行的一种方法。因为它既不需要观察者去亲身接触其观察的对象，也不需要有意安排或预先准备，只需要经常与其一起参加活动，能够在各种场合中看到其表现就行了。通过观察我们可以了解男性遭遇各种事情时的态度、方式、风格、优点、弱点等。需要注意的是，通过一两次的观察，很难完整地了解一个人，所以必须经过一段时间，从各个方面去了解，才能得出对一个人的综合评价。

方法之四：交谈法

在谈话的过程中，我们可以很轻松地了解一个人，要注意的是，在交谈中不能有任何不适合的气氛和环境，应当创造一个自然的、愉快的、轻松自如的谈话气氛。不一定要有目的地提什么关键性问题，可以随心所欲地谈些无关紧要的话题。在谈话中，通过男性发表的对各种各样的问题的看法和采取的态度，去把握他的心理。要善于区分对方的话语中哪些是真实的、能够体现其个性的语言，哪些是信口开河、不表示任何意义的语言。

方法之五：激将法

激将法的秘密在于其所运用的逆反心理。所谓逆反心理，指的是在某种特定条件下，某些人的言行跟当事人的主观愿望相反，产生一种与常态性质相反的逆向反应。举一个最简单的例子，你当着某位男性的面，说他做不了某件事情，对此有些失望等，他便会立刻想方设法去做成这件事，让你知道你对他估计错了。通过这一激一反，你可以从中观察出他的心理特点和性格中的独特之处。但是，逆反心理毕竟是不健康和违背客观的反常心理。在运用这种方法时，要注意分寸，要从善意出发，否则容易闹出不必要的危险。

方法之六：间接了解法

通过与被了解者的朋友、家人、同事、上下级等人交谈，从这些人的反应中获得材料。这种方式所获得的材料，仅是第二手材料，不如前三种方法所取得的材料可信度高。间接了解法可以得到一个大概的印象，脑海里会形成一个初步的判断。

总的来说，作为一个女性，当你通过不同的方法了解了你所想要交往的对象后，那么，在接下来的交往中就可以做到有的放矢，双方会有一个很愉快的开始。

独立的女人最有魅力

每个女人在梦想中，都希望有一个有主见、有魄力的男人做自己的护花使者，以为这样自己才能安全。然而事实上，现代男性对那种娇弱的林黛玉式女性都比较反感，反而认为一个拥有一定独立能力的女性才是自己的最佳伴侣。所以，想要牢牢地抓住男人的心，成为婚姻生活的成功者，你就必须学会独立，让男人对你刮目相看，立刻对你展现出热恋时才有的甜蜜。

2010年，晓露和丈夫走进婚姻的殿堂。晓露是一个温柔漂亮的小女人，可爱的她总能想办法将烦闷中的丈夫逗乐。因此，丈夫很爱晓露，她的一言一行都让他怜惜。

相比较如今那些时尚女性，晓露可以说非常传统。刚结婚的时候，她和丈夫的感情很好，晓露也因此备受人们称羡。人人都这样说："瞧瞧，还是这样的女人讨男人的欢喜，凡事都让男人做主，这才能表现出他们的男人气魄!"

但是，也有人对她这种行为看不惯，那就是她的表妹郭襄。郭襄正在读大学，思想积极，与晓露的性格有很大的反差。每当看到自己的姐姐在姐夫面前表现得没有一点主见时，她就会拿自己的观点来反驳她。

"姐，现在都什么时代了，你还在遵循着以前的'三从四德’，你不觉得自己的生活很枯燥乏味吗？”很多次，郭襄都这样说自己的表姐。可是晓露并不生气，或许她是天生的好脾气，每当听到表妹这样说的时候，都只是微笑着，从不和她争辩。

晓露原本以为，自己的幸福生活会永远持续下去，谁知道没过两年，她的生活出现了前所未有的危机，丈夫在外面找了别的女人。而这一切，正是因为自己总是听丈夫的造成的。

当从别人的口里听到这个事情后，晓露伤心得哭了。可是，她并没有将这件事情告诉别人，甚至还一如既往地照顾着丈夫。晓露这样安慰自己：或许是这些年的生活太平淡了吧!人们都说生个小宝宝就能将丈夫的心收回来，我还是赶紧给丈夫生个孩子吧！

就这样，晓露没过多久便怀上了丈夫的孩子。临产前的一段时间，晓露住在娘家，她希望给丈夫足够的时间冷静，更希望他能回心转意。可事态并没有向着她希望的方向发展，丈夫在宝宝出世的第二个月就提出了离婚。丈夫这样对她说：“咱们还是离婚吧，生活平淡、乏味，没有激情，这样的日子，又有什么意思呢？”

丈夫的话，让晓露流下了伤心的泪。最后，晓露还是和丈夫离婚了，可是她始终不明白，自己到底哪里做错了，让丈夫离自己远去。

晓露之所以遭到了丈夫的抛弃，一方面是因为丈夫的薄情造成，而另一方面，则是因为自己太过保守和古典，始终都存在着“在家从父，出嫁从夫”的念头。或者说，晓露本是一个好女人，但完全依附男人的行为是愚蠢的，因为一味地听话，反而让丈夫认为生活毫无乐趣，因此失去对她的好感。所以说，一个女人可以依靠男人，但是决不能依赖男人。给自己塑造一些独立的气质，那么男人反而会感觉你魅力超群，自然对你迷恋不已。

那么，一个女性如何塑造自身的独特气质呢？以下这几个方法，可以轻松让你打造那份迷人的独立味道。

第一，不当全职太太

过去的女性在结婚后，迫于家庭压力，不得不成为全职太太，在家忙活家务、带孩子，然而随着时代的变迁，女性的地位正在一步步地提升，新时代的女性应该有自己的事业，有自己的梦想，而不应将思想停留在过去，每天都围着自己的丈夫、孩子、公婆打转。

可以说，任何一个聪明的女人都不会轻易辞去自己的工作，在家中撑起那个“全职太太”的名号。因为她们知道，掐断了自己的经济来源后，自己在家庭中的分量就没有了。所以，我们不能因为婚姻就放弃自己的工作，放弃了自己的独立。

圆圆在工作中认识了一个男朋友，两个人的感情很好，很快便举行了婚礼，过上了幸福美满的婚姻生活。可是婚后，公公婆婆总劝圆圆将自己的工作辞去，好好待在家里照顾丈夫的日常起居。

公公婆婆的心理，圆圆非常理解，可是她知道，现在时代不同了，女人应该有自己的自主权才是。但是，她又不能正面拒绝公公婆婆的提议，于是只能尽量回避这件事情。对于这件事，老公也很支持自己，所以她就把主要精力放在了工作之上。

一次，公公婆婆来家里看他们，发现家里乱七八糟的，就生气地责怪圆圆不会收拾家务。可圆圆没有放在心上，她早就知道会有这么一天，于是悄悄地躲在丈夫身后，任凭他们指责。

其实，圆圆夫妇也知道自己的家里很乱，但是他们平常工作非常忙，所以很难有时间专门打扫卫生。这件事后，圆圆和丈夫约定，每个周末的下午就是家中大扫除的日子，由两个人共同承担责任。事实证明，两个人一起打扫的效率就是好，不仅增进了夫妻之间的感情，还有效地调整了婚姻生活的枯燥。

圆圆总能在生活中制造一些小乐趣，让丈夫始终有种处在热恋中的感觉。而丈夫则是百般地疼爱她，倘若圆圆犯错了，就会用特"制的家规"处置，即为丈夫端茶倒水，包括按摩。当然，圆圆的事业也是越来越好，没几年成为了公司的中层领导，这下子，丈夫更迷恋她了，总在夸她是个"好老婆"。

圆圆的这种生活，正是现代社会所提倡的。独立进行自己的事业，和丈夫共同分享生活中的点滴，这正是一个女性所追求的独立。只有这样，你的丈夫才会对你感到永远新鲜，永远在你的身边。

第二，小问题自己做决定

有些女性朋友认为，把家里的一切决定权都给予丈夫，甚至连一些自己的私事也要通报丈夫，这能够让丈夫感到成就感，对家庭和谐有帮助。诚然，让丈夫做决定，这是你对他的一种尊重，可是如果事无巨细的话，那么这同样会引起丈夫的反感。

一天，黄鸣正和客户谈生意，这时他接到了出差归来的老婆的电话。他简单地交代了几句后，又和客户投入讨论之中。

可是没几分钟，老婆的电话又打了过来："老公，火车晚点了，晚了一个半小时，回家的末班长途车已经开走了，我该怎么办呀？”

“实在不行，你就先找一个旅馆住下，火车站那边有一家不错的旅馆，等下我发短信告诉你地址。”

“啊？要住在这里一晚？去哪里住呀？会不会遇到坏人？会不会被抢？会不会……不行不行！我，我害怕……老公，要不你从家里赶过来接我吧……你快点想办法啊！”

黄鸣答应他，忙完工作就赶紧过去。可是刚放下电话，老婆又打了过来：“老公，你忙完了吗？赶紧过来呀！我现在该怎么办啊？什么？你还没谈完？那这样吧，你必须和我保持联系，每隔五分钟我们通一次话。”

自然的，黄鸣这笔生意没有顺利拿下，因为他一遍遍地接电话，早已引起了客户的反感。因为这件事，黄鸣被公司点名批评，他自然对老婆感到不满意，因此总在生活中给老婆脸色。于是两个人的关系，就一点点破裂了。

怎样和你的恋人说话

相恋中的女性，甚至结婚已久的妻子，她们都特别喜欢听那些甜蜜的情话。在她们眼中，对方是否能够为自己说点甜言蜜语，这是是否爱自己的一种表现。如果恋人能对自己说出甜蜜的话，那么，她会感到很温馨，立刻回馈你的爱。所以，作为伴侣的你，巧言妙语是必不可少的。如果你爱她，那么言语里就应多多“蘸蜜”，这样才能让她在第一时间对你表现出更加炽烈的爱。

刘瑜和妻子结婚已经三年了，可是因为刘瑜经常出差的缘故，他和妻子在一起的时间并不是很多。正因为如此，有一次他听朋友说，妻子在外面和一个男性纠缠不清。后来，刘瑜的确发现了他们之间有隐情，可是刘瑜很爱自己的妻子，他不愿因此和妻子分开。思前想后，他给妻子写了一封电子邮件，其中尽是甜蜜的话语：

亲爱的，今天特别想你，想你在我的身边。你到底在哪里呢？要怎么才能找到你？只要能遇见你，抱着你，亲吻你，这就是我最大的幸福。

你现在的发型是什么样的呢？该不会因为上次烫发失败，被你全部剪了吧？不过没关系，只要是我的你，不管怎么样我都喜欢。

你要记得，你一定要活泼、温柔、体贴，因为我偶尔的情绪低落需要你的关心。你也一定要和我爸爸妈妈相处好，因为我爸爸妈妈只有我一个儿子。他们把自己的宝贝都给你了，你当然得对他们好。

你更不能花心，要永远觉得我是你的唯一。你还得会唱情歌，只唱给我一个人听，哪怕五音不全也是我心中的第一。

因为你永远是我的唯一，别的女人再好再漂亮，她只是别人的，而你是我的。等我回去后，一定要对你唱《唯一》，因为这能表达我爱你的心情。我会鼓励你做你想做的事，因为那会使你快乐，快乐最重要；我还会给你做好吃营养的饭菜，让你健健康康，我还要给你挑好看的手链，挑漂亮的衣服，让你精神地迎接每一天，让所有人羡慕我有个好漂亮好精神的你，羡慕我们的爱情！

亲爱的，我已经看见你了，你，看见我了吗？

当刘瑜的妻子看到这封邮件后，不禁感动得潸然泪下。此时她才发现，原来最爱自己的，正是自己的丈夫。从这以后，她再也没和那个男人联系过。而刘瑜也通过关系调动了工作，不再总是各地奔波。一年后，他们的儿子出生了，一家人更加亲密，多次被街道评为五好家庭。相信任何一个女性看过这封信都会无比感动，认为这样的男人才值得自己托付一生。

其实，你对爱人的甜言蜜语可以有很多，爱人永远不会对这些感到厌倦。当你对着心爱的女人说出这些话时，她一定会感动得热泪盈眶，立刻认定你就是值得用一生去爱的人，从此一辈子与你长相厮守。

当然，说出你的爱，让恋人感受到你的甜蜜，这并不一定要直截了当地表达，很多时候巧妙地表达爱意会有更好的效果。可以说，巧言妙语是爱情的黏合剂，使双方的感情更加深厚、更加亲密无间。

第一、借物传情表达甜言蜜语

也许你会觉得，对于深爱着的她，有时单纯的语言并不能表达自己的内心。这时，你可以借物传情，这种甜言蜜语，会更能俘获爱人的心。

小刚和蓉蓉是大学同班同学，双方交往日久，可因为双方都很腼腆，谁都不好意思先把这层窗户纸捅破。偏偏蓉蓉又十分优秀，追慕者极多，小刚心里着急，却又不知该如何表达。

情人节快到了，小刚终于想出了办法，他到礼品店选了件小礼物，又买了张贺卡，签上名字，送给蓉蓉。蓉蓉拆开盒子一看，原来是一颗银质的被分成两瓣的“心”，蓉蓉拿起两瓣“心”拼到一起，竟听到“心”中传说出话语来：“Darling，I.Love you!”(亲爱的，我爱你)

就在这时，蓉蓉的电话铃响了，是小刚打来的，他对蓉蓉说：“听见我的‘心’对你说的话了吗？好久了，我一直想对你说，今天终于说出来了，你能接受我吗？”

故事的结局当然是十分浪漫，小刚在情人节赢得了蓉蓉的芳心，也为自己赢得了幸福。

小刚使用的是含而不露的巧妙办法，这种方式适合于双方早已认识，有了较多的了解，而且双方又都是具备一定教养的人。这种方式发出的信息比较模糊，不至于对方一拒绝就无法挽回，即使被拒绝也不至于使双方都十分尴尬。

第二，昵称表达甜言蜜语

一提起表达爱意，很多人都会将它同隐私相联系，总是感觉只有两人独处、耳鬓厮磨时才能表达自己的爱。其实不然，表达爱意不仅仅包括“我爱你”“我想你”之类的柔情话语，同时也包括那些只有两个人才懂得的私人用语，比如情侣之间的昵称，就属于这类私人用语。其中意味只有你们两个知道，外人无从知觉，即使在大庭广众之下说出来也无伤大雅，还会增进感情。

刘晔与其女友是同事。一日午休时，刘晔见女友睡意蒙眬，无精打采，便上前问道：“你看你，睡眼惺忪的，好像只猫似的。”

其女友也不示弱，立刻回敬道：“哪像你呀，吃饱了的猴，就知道撒欢儿。”说罢两人会心地笑了。原来刘晔与其女友私下里经常以“小猫”和“懒猴”互称对方，此中传达的爱意，自是外人无法领会的。

昵称是衡量一对青年男女之间的感情的一个重要标准。男女之间由相识到相知，再到相爱，这是自然的发展过程。这种发展过程不仅从双方眼神的暗示中可以看出，而且从双方的称呼变化上也可以体察出来。所以要想增进感情，用一些巧妙的昵称同样可以打动恋人的心。

第三，间接传达甜言蜜语

有的时候，也许甜言蜜语你会感觉很难说出口，这时，你不妨利用其他方法，间接传达出甜言蜜语。

尼克和珊妮青梅竹马，尼克在向珊妮表达自己的爱情时说：“我已爱上一个人，决定向她提出求婚……”此刻，一直深爱着尼克的珊妮心里急了，她问：“你能告诉我，你所选择的恋人是谁？”

“可以。”尼克一面回答，一面将一个小方盒递给了珊妮，并接着说：“在里边，你打开它，便会知道。”珊妮怀着忐忑不安的心情，小心翼翼地打开小盒子，里面只有一面镜子，镜中照出了珊妮自己美丽的容貌，珊妮顿时恍然大悟。

像这样的“另类”甜言蜜语，有时甚至比直接说出更奏效。因为，它给爱人带来了一种前所未有的浪漫之情。而浪漫，这是俘获女人心的“撒手锏”。

有人说，女人是属蜜蜂的，因为她们有爱听温柔、甜蜜语言的天性。在大多数女性的意识中，甜言蜜语最能表达爱人对自己的迷恋，这份感情是任何物质都比不上的。所以，作为男人的你，不要总那么“沉默是金”，而应该主动凑到爱人的耳边，说些让人感到甜蜜的话。让甜言蜜语感动你的爱人，你也能第一时间得到对方的爱。

学会正确散发自己的魅力

每一个女人都渴望自己有着天使般的面庞，渴望走到哪里都会赢来赞赏的目光，毕竟没有人会对漂亮说拒绝。也许，你恰恰就是人们眼中的美女，吸引了不少男性的注意。可是，你万万不能将漂亮当做幸福的资本，因为那样你会输得很惨。因为，没有几个男人会永久地蒙受出尔反尔，没有几个男人可以招之即来挥之即去。甚至有的时候，漂亮的脸蛋反而是女人的不幸，越是漂亮，身边心怀不轨的男人就越多，爱情的陷阱也就越多。

因此，作为漂亮女人的你，就应学会正确散发自己的魅力，那样才能让心仪的男人永远在你身边。

在所有朋友的眼里，芮琪是一个迷人的美女，因为那么多男孩子都拜倒在她的石榴裙下。也正是因为自己的漂亮，芮琪的心里一直有这样一个美梦：终有一天，自己心目中那个帅气又有钱的王子会来到自己身边，然后将大束的玫瑰花送到自己面前……

芮琪认为，自己的条件这么好，想要找到心目中的白马王子，自然是非常轻松的事情。终于，在一次宴会上，芮琪见到了心目中那个“王子”。经过朋友的介绍，他们很快就相识了，男人是个十足的大款，出手很阔气，从来不计较钱的问题。这一点非常符合芮琪的择偶要求，所以，他们顺理成章地结合了。

可以说，芮琪的美貌绝不亚于那些明星，所以，当她的王子第一次见到她的时候，眼睛都直了，对她百般疼爱，几乎什么都依着她。而芮琪自然也感到幸福无比，认为自己的愿望真的实现了。

后来，芮琪在男人的建议下，辞去了原来的工作，到男人专为自己买的别墅中做阔太太。站在偌大的别墅中，芮琪不禁暗笑，没想到自己的愿望就这样美梦成真！

不过，让芮琪稍显遗憾的是，她的王子每天工作都很忙，来看自己的时间并不多，只是每个月都会按时给她高额的生活费，并由专门的司机带她逛街。

当然，在最初的几个月里，芮琪很享受这样的生活，她觉得这样的生活就是一种享受。但是时间久了，她觉得有些孤单，毕竟自己已经很长时间没有和朋友们联系了，而且男人一个月里也不会回来几次。

于是，芮琪再见到她的王子时，说想回家看看父母，并想借此机会介绍他给家里人认识，但男人的反应却让她大为吃惊，并告知了她一个震惊的消息：他已经结婚了！

这个消息给了芮琪当头一棒。结过婚了？为什么没有人告诉她男人已经结过婚了？

芮琪心理非常难受，倒在床上大哭了起来。她没想到，自己成了一个“小三”。不过哭完之后，她开始逐渐冷静，并果断地作出了一个决定：既然男人愿意和自己在一起，就说明他的婚姻生活出现了危机，凭着自己的年轻美貌还不能让男人离婚吗？

芮琪从小就是一个敢想敢干的人，于是她立即开始了自己的计划，亲自烧好吃的饭菜，然后打电话让男人“回家”吃饭，自己则会精心打扮一番，想尽办法讨男人的欢心。她的这些做法令男人很高兴，而且也越来越喜欢她。芮琪抓住这个好机会向男人摊牌，她说自己怀孕了，希望男人给她一个幸福的家。

可是芮琪没想到的是，当自己的王子听到这个消息后，吓得魂飞魄散，至此再也没有出现过。后来有人给芮琪送来一笔钱，并告知了男人的情况。原来，男人的财大气粗全都是靠着妻子那座大山，所以让他离婚简直就是痴人说梦。送来的钱是要让她妥善处理掉孩子，至此谁也不欠谁。

拿着这笔不菲的钱，芮琪却一点也没有高兴起来，反而抱头痛哭。她明白，自己不仅失去了爱情，更失去了宝贵的青春。

芮琪在爱情中遭受打击，关键就在于她不明白，美貌不等于魅力，不等于幸福。由此可见，漂亮并不是幸福的资本，有时反而是害人的凶器。想要利用漂亮来得到男人的爱，这是非常不聪明的行为。

所以，对一个女人来说，必须正确认识什么是魅力，怎样散发魅力，这样才能抓牢爱人的心，让他一辈子永远守在你的身边。

第一，不要让自信变成自傲

如果你问100个男人，“什么是女性的魅力？”他们中可能有99人会这样回答你：“自信。”的确，我们都知道，女人贵在有自信，有气质。大凡有自信的女人，我们一眼就可以看得出来，因为自信的人总是精神抖擞、容光焕发，魅力十足。

可是，如果女性的自信超出了正常的范围，变成了自傲，那么她的魅力就会大打折扣。

刘丽今年已经28岁了，她有着一副令人迷恋的美貌，更有着研究生的高学历，可是，她却依旧没有找到男朋友，这令大家感到很奇怪。其实这怪不得别人，尽管她条件优越，可是她性格却非常高傲，每天都会摆出自己一贯的优越感。自然，没有男性愿意接近她。

终于，在她28岁时，通过朋友的介绍，她结识了一个比自己大一岁的男性。这个小伙子看上去很老实，不善言谈，但做事很认真，于是刘丽有点心动了。

可是当她了解到这个男人的家境后，又有些犹豫了。这个小伙子是大学毕业，家境很一般，上学的时候曾经借下不少钱，毕业后，男人为了尽快还清家中的借款，这才耽误了自己的婚姻。最后，在父母的规劝下，刘丽也暂时放掉成见，和这个男人开始交往了。

两个人刚交往时，刘丽很温顺，因为这个男人带给她热恋的感觉。就这样，交往没多久的他们闪电式地结婚了。

可是婚后，刘丽自以为是的形象完全暴露了，她从来不做家务，而且每天都要吃最好的。有时，她还嫌弃自己的公公婆婆，经常讽刺他们没有文化，做事不体面。男人的朋友们在场的时候，她也总是一副地主相，让男人很失面子。

一个这样的妻子，哪个丈夫能受得了呢？就这样，家庭危机终于爆发了。男人两天没有回家，刘丽再也忍受不了了，就对着公公婆婆撒气。她的话很难听，公公婆婆自然也不好受，于是打电话给儿子说了这事。

第三天，男人回家了，他将一份离婚协议放到刘丽面前："或许真的是我委屈了你，我们这破房子容不下你这样的高才生……祝你幸福!"这时候，刘丽傻眼了，她急忙想对丈夫解释什么，可是丈夫再也不听了。

刘丽之所以丢了自己的幸福，就是因为她不懂得"爱情面前，人人平等"的道理，认为真理都在自己的手里，自信心极度膨胀，以为这就是自己的魅力。

现实中，有不少女性与刘丽一样，以为自己的魅力可以让别人乖乖闭嘴。结果这样的行为，直接导致夫妻间感情失衡，丈夫不再喜欢自己，最终走向离婚的悲痛下场。

第二，小女人才能散发魅力

不可否认，有些女性的能力的确较强，于是她也愿意做一个全能型的选手，换灯泡、修理家电，那些传统观念中男人的工作她们样样精通。她们以为，这么做，男人不就更能看到自己的魅力了吗?

的确，女人能干，这确实能散发魅力，可是我们应该知道，这应当有一个度。如果女人这么全能，还要男人干什么?男人会觉得自己没有用武之地而悄悄离开。

所以，想要通过魅力抓住好男人，我们在表现聪明的同时，还应做一个小女人，不时地让自己变笨一些，给男人发挥的空间，也给自己一些空间。

甚至有些时候，明明就是一帆风顺，女人也应当制造一些小麻烦，然后可怜兮兮地向男人求助，男人便会非常乐意地充当救美英雄的角色。要明白，楚楚可怜同样也是女人的魅力之一。让男人心中充满优越感，这样会更加激发他对你的保护欲。

每一个女人都会有自己最具魅力的特点，这正是第一时间吸引心仪男性、抓住心仪男性的法宝。可是如果我们没有使用好，让这份魅力成为了男人的负担，那么你反而得不到爱情，只能收获伤心。所以，在男人面前展现魅力的同时，我们也别忘了一些小细节，莫不要让魅力成为你离婚和失恋的助推器。

第八章　家庭亲和力：亲情家园凝聚温馨

俗话说："家和万事兴。"一个深受众人喜欢的有亲和力的人，他的家庭一定是幸福美满的。人生的诗篇因为有了爱才显得光明美好，而家就是生长爱的花园，所以，对待父母、子女、兄弟姐妹，我们应当表现出足够的爱。

有事没事常回家看看

当我们渐渐长大，逐渐拥有了一份属于自己的自由，这时候你一定会兴奋地大喊一声："终于离开父母的束缚了！"诚然，对于从小到大都与我们形影不离的父母，我们总会若有若无地想要摆脱。人类天生都爱逞强，所以，当我们稍稍长大的时候，就认为不可再依靠父母，然后潇洒地有家不归。于是，我们常常忘了回家，忘了父母，全身心地投入到自己的"自由"之中。

现实中，抱有这样心态的人不在少数，甚至在"80后""90后"身上，这种行为更呈现了扩张的趋势。有的时候，我们会这样安慰自己："将来我会好好陪父母的！"就这样，这个"将来"一直延续下去。殊不知，你的父母在家里每天都盼着你回来，可是你的这种行为，却深深伤害了他们的心。

晓红经过了十几年的刻苦读书，终于考上了梦寐以求的大学，从而离开了父母。这下子，她像被放飞的鸽子，肆意地享受自由的快乐，再也不用因为父母的管束而必须在22点钟前睡觉；好奇地观赏风景，再也不用碍于父母的面子而压抑自己各种各样的欲望。

当然，初进大学的晓红，在刚开始还比较依赖父母，几乎每天都要和父母通一次电话。可是到了第二个月，晓红因为社团的精彩活动，逐渐不再和父母打电话；第三个月，晓红因为忙着交朋友而忘记了回家看看父母；第四个月，晓红因为准备紧张的考试忘记了给父母写信。可是，她并没有感觉任何不妥，反而认为自己大了，这样的行为是非常正常的。

有了这种心态，晓红和家人在一起的日子越来越少。寒假了，晓红只在家乖乖待了五天，其余时间都交给了早年的老友；暑假了，晓红直接在外实习打工；第二年，晓红去了更远的地方实习；第三年，晓红忙着谈恋爱；第四年，晓红准备研究生考试；第五年，晓红如愿考上了研究生，但是需要整天和导师一起考察、研究……总之，她开始逐渐远离了父母的视线，远离了父母对她的爱。

其实，晓红有时候也会这样对自己说："好想和父母在一起好好聚聚啊！"可是她又感觉到：自己实在"太忙了"。每当此时，晓红总会感到亏欠父母太多，但是很快她就会释怀："现在是打基础的时候，不能马虎，等我工作了，我就有时间陪陪爸妈了。"

一年年过去了，终于，晓红走入了职场，这下她显得似乎更加忙碌：她必须要认真工作，因为就业压力远不是她以往想象中的那么小儿科，她忙得晕头转向；不仅如此，工作后，晓红还失去了暑假和寒假，回家给妈妈做做饭、给爸爸捶捶背成为了奢望。

当晓红的工作逐渐稳定后，她开始了恋爱，整天和男朋友待在一起，恨不得将所有的时间都用来约会。再接着，她结婚了，有了孩子……晓红的心永远都有东西充斥着，回家和父母聚聚成为了奢望，渐渐变成了淡忘，后来成为了“大工程”，再后来就成了“无所谓”……

可是，晓红不知道，在每个周末，在每个佳节，她的父母都会坐在她曾经的床上，一遍遍翻看着晓红从小到大的照片。然后，老两口在不断的回忆中，流下了伤心的泪水……

看到这样的例子，你是不是也感到了一丝难过，看到了自己的影子？的确，人都是这样的，总会有各种各样的理由让自己“忙”，总会有各种各样的理由让自己寄希望于未来。

其实我们的心理也明白，无论怎样忙，这都是一个借口，都是你自私的借口、逞强的借口、忘了父母的借口。当然，也许在忙碌之时，我们并非真的有这种思想，但是，你确实这样做了。而这种行为，只会导致父母越来越伤心，越来越寂寞。

所以，无论你是一名大学生，还是一个忙碌的职场人士，都不要忘记常回家看看。因为，想念是虚无的，只有你真正做了，想念才能被称其为想念，爱才是实实在在的真爱。当你和父母坐在一起享受生活的美好时，你才能感觉到：小时候父母对你的爱并没有消失，它永远飘荡在你的身边。

当然，很多人也明白关爱父母，知道常回家看看，可是，他们只会给父母拿些钱，然后便匆匆离开。其实，这样的行为会更加伤害老人的心。因为在老人的眼中，和你坐在一起，这远非是金钱可以换来的。

所以，当我们重新回到父母的家里时，我们还应做到以下这些事。

第一、为父母做一碗粥

当我们回到了久违的家里，看着渐渐衰老的父母，心里自然有一丝酸楚。这个时候，我们不妨为父母烹饪一碗精心调配的粥。我们可以在粥里，适当加入芝麻、核桃、糯米、蜂蜜、甘蔗等，起到滋阴润肺养血的作用。更重要的是，当吃着这碗粥，你的父母一定会想起你年少时的样子，这样，老人的心理会倍感暖意。

第二、多和父母聊天

回到家里，我们不要再忙碌那些无关紧要的事，而是应当和父母坐在一起聊天，说说你最近的情况，问问父母的健康。通过聊天，父母不仅会感到他们存在的价值，还要让他们感到年轻人的心里始终装着他们，这样长期坚持下来，父母的心灵就会产生莫大的慰藉。同时，和父母经常聊天，甚至还能防止父母出现老年痴呆症的情况。

第三、为父母过一次贴心的生日

无论我们的工作如何忙碌，有一天我们必须赶回家里，那就是父母的生日。当然，为父母过生日并非说两句祝福、大摆一桌这么简单。给父母过生日，我们一定要投其所好。如果父母喜欢游山玩水，那就送他一次九寨游；如果父母身体欠安，那就送他两张保健卡；如果父母喜欢热闹，那就在饭店里订上一桌，一大家子其乐融融……无论用什么方式，你一定要做到：父母生日那天及时赶回家里。否则，你有多么好的庆祝方法也无济于事。

第四，及时与父母电话沟通

也许真的是因为工作原因，我们离父母的距离非常远，很难做到“常回家看看”，这个时候，我们就要保证与父母经常电话沟通，问问家里最近的情况，顺便也谈谈自己的工作，让父母了解你不回家也是有原因的。同时在电话里，你应当多说话，不要总是做一名“听客”，不假思索地说着“对对对，好好好”，那样父母就会感到你是在敷衍自己，从而感到一丝不被理解的落寞。

一般来说，你与父母的电话沟通应保证每周一次，即使工作再忙，也不能找借口推辞。

“老人不图儿女为家做多大贡献，一辈子不容易就图个团团圆圆……”歌曲《常回家看看》，用这样简单的话，描绘出了父母最直接的心理。所以，作为子女的我们，就应当经常回到家里看望父母，就像歌里唱的那样：“常回家看看回家看看，哪怕给爸爸捶捶后背揉揉肩……”

对待父母语言要温和

随着我们渐渐长大、走入社会，如今，我们和父母的交流已经越来越少，再没了小时候的那种亲密感。当面对父母时，我们总会有这样的想法：我已经成家立业了，不必再受父母的约束了。于是乎，我们说话的口气开始“冲”了起来，丢失了童年时的那一份尊敬。

也许在你看来，如此说话会表现出自己的“长大”，可是殊不知，我们这样做深深伤了父母的心。甚至，我们的形象在父母心中也大大降低，成为了长辈乃至外人眼中一个不讨好的人。尤其是当你对父母出言不逊时，你更会深深伤害父母的心。

杨虹的母亲是一位中学教师，小的时候，杨虹总是撒娇地依偎在母亲身边，让母亲给自己讲故事，让母亲抽出时间陪自己到少年宫学习画画，让母亲帮自己解决各种各样的难题。在母亲的疼惜、指导下，杨虹的童年生活非常幸福，也非常充实。在杨虹眼中，母亲就是最温柔的菊花，美丽、芳香。

一转眼杨虹就长大了，她继承了母亲的倔犟，终于成为一所名牌大学的大学生。在大学里，杨虹接触到了更丰富的知识，领略到了更多知识的奥妙，渐渐培养出了自己不俗的气质，对生命有了自己独到的认识。

终于，大学要毕业了，杨虹面临了工作与继续求学的艰难选择。如果工作，那么虽然可以早一点深入社会，但是就业形势并不是太好。然而选择继续求学也不是万全之策，终究要面临就业的压力。最终，杨虹想到了求助于母亲。

谁料到，母亲却没有选择这两种方案，而是想要通过关系让杨虹直接进入政府单位。

杨虹瞬间愣住了，然后非常生气地斥责道："妈，你的思想怎么这样落后啊。现在社会制度越来越透明化了，靠关系能靠几年啊。再说，我可不想被人看不起。难道你想让你女儿以后什么也不会是吗？只有靠自己的本领打拼才是正道……"

虽然母亲承认杨虹的话也很有道理，但是却无法接受杨虹的表达方式。在母亲心中，杨虹还是那个可爱的听话的小女孩吗？

只见母亲的脸色一时间变红，一下又显得苍白，然后生气地失手打了杨虹。而杨虹却根本没有意识到问题的严重性，就和母亲大吵起来并说了一些刻薄的话。

从这以后，母亲感到很伤心，每次看到杨虹，就会感觉内心一团糟。当其他亲友得知了此事后，不由也开始疏远起杨虹。他们要让杨虹明白：自己对母亲说话刻薄，那么你也得不到别人的好感。

从杨虹的身上，我们体会到了这样一种道理：对父母说话刻薄，不仅会伤了父母的心，同时还让自己的形象在他人面前打折。试想，当你遇见一个总对父母大声呵斥的人，你会对他产生好感吗？

所以说，无论我们的年龄有多大，无论我们的事业有多成功，在面对父母时，我们说话一定要保持温和。这不仅是对父母的尊敬，更是对自身形象的塑造。

当然，也许你会说："我和父母的代沟实在太大，你让我怎么和颜悦色呢？"的确，我们和父母总有这样或那样的矛盾，但这绝不是我们可以对父母说话刻薄的理由。面对父母时，我们应当学会以下这些，这样就能保证语气的温和。

第一，控制情绪

有的时候，父母不免因为某事发脾气，这个时候，我们就应当控制情绪，自己躲着点，不要再和父母进行语言上的纠缠。

如果是自己情绪不好，那么我们可以自己找点高兴的事情做，还可以多做几个深呼吸、离开一会儿、甚至用冷水洗洗脸……要知道，在发怒的情况下，我们最容易失去理智，最容易说话过分，最容易伤了父母的心。

第二，相互尊重与谅解

随着我们逐渐成家立业，婆媳关系成为家庭中最大的“隐患”。很多媳妇和婆婆关系不佳，媳妇的说话更是不注意分寸，从而导致了家庭大战的爆发。

如果你恰巧是这样的一个媳妇，那么你一定要改变自己的行为，学会尊重与谅解婆婆。要想做到这一点，我们不妨在家里引入“民主”制度，例如遇到经济开支或涉及全家的事务要共同商量时，可像圆桌会议一样，一家人围坐一圈面对面坐下，彼此目光的接触是最容易刺激互相进行真诚交谈的。这时，一家人也能从听话人的面部表情，尤其是在目光中读到对方对自己说话内容的回应，有利于对自己语言的深浅进行适当调控，增强沟通效果。

这样，你自然不会对婆婆发火，而婆婆也会对你无比喜欢，认为你是个好媳妇。

第三，学会体谅父母的唠叨

俗话说：树老根多，人老话多。当父母的年纪越来越大时，他们不免显得更加唠叨。对于这份唠叨，我们自然有些厌烦，于是有时候就表现得非常急躁，说话的分寸很难拿捏，结果造成了与父母之间的隔阂。

其实，对于父母的唠叨，我们应当学会体谅，而不是和父母犟嘴。其实，仔细品味唠叨，认真思考唠叨，便可以发现其真正的内涵：唠叨包含着多少美好的希望与心灵的寄托，父母之所以唠叨你，是因为父母对你充满了诸多的美好心愿，他们用唠叨来向你诠释爱的生命真谛，将人生的经验尽可能地教授与你。

我们在社会实践中，常常会听到父母的电话问候，常常也会听到父母这么说："儿啊，外面天气冷记得多穿衣，年关将至，记得少出去，凡事小心点！"这一切，都是父母对你最真切的关心，所以我们应当体谅父母的这些唠叨，用最为温和的话语回答父母，这样才是儿女应有的行为。

有人曾这样说过："看到你如何对待父母，就知道你是一个怎么样的人。"当你对父母说话刻薄时，外人也一定会认为你是一个自私的人，一个不懂道理的人，因此逐渐开始疏远你。

所以说，想要得到所有人的喜爱，不仅应该对外人表现出热情，更加应当善待父母，对父母语言温和，这样你才能第一时间得到他人的好感。

爱孩子首先是尊重孩子

作为一家之长的你，应当对孩子有这样的认识：孩子有他们独立思考和浮想联翩的自由。所以，我们应当学会尊重他们的思考与选择。要明白，孩子始终是一个健全的人，渴望得到他人的友善对待。所以，什么事情都不尊重孩子，那么也不要奢望立即获得孩子的好感。

"我这孩子，我一说话他掉头就走，你说，他这是不是太不礼貌了？"很多父母说起自己的孩子，总是这样满腹抱怨。其实，父母总觉得孩子对自己不礼貌，是不是想过，自己的行为也是对孩子的不尊敬？

可以说，总是唠叨孩子、看不惯孩子的行为，监视孩子的举动，这些行为在每个父母身上几乎都会出现。正因为如此，孩子才表现出一种对你的不尊重。作为父母的我们，应当明白尊重是双向的，只有父母学会尊敬孩子，孩子才会对你产生好感。否则，你总是监视孩子、拴住孩子，那么他势必会对你感到反感。

阳阳是个令人特别喜欢的孩子，有着一双明亮的眼睛。可是最近，却出现了一种奇怪的现象：不愿意和小朋友一起玩，更不愿意出现在众人的面前。爸爸妈妈看到眼里，心里非常着急，却又不知道该怎么办，因为不管怎么说，阳阳都是这个样子。

其实，阳阳知道自己为什么变成了这样。他清楚地记得，几天前，家里来了一位刘叔叔和王阿姨，他们见到阳阳特别喜欢，就对他说："阳阳，你今年6岁了，会干什么呀？"

阳阳拍着胸膛，说："我是个男子汉，会干许多事情呢！"

在叔叔阿姨的掌声中，阳阳拿起一个和自己差不多高的瓷器，准备让大家看看男子汉的力量。谁知道还没坚持两分钟，他的手臂已经没有力气了，一不小心，把瓷器摔在了地上。

"哗啦"一声，瓷器被摔得粉碎。阳阳见此情况，吓得不敢说话了。爸爸妈妈赶紧收拾着地上的碎片，一边收拾一边说："唉，对不起啊，这孩子，就知道瞎逞能，什么都做不好！"

刘叔叔和王阿姨急忙说："没事没事，小孩子嘛，这都是正常的。"

还没等阳阳解释自己发挥失误，这个时候，爸爸又接上了话："正常什么呀！这孩子就是人来疯！看见你们来了，巴不得逞能耍威风，你看他笨的，将来能做成什么事情呀！"

阳阳听着爸爸在外人面前的训斥，心里难受极了，一个人回到卧室。坐在床上，他不明白爸爸为什么这么说他："爸爸，我是你的亲生孩子吗？为什么你要当着这么多人的面这么说我！我记得上次领导训你时，你回到家里板着脸，说老板不给你面子，可是你想到了吗，我也是有面子的呀！难道就因为我是小孩，就可以不尊重我了吗？爸爸，我再也不喜欢你了！"

相信每个父母都不愿意自己的孩子像案例中的阳阳一样，对自己有那么多抱怨和意见。那么，想让孩子喜欢自己、尊重自己，我们就必须做到以下几点：

第一，通过合理的、光明正大的途径了解孩子的“隐私”

父母想要了解孩子内心的想法是可以理解的，但是偷看孩子的日记却不是什么好办法。事实上，父母平常只要细心观察孩子的一举一动，就可以看出孩子的思想变化。父母的爱子之心无论多么迫切，也一定要克制住冲动，千万不要采取偷看或干预孩子隐私的办法，否则将会适得其反，因为如果你没有充分表现出对孩子隐私的尊重，孩子当然也不会从内心去尊重你，这样一来，亲子之间只会越来越疏远。

第二，聆听孩子的言语

在与孩子的平常交流时，首先我们应当学会聆听，做一名合格的聆听者。在这个过程中，父母尽量不要做饭、熨衣服和做别的一些家务活，关掉电视和电话及其他分心的事，用眼睛注视着孩子，表示是真心在与他接触，每天都要为孩子提供与他们单独接触的机会，哪怕只用几分钟，可以对孩子说：“我们一起散会儿步”，或者说：“让我们去小房间单独在一起谈谈。”

第三，理解孩子的言语

当你和孩子讨论某个问题时，孩子有时难免会出现激动的情绪，这个时候，你应该尊重孩子的想法、理解孩子的心情、倾听孩子的诉说，在孩子想要发表自己的想法和观点时，给予积极的赏识和尊重。

理解孩子的言语，不仅可以进一步锻炼孩子的思考意识和表达能力，而且可以通过倾听孩子的观点，发现和了解孩子的真实想法，从而纠正孩子成长过程中的一些错误思想。

第四、尊重孩子的选择

要想孩子尊敬父母，那么，父母也要学会尊敬孩子，因为，尊敬都是双向的。当孩子追求新时尚、新潮流时，父母应该尊重孩子的文化选择和文化偏爱。因为全社会都给予时尚文化以适当的位置，父母更应具有宽容孩子文化偏爱的心态。否则，孩子就会认为你是故意找碴，从而对你产生抗拒的心理。

明从小就是个小明星，多次在幼儿园里表演节目，很受老师们的喜欢。进入小学后，她依旧是学校的文娱骨干分子，不仅是合唱团的领唱，更担当了年级的宣传部长。

在爸爸妈妈眼里，他们一致认为：明将来一定会成为艺术家，所以，对她追求新鲜、美好的事物也不愿过分干涉。可是突然有一天，爸爸看到她穿着一件很暴露的衣服，有些生气地说："小明，你怎么能穿这种衣服呢？你还知道什么是传统吗？"

小明对爸爸的话却不以为然，说："爸爸，这衣服没什么吧？你看电视上的那些明星，好多都这么穿呀！"

爸爸见小明没有认识到错误，只好继续到："孩子，明星是明星，她们那么穿是为了表演，咱们中国人，不能忘记传统啊！"

"爸爸，这是很正常的事情，你们老土啦！"小明看见爸爸的一本正经，不禁哈哈大笑了起来。

“你！”小明的执迷不悟让爸爸不由得勃然大怒，一巴掌打在了她的脸上，“你这孩子怎么这么不听话，这么叛逆！”

一声清脆的巴掌声，让小明顿时愣在了原地。她不明白，爸爸为什么要打她。“叛逆？什么是叛逆？爸爸，我叛逆了吗？现在的社会，穿这样的衣服，这就是叛逆吗？你们当年穿喇叭裤、花衬衫的时候，别人说你们叛逆，你们不也觉得委屈吗？我并没有做任何出格的事情，为什么就打我？”

从此以后，小明觉得爸爸再不是朋友了，关系也开始逐渐疏远。在她的心里，爸爸从来不了解自己，因此也不愿意再说些什么。

在亲子沟通中，父母要积极鼓励孩子去创造并开发健康的时尚文化观念和方式，使孩子所喜爱的时尚文化融入社会主流文化的重要组成部分，这样，父母与孩子的关系就会进一步拉近。

二人世界需要互相欣赏

两人的世界，这是每一对热恋中的男女和新婚夫妇无比享受的。而想要经营好这份感情，我们就必须学会相互欣赏。因为，只有真正能够彼此欣赏的深才会恩爱得深，而恩爱越深，相互肯定的东西也就会越来越多。

对于这一点，其实绝大多数的人都持认同态度，但是，我们有时欣赏的范围却过于狭小。欣赏对方，不一定就是对方的才貌，因为容颜会老，才能会退化。欣赏应是多方面的，或秉性温柔，或气质高雅，或勤劳朴实，或幽默风趣……只要善于挖掘出对方的优点，你就会感到：原来对方是这么优秀！相信在这种心态下，对方也会立即表现出自己的爱意，让你们之间的好感愈发浓烈，感情愈久愈深。

徐莉今年已经40岁了，和丈夫在美国一起生活。可是突然有一天，她做了一件骇人听闻的事情：她在一份报纸上刊登了一则广告，广告的标题居然是：廉价出售丈夫一名。

徐莉这么做并非玩笑，他真的想把丈夫出售。因为她感到丈夫身上有太多的毛病。她的丈夫只喜欢旅游、打猎和钓鱼，每年从4月开始就离开家外出去钓鱼或探险，这让徐莉感到十分苦恼和厌烦。

正因为如此，徐莉感到了生活非常孤独，因此声称不再欣赏的丈夫，要廉价卖掉他，而且还有许多的赠品。广告上是这样说的：收购我丈夫的人，可以免费获得全套打猎和钓鱼装备以及丈夫送给她的长裙一条、长筒胶靴一双、T恤衫两件，还有纯种阿拉斯加雪橇狗一只，另外，再包括自制的晒干野味50磅。

当这则广告播出去后，很快就有人主动联系起了自己。徐莉感到十分诧异：这样糟糕的男人居然还有人要！

更让徐莉感到意外的是，在第二天，她总共接到了六十多位太太小姐们打来的电话，而且，其中有二十位以上居然都是诚心诚意地“收购”她的丈夫的。

徐莉感到不可思议，于是问起这些人的想法。这些太太小姐们阐述了自己的理由：她们有的说这位先生是个具备冒险精神的人；有的说他一定是个真正的勇士，因此会令她们十分有安全感；还有人认为这样的人热爱大自然；有的说和他一同生活一定十分健康，这样的男人一定十分有生活情趣，她们向往那样休闲自在的生活方式……

各位女同胞的话，让徐莉一时间不知说什么好。于是，她开始琢磨那些女人的理由。这时，她猛然发现，自己的丈夫居然有这么大的魅力，他的优点简直可以说无处不在，而自己却一直不曾细心体会。

想到这里，徐莉感到其实仔细欣赏，自己的丈夫并非想象中那么一事无成。还好，一切都来得及，她还没有答应那些女人把自己的丈夫卖给她们，否则，她一定会抱憾终生的。于是在第二天，她又在这家报纸上补登了一则广告："因种种原因，廉价转让事宜取消。"

又过了几天，徐莉的丈夫从外地归来，当他知道自己差点被太太当做商品出售的时候，实在是被她那可爱的行为弄得哭笑不得，无奈地问："为什么又不打算卖了呢？"

这个时候，徐莉脸一红，温柔地说："如果把你卖出去，我可能再也买不到一个更优秀的丈夫回来了。"说完，两人相拥而笑，幸福充满了整个屋子。

当徐莉开始学着欣赏丈夫的时候，她发现原来丈夫并非自己想象的那么不堪重用，反而意识到他正是一个优秀的人。试想，如果她不会欣赏丈夫，那么这份感情还会留住得吗？甚至，她还会因为此遭到别人的嘲笑，嘲笑她是个"慷慨大方"的人。当然，也正是因为她开始学会欣赏丈夫，她的丈夫也立刻表现出了浓烈的爱，使这个家更加幸福。所以说，爱一个人，不能只爱对方的优点，却容不得对方的半点瑕疵。正如我们欣赏维纳斯女神的高贵典雅，却要包容她的断臂，艺术品尚且如此，更何况活生生的人。有些细微的缺点反而能衬托出优点的真实。俗话说"金无足赤，人无完人"，你的另一半既然不是完人，何必一定要他做得那么完美呢？

想要让你的那份感情永远不降温，想要自己在伴侣的眼中都是美好的，那么，我们就一定要学会欣赏对方。欣赏是相互的，只有一方欣赏一方，另一方却无动于衷，夫妻恩爱又从何谈起呢？

想要做到欣赏伴侣，我们必须从行动中作出表示。只有这样，你和伴侣之间才能感受到那份浓浓的爱意，让你们的感情永不过期。

第一、欣赏来自浪漫

欣赏不仅体现在你对伴侣的赞同，更体现在你们之间的生活小细节。如果你不时地制造一些浪漫，让伴侣感到一种温暖，那么伴侣就会认为这是欣赏自己的表现。这样一来，你们的感情自然会无比浓烈。

一是体贴的拥抱。每一天，你都应该和伴侣体贴的拥抱，尤其是当在外忙碌了一天后，你别忘了给他倒上一杯水，加上一个体贴的拥抱，这可比无数的甜言蜜语有效得多。这么做，会让伴侣认为：我的另一半很欣赏自己，所以他才心疼我。

二是安排一些约会。当我们步入婚姻殿堂后，浪漫开始逐渐降温，这个时候，你就应当赶快安排一个别出心裁的约会，来为你们的感情充电。例如，你可以在一个热情明朗的周末，和伴侣一起找一个风景如画的度假村，好好悠闲一番，好好浪漫一下；或者邀请对方共进晚餐，牵起伴侣的手，让对方感觉有个依靠，给对方安全感。

三是时常说声“我爱你”很多人觉得，在结婚之后夫妻不需要说“我爱你”、“你真漂亮”等肉麻的话。其实，你要记住，不管是多大年纪的人，在听到“我爱你”三个字的时候，心跳都会加速。在生活中，学会用初恋时的语言交谈，能增加夫妻生活情趣，是恩爱夫妻的感情纽带之一。当伴侣听到了你的甜言蜜语，会感到自己在你的眼里依旧充满魅力，你依旧欣赏自己，这样伴侣也会对你无比迷恋。

四是吻别。临别时的一吻，常常能把对方的心抓住，即使坚冰也能融化，它能让对方一整天都感觉到甜蜜和快乐，回味和她的离别之吻，既辛酸又陶醉迷人，心荡神移，一整天工作起来都充满力量，这就是轻轻一吻的神奇力量。

第二，背后赞扬

热恋中的男女，总会情不自禁地当面颂扬心上人的美丽、贤淑或别的许多优点，表现出对伴侣的无比欣赏，但是在其他人面前，却总是遮遮掩掩，不愿说出伴侣的好。其实，对于欣赏伴侣这件事，我们应当做到应用于生活中的每个环节，例如在对方亲友们的面前，常常“随便”地、由衷地赞美几句心上人，表现出非常欣赏伴侣。这样，你欣赏的话语就有可能传到你伴侣的耳中。这种通过第三人转告心里话的做法，效果要比对本人当面赞扬好得多，会更加让伴侣感受到你的欣赏。

“十年修来同船渡，百年方得共枕眠。”所以，当你与爱人在一起时，一定不要忘记欣赏对方。在生活中，让自己的嘴巴甜一些，让自己的行为勤快一些，那么你就会发现，你在伴侣中的形象会立刻增高！

多给家人一些关怀和爱

随着时间的流逝，我们都会有这样一种体会：夫妻之间的感情越来越淡了，再没了当年的那份热烈、那份激情。诚然，几乎每对夫妇都有这样的感受，然而我们也应当明白，男女之间感情的历程 是不相同的：男人往往是从温馨的春天很快进入炎热的夏季，而炽热的情火在燃烧之后又很快进入成熟的秋天，之后又很快走入萧条的冬天；女人不同，她们更多的时候是在春日里徘徊，进入燃烧的夏季后，她们不是慢慢步入秋日的成熟，而是缓缓地回味春季，继续在温暖的春光中流连忘返。

通常来说，妻子征服丈夫，靠的是她女性特有的温柔，靠的是她有一颗滚烫的爱心。如果已投入自己怀里的男人也会被别人抢走，那不能怪别人，只能怨自己，用一颗爱心将自己的丈夫牢牢拴住。这样的女人才是真正聪明的女人，也是真正爱丈夫的女人。

同样的道理，丈夫对妻子表现出热烈的爱，对妻子表现出关怀，这同样是增进夫妻情感的一剂良药。实际上，每个男人都能做到与妻子保持和谐关系，只要你注意看到她的优点，并适时地表达出来，她会很容易满足的。有人说："你若称赞她穿的旧衣服漂亮，她就不会要流行的新衣服了。如果在妻子的眼睛上吻一下，她就会对你犯的错误视而不见，在她的嘴上吻一下，她就会原谅你的所有。"如果夫妻之间能够互相感受到对方的爱，能够体谅对方，那么相信你们在对方的眼中都是最美的。

周强是一位编辑，虽然经常在一些报纸刊物上发表文章，但始终没有出名。可是在家庭生活中，他却感觉到了前所未有的温馨和幸福。

有一段时间，连周强自己都不知道什么原因，沉默寡言的他总是能收到朋友的礼物，他十分得意，年轻漂亮的妻子则显得有些嫉妒。

情人节到了，令周强做梦也想不到的是，他竟然收到了一束娇艳的玫瑰花，而且，玫瑰还是花店的员工亲自送到的，绝不存在送错的可能。

莫名其妙的周强，发现花束中还有一张卡片，写满了滚烫的情话。面对妻子充满惊疑的眼睛，周强无奈地说："我也不知道是怎么回事，我是跳到黄河也洗不清了。"不料妻子却笑了："想不到，我的老公魅力这么大，竟有人暗恋，看来我们家的秀才魅力不减，当初我真的没有挑花眼。"周强暗暗感激妻子的大度，也暗暗感谢送他鲜花的不知姓名的姑娘，是她使自己又感到了被关爱的温暖。

怪事接二连三，周强的一位校友，不知道什么原因，突然送给周强一套名贵的西装，周强坚决不收，朋友却扔下就走，还说："我也是受人所托，你不要，我怎么给你处理？"倒是妻子想得开，说："不是偷来的，也不是抢来的，白白送来的，不要白不要，你就穿上吧。"

转眼一年过去了，周强接到了那位朋友的电话："那套西服怎么样啊？"周强回答说自己根本没有穿过。朋友沉吟了一会儿说："好吧，我告诉你实情吧，那套衣服是嫂子买的，她不让我告诉你，她说你收到一个陌生人的祝福一定会很高兴。衣服虽然很贵重，但嫂子对你的情更可贵，你好有福气啊，娶了这么一位贤惠的老婆，真是羡慕你！"

当周强明白了这一切后，立刻对妻子感到很愧疚。他回到家，看到妻子正在做饭，于是轻轻地走过去，从后面搂住了妻子的腰，然后感动得热泪盈眶。

周强和妻子之间甜蜜的幸福，最关键就是爱的作用。当周强明白了妻子的关爱后，立刻感到了妻子的好，所以那份爱自然大大得到了提升。所以说，营造甜美的婚姻，关爱是有力的武器之一。关爱不用浪费太多的精力，一句不经意的关心话都可以激起爱河里的层层涟漪，让夫妻之间的感情回到那个甜蜜浪漫的过去。

也许做到这样的爱，我们每个人都不会感到困难。可是我们还应当明白，“爱”的范围很广，我们必须做到以下这几点，这才能让“爱”在家庭生活中生根发芽。

第一、男人不计女人过

生活不是电视剧，它有很多细节会令我们感到突如其来，因此，生活中也不可能所有大大小小的问题都使双方称心如意、相互配合得天衣无缝，每个人都可能有某些小缺点或某些小习惯惹人厌烦。就像你和妻子之间，势必会因为某些事而产生矛盾。假如你因为妻子的拖地方法不当便怒不可遏，那么这就有些滑稽了。

对于夫妻之间的认知差别，作为丈夫的你，应当表现得大度一些，学会有耐心。耐心是培养良好婚姻关系的基础之一，人和人之间必须要有必要的妥协与让步，在夫妻之间更是如此。如果看不惯对方的某些缺点，要想想这些缺点对家庭生活并没有太大影响，而且人无完人，即使要向对方提出，也要等待适当时机，不要夫妻一见面就唠叨不休。不管自己是否习惯，要试着热情地和对方打招呼、谈话，这样做很有好处，夫妻之间是要一辈子相守的。

第二、不要总是唠叨，把话放在明处

现实中，有很多妻子喜欢唠叨，她们认为，这是一种提意见的方法。然而，唠叨和正式提意见是不同的，向配偶正式提意见是使配偶明确地知道自

己的不满，从而引起注意，然后改正；而唠叨则主要是一种情绪宣泄，并不真正解决问题，而且还会破坏已有的家庭氛围。所以，避免唠叨，这是保持“爱”的一个重要方法。

如果对某些问题自己真的有意见，那么不妨把话放在明处。有的人只是一味地对配偶无原则地迁就，并不把自己的不满明确地告诉对方，而事后再唠叨、抱怨，这样反而会使事情复杂化。

第三，夫妻之间要经常沟通，加强理解

在清晨或在睡觉之前，夫妻坐下来可以交谈一下家庭计划、困难、意见分歧、误会以及其他生活方面的问题，尽管这些事情只是生活的琐事，但是一旦交换意见的习惯逐步建立起来，婚后生活中发生的摩擦与紧张状态就会轻易地得到缓和。要明白，沟通和理解是通往爱的桥梁，此路畅通，夫妻感情才能通。

第四，伤感情的话不要轻易说出口

尽管夫妻关系的建立，表明了你们之间再无间隙，但是，我们还是应当注意言语，说话方式方法要讲究。丈夫不应该批评妻子易受伤害的方面，例如，是否找了个贤惠妻子，能否料理家务，能否照顾孩子，是不是不如别的女人等；同样，妻子也不应该批评丈夫易受伤害的方面。例如，是否有事业心，工作能力是不是强，是不是个好丈夫、好爸爸等。因为这些话会深深伤害对方的心，使双方的关系出现裂痕。

即使你和配偶之间出现了争吵，你也应当记得：不管自己有多生气，也不要说出伤感情的话，这些话一旦说出去，就如同一把利刃插在了对方的胸口。当对方感到了被伤害时，他或她也一定会对你感到失望，对你的好感大

大降低。

爱是人生最强的润滑剂，有了爱才温暖，才和谐；有了爱，才有生的希望，才有拼搏和努力的动力。所以在家庭生活中，你一定要积极营造出爱的小世界，让爱的种子在你和伴侣之间生根发芽，这样，你才能得到幸福的真谛，得到伴侣最真诚、最直接的爱。

不要让金钱玷污亲情

人都是有私心的，也都是趋利避害的，这种天生的“本领”指导着人们的行动，让人不由得靠近那些社会最流行的元素。当今社会，拜金主义似乎成为一种时尚，许多人盲目地追逐着金钱以及金钱所代表的事物和人物。甚至当面对亲情的时候，也因金钱的多寡而分出了远近亲疏和爱与不爱。

也许在短时期之内，你会认为金钱多带来的好处更实在，而且可以看得见摸得到，在亲情中掺杂金钱无可或非。然而等到未来有一天，你一定会发现：在看似无关的金钱面前，你却失去了亲情，失去了家人对自己的信赖。

朱立兄弟姐妹五人，但是朱立经常联系的却只有一个，那就是他有钱的大哥。朱立家在农村，有几十亩田地，但是日子却并不富有。于是，为了增进兄弟之间的感情，他总会时不时地让在城里上学的儿子给大伯家中带去新鲜的蔬菜，新鲜的嫩玉米，新产的地瓜、花生等，而自己也经常到大哥家中做客，所谓加深感情。

出于对小弟的回报，大哥家中的旧家具、旧玩具、旧服装也会让朱立带走，两人可谓兄弟间最亲近的。而对于其他几个兄弟姐妹，朱立几乎很少联系，甚至是有些躲避，最多也是与四妹保持些必要的联系，因为四妹的条件与朱立家相当，而其他兄弟姐妹的家庭条件虽不算太差，但是却赶不上朱立。

日子平平淡淡地过着，朱立经常与大哥交流感情，与四妹保持些必要的联系，也能够从中得到一些这样那样的好处和利益。

就这样，朱立的日子被其亲情策略经营得有声有色。然而天有不测风云。一天，朱立的儿子在放假回家的路上，误入突如其来的打架斗殴事件，被人打成了植物人。由于在放假的时间段受到伤害，学校并不需要负太多责任。不仅如此，势利的朱立并没有给儿子交纳学校要求的人身安全等保险费，所以，儿子的医药费全部落在朱立一家人身上。

可是，巨额的医药费根本就不是他所能够承担的。此时，他脑海中首先显现的就是求助于大哥，然而大哥却只是象征性地拿出了一部分资金，跟其他几个主动资助的兄弟姐妹资助的金钱相差无几。可是，这些钱只能填补最基本的医药费，后期的治疗还需要大笔的资金。无奈，当朱立将家中所有的积蓄都拿出来却还不够的时候，他第三次走向了大哥家。

可是，大哥却以最近资金周转困难，拿不出太多的空闲资金为由拒绝了他。这时，无路可走的朱立终于发怒了："大哥，我们平日最亲近，现在兄弟有难，你怎么能这样啊!"大哥也翻脸了："你好好想想，平时我们不是已经互利互惠了吗？我又不是银行。就算我是银行，以你现在的处境什么时候才能还啊 "

这时，朱立才后悔莫及，明白了在亲情中掺杂金钱，得到的也只能是的变质的亲情。

这个案例清楚地告诉我们，亲情中掺杂金钱，不仅得不到亲情，反而会让亲人对你无比反感，即使你遇到困境也不愿拔刀相助。所以说，一味地在亲情中掺杂金钱，你就会在未来的人生中逐渐体会到亲情的丧失。

当然，有些人固执地认为，亲情中掺杂金钱并非是什么坏事。这种想法的存在，说明了你正处在悬崖的边缘。对于亲情和金钱，我们必须有正确的认识。

第一，靠金钱维系的亲情终究成空

当今社会，很多人会不自觉地将金钱当做亲情，将拥有更多金钱的人当做自己亲近的对象。当然，人为利往，当你也同样拥有金钱的时候，你很可能会收获一些因金钱来往的情感。然而，金钱只是一种工具，它本身并不具备任何感情。你若靠它来维系亲情，那么你的亲情终究成空。因为，你以不纯洁的感情来维系亲情，那么你所得到的亲情也将是不纯洁的，而当你需要从其身上得到真正的亲情的时候，只能是一种奢望。

第二，亲情无价

有人说，亲情是一种无私奉献的爱，深沉永远，它就像是一坛陈年老酒，甜美醇香，无论多少钱自己都不会售出。我们允许亲情中适当地出现金钱，但是倘若金钱的目的占了主导，那么属于你的亲情定会离你而去。

亲情是细微的，是生活中最平凡的细节。我们无法用金钱来购买，因为它从来就不是商品，但我们可以用生命去享受。或许，当今社会中金钱的意义比较特别，但是在追求金钱的时候，我们不要让它危及亲情，否则，你将永远体会不到亲情的美妙。

别忘了你的兄弟姐妹

中国有句俗话："血浓于水。"这句话，深刻地表明了兄弟姐妹之间的感情。可以说，在人生的道路上，兄弟姐妹之间的感情不是其他任何关系所能够替代的。当你学会了珍惜这份感情，那么你就能轻松获得兄弟姐妹的喜爱；反之，你将会失去这份亲情，以至于失去了所有人的信赖。

珞丹从小在一个大家庭里长大，身为老大的他，自然担起了照顾两个弟弟的责任。

当珞丹渐渐长大后，父亲因为意外身亡，家里的公司经营由他主事，弟弟各有职位分别主管公司部分业务。其实，珞丹原本的兴趣在于艺术，但是为了照顾母亲和弟弟，他毫无怨言地担起了照顾家人的责任。

谁知道，就在家族的企业发展越来越顺利后，三弟有一天突然对他说，自己想要自立门户创业赚钱。一开始，珞丹是非常不同意的，可是因为三弟的不断要求，最后，他不得不同意了分出一部分公司的股份，支持老三去创业。

商场的风险，远非这个初出茅庐的三弟可以应付的，由于他缺乏经验、经营不善，加上生活上大手大脚、疏于理财，从而导致债务累累。因为这件事，三弟变得越来越颓废，终日以酒精做伴，甚至还因为债务问题躲在了外地，再不见当年的意气风发。

当珞丹知道了这件事后，他当然不能见死不救，于是他写了封信给弟弟："三弟，你的公司我来打理。"

当三弟接到这封信后，他不禁泪流满面，想起了哥哥的面庞，于是向朋友借了几百块钱，坐车赶回了家里。回到家中，他这才发现，原来珞丹不仅帮自己还了债，甚至还打理起公司。当他遇到街坊邻居时，那些邻居无不竖起大拇指说：“你哥哥真是个不错的人！”

这一切，让三弟开始第一次感觉到，大哥才是人生路上帮助自己做大的人。从这以后，他开始奋发图强，不断学习生意经。几年后，他已经成为当地小有名气的企业家。当记者问起他这辈子最感激的人是谁时，他动情且坚定地说：“我最感激我的哥哥！如果不是他，也许我早就成了一个废人！这辈子我欠大哥的很多，他永远是我学习的榜样！”

珞丹的行为，是我们每一个人的榜样。无论自己的地位有多高，永远都不要忘记与自己一奶同胞的兄弟姐妹，这是一个成熟的人所必需的素质。但现实生活往往与我们的美好愿望背道而驰，现在越来越多有关兄弟反目、姐妹失和的故事，这些“煮豆燃豆萁”的新闻故事见于报端，实在令人痛心，不仅让他们丧失了亲情，更丧失了人气。

试想，一个对自己兄弟姐妹都不关心的人，又怎会对自己的下属、自己的上司、朋友充满善意？这样的人，势必得不到人心，得不到他人的喜欢。

所以，想要他人的喜爱，想要感受亲情的温暖，我们就必须学会关心身后的兄弟姐妹。

第一，手足间要互相扶持

我们与兄弟姐妹从小一起长大，一起生活，一起体会生命中的点点滴滴，所以，我们必须学会相互扶持。因为相亲相爱、携手并肩，同为幸福的家而努力是很自然的情理，彼此理应相容相谅、随时关怀、没有妒忌、没有猜疑、更没有私心，这是兄弟姐妹之间必需的存在纽带。

第二，牢记本是同根生的血缘关系

兄弟姐妹血脉同源、情同手足，无论发生什么，都无法否定身体内那流淌着的相同的血液，所以兄弟姐妹之间同甘共苦、生死与共乃为天经地义的事，用一颗感恩的心去对待自己的兄弟姐妹，由衷地感谢他们成为自己的兄弟姐妹。

许惠珠教授在《人际关系》结论中说："曾记得有一出戏剧—— 一个小男孩每天背着他残疾的弟弟去上学，有人指着他的背上问："他重不重？"小男孩回答："他不重，因为他是我的弟弟。"

第三，亲兄弟也要明算账

我们经常会说这样一句话："亲兄弟明算账"。这句古话能够流传千年，自然有它的道理。因为，世界每时每刻都在变化，亲情也会随着时间的流逝发生种种微妙的变化，曾经的亲密不代表永久的友好，曾经的性情不代表日后的品格。所以说，当一个问题关乎一个人的生存，关乎兄弟双方的金钱、权利等利益的时候，还是亲兄弟明算账的好。

亲兄弟明算账，这的确让人觉得难以开口，也会让人感觉根本毫无必要。但是，这只是你一个人的看法，不能代表其他人的观点。更何况兄弟慢慢成长，秉性各有不同，他们或许并不像你想象中的那么品格高尚，也不一定会像你这样简单，所以不管是出于怎样的想法，还是应该杜绝糊涂账。

也许在现代社会中，兄弟姐妹之间的感情不如过去那么浓烈。但是无论如何，我们一定要记得“血浓于水”的道理。在漫长的人生路上，我们应当与兄弟姐妹相互激励、共渡难关，这样才能成就一番过人的事业，从而更加留住亲情、更加获得他人的赞赏！

宽容让亲情更精彩

宽容，是一种品质，令人钦佩敬仰；宽容，是一种境界，让人心驰神往。宽容，是人与人之间的润滑剂，她能消除伤痕，让人友好相处；宽容，是人与人之间的桥梁，通过这一纽带，能让心有芥蒂的人携手并进，走向幸福的未来。

第一，在家庭中，宽容显得尤为重要

她能让家庭成员信任、团结、互相理解和包容，从而让家庭和睦、和谐。俗话说，家和万事兴。而宽容，就是“家和”的根基。

第二，宽容长辈，能够让他们度过幸福的晚年

宽容年迈的父母的一点点絮叨，宽容他们一些落后的思想和生活习惯，宽容他们的一丝偏心，宽容他们的一些孩子气，像当年他们宽容不懂事的我们一样。这是爱的回报，这是对父母最好的孝敬。

第三，宽容孩子，能够让他们健康成长

成长是个很漫长的过程，请以一颗宽容之心来对待成长中的孩子。宽容还不懂事的他们犯下的错误、宽容他们贪玩忘记了作业，宽容他们不理想的学习成绩。父母的宽容是孩子快乐的源泉，成长的养料。只有在快乐之中，他们的心理才能健康，他们的心态才能平和。这宽容是有原则、有限度的，不是护短，不是溺爱。这样，他们才会成长为大写的“人”。

第四，宽容爱人，能够让婚姻生活永葆“青春”，充满活力

其实，婚姻的真谛就在于宽容。真诚地爱护对方，宽容他的一切缺点，包括粗心、任性，包括邋遢、包括善意的谎言、吃醋的小心眼。宽容他说了伤害你的一句话、宽容他忘记了你的生日。爱，是一门最深奥的学问，如雾里看花，如摸石头过河。从婚前的浪漫到了婚后的现实，从朦朦胧胧的花前月下到平凡琐碎的柴米油盐，只有注入宽容的活水，爱的花朵才永不枯萎。

第五，淡忘为佳，宽容为美

一家人是要相亲相爱的，何必为一点损失斤斤计较，何必为一点伤害而耿耿于怀。莎士比亚名剧《威尼斯商人》中有一段台词：“宽容就像天上的细雨滋润着大地。它赐福于宽容的人，也赐福于被宽容的人……”确实如此！当你对家人宽容，是给予家人理解和关爱，你一样会得到理解和关爱，不是吗？如果一家人都拥有宽容的心态，这个家庭肯定是和睦、幸福的。拥有这样的家庭不是福吗？

宽容是隽永的诗，清新优美，意境深远。只有细细咀嚼品味，才能欣赏到她的美妙和深刻。宽容是芬芳的酒，香味四溢、令人沉醉。饮过才知酒

浓，醉后才知道情重。宽容是雨后的彩虹，经过了电闪雷鸣的痛苦，才会有相知相惜的壮观。一个幸福的家庭，就是宽容的海洋，任生活之舟自由横渡。

宽容，是“行到水穷处，坐看云起时”的优雅闲适，是“渡尽劫波兄弟在，相逢一笑泯恩仇”的包容忍让。宽容消解了家人之间的矛盾；宽容调节了家人之间的关系；宽容让家人之间学了会相互理解和关爱。去认真书写宽容的家庭篇章吧，用你的豁达和乐观，用你的大度和自信。宽容，铸就家庭的幸福。

第九章　邻里亲和力：让邻居能够喜欢你

也许你很疑惑：怎样和邻居建立良好的关系呀？其实很简单，一次小援手、一点小恩惠，甚至一句小小问候就足矣。“远亲不如近邻”，赶紧行动起来，立刻为邻居留下一个美好的印象吧！

真正把邻居当成你的朋友

住在城市里的人们，哪怕自己的朋友再少，身边却少不了邻居。可是，因为楼房、防盗窗的缘故，每个人都过着自己的日子，家家户户互不交涉，哪怕门对门都互不相识，所以就造成了“一墙之隔不往来，一墙之隔不理睬”的邻里关系。防盗门把小偷锁在了门外，同时也把自己的热情锁了起来，使身边的邻居成了“最熟悉的陌生人”。

也许在你的心中，总会有这样一种认识：我有亲情就够了，干吗还要有邻里之情？的确，在每个人的心里，亲人永远都排在首位；而对于邻居，人们只当成近距离的陌生人。邻里之间的感情的确不如亲情那么浓烈，那么无私。

可是，你是否明白，在某些情况下，邻里之情远比亲情更实在，当家里遇到了火灾，邻居能帮忙灭火，而远方的人只能默默祈祷；当你遇到了困难，邻居可以及时伸出援助之手，而远方的亲人却爱莫能助。所以说，把邻居当成朋友，他也会拿你当做朋友，认为你是一个值得信赖的人。

26岁的女孩晓丹一个人在北京打拼，在四环外的一套三居室中居住。这间房子里，还有其他几名租客，可是晓丹每天早出晚归地工作，和自己的邻居没一点交往，只知道对面住着一家三口人。当然，和邻居不打交道的主要原因还是在于晓丹，因为她感觉没必要，虽然很近，但始终是两个不同的家庭，而自己只身在外，有朋友在身边就够了。

一天晚上，晓丹刚刚走进院子门，突然听到了一阵哭声，于是好奇地辨认起来。找到哭声的来源后，她认出那是对面那对夫妇的女儿。出于对孩子的同情，晓丹走了过去，看见小女孩一个人站在小区门口，她走过去问道："小朋友，你怎么了啊？"小女孩哭着说："我跟父母走丢了。"看着小女孩的伤心，晓丹意识到，解急救困是理所当然的，况且自己就住在对面，于是她便把小女孩带了回去。

过了两个小时，小女孩的父母才焦急地回到家里。当小女孩的妈妈看到女儿回来后，两眼泪花地再三对晓丹表示感谢。

这件事就这么过去了，晓丹也渐渐把此事淡忘。可是她不知道，因为这件事，邻居一家已经对自己留下了好感，甚至还把自己当做了朋友。周末的晚上，晓丹准备做饭，她刚把菜洗好，肚子突然疼了起来，而且越来越疼得厉害，自己连腰也无法挺直了。

就在自己焦急万分时，突然门铃响了，晓丹捂着肚子勉强起身来开门，然后便看到对面小女孩的妈妈正微笑着站在门外。小女孩的妈妈看到她额头上的冷汗和苍白的脸，便急忙问她怎么了，她痛苦地说自己吃东西不注意，可能肠胃炎又犯了。

听到了晓丹的诉说，小女孩的妈妈赶紧把她扶在床上，然后急忙跑去叫医生。医生给她打了一针，又给她服下药后，她的疼痛渐渐减轻了，这时，小女孩的妈妈又端了一碗热腾腾的饺子送出来说："还没吃饭吧，先吃点饺子暖暖肚子，以后可别再乱吃东西了!"

晓丹一边吃着饺子，一边看着眼前的热心人，眼泪忍不住地哗哗流了下来，心里感到了阵阵暖意。这个时候，她才明白了那句话：远亲不如近邻。

从这以后，晓丹和对门的夫妇成了要好的朋友，每天她都会帮助小女孩复习功课。同样，她的晚饭自然也由这对夫妇负责，甚至他们还帮晓丹找到了一份待遇更好的工作。可以说，这几个毫无血缘关系的人，却成为一个让人羡慕的家庭。

这个案例很温暖、很真实，让我们真切地体会到了把邻居当朋友的好处。所以说，一个人无论生活在哪里，总是离不开邻居，一个人无论多有能力，也总是会遇到一些困难，天有不测风云，那个时候最能发挥作用的是邻居，而不是相隔千里的亲人。为邻居提供方便，这样，对方就能立刻记得你的好，以后，他也会将心比心，把你当做朋友来看待。尤其是对于城市人来说，让邻居喜欢自己，这是非常有必要的事情。

第一，城市人更要把邻居当朋友

社会的发展，让过去的那种四合院成为了历史，越来越多的高楼大厦迅速崛起，这使得本是亲密的邻居之间逐渐冷淡了起来。因此，人们总是说现在的大城市越来越没人情味了，邻里之间可能住了好几年了却互相不认识，每天只能通过门镜扫对门两眼。而越来越多的人更怀念以前的大杂院生活，向往农村的那种邻里串门的浓浓情意。

难道生活在城市之中，我们就不能拥有邻里之情了吗？这种想法当然是错误的。只要在生活中，你肯多出一点努力和细心，便很容易将你的邻居纳入你的人脉网络。只要喜欢你的邻居，并愿意同他们成为好朋友，他们多半也会这样待你，你的生活也会得到改观。只要用心和你的邻居相处，就会发现你们之间有许多共同关心的事情。

例如，在日常生活中，见到自己的邻居微笑一下或者礼貌地说一句："你好"，久而久之，邻里之间的关系就会变得融洽。当你和邻居成为朋友时，你的事情邻居们自然也会伸出手帮忙：自己要出差了，告诉邻居帮忙照看一下家；夜里有家人生病了，求邻居帮忙送医院；有些力气活，自己实在做不了了，请邻居帮忙做一下，等等，这些都是其他人帮不上的，邻里在很多时候能解决你的燃眉之急。

第二，对待邻居要大度

很多人在说起邻居时，总会这么形容："那个人烦死了！总占我家便宜！"试想，你总是带有这种情绪，怎么可能与邻居成为朋友？

尽管，邻居和我们并没有任何亲情，可是我们知道，邻居在将来会给我们带来很多帮助。所以在与邻居交往时，我们应当尽量大度一些，这样，你才能得到一个朋友，得到邻居的佩服。

侯阳和刘波是多年的邻居，他们的性格全然不同：刘波是个心胸开阔的老实人，侯阳遇事则爱斤斤计较，贪占点小便宜。有一天，侯阳心想自己家的院子要是能再大点就好了，于是这天夜里，侯阳见刘波家的灯熄灭了，便偷偷地将自己家的篱笆向刘波家移了一步，以便让自己家的院子更宽敞些。

正当侯阳心里得意之时，没想到这一举动正好让刘波逮个正着，侯阳很是不好意思，便红着脸进了屋。第二天，侯阳推开屋门一看，自己家的院子比以前宽敞了许多，再一看篱笆，他简直羞愧极了，原来，昨天晚上，侯阳走后，刘波又偷偷地往自己家这边挪了一大步，这样一来，使侯阳家的院子更宽敞了。

就是刘波的这一举动，让侯阳欠下了他一辈子的人情，尽管他后来还上了这个人情，但是每当想起这件事，在心里总是感觉愧疚，还是会想方设法地报答刘波。几年后，刘波搬家要离开，侯阳抓住他的手，一遍遍地说："老朋友，有机会一定要再回来看看！这里的门永远为你敞开！"

和邻居和睦共处，表示自己的友好，这对于自己的形象，是多么大的一种提高！所以，邻里之间你来我往，以诚相交，相互关照，和善相处，双方成为朋友，这是一件多么惬意的事情！

邻居，是离你最近的人。正因为距离近，所以就不是陌生人；因为近，所以能第一时间帮到你；因为近，所以要成为朋友。如果你从没有关心过你的邻居，从来没有和邻居成为朋友，那么你就像一个坐在金矿上而自己却还不知道的人。

邻里之间要懂得礼尚往来

当我们和邻居逐渐熟悉后，自然少不了平常的走动，有时候双方还免不了礼物的馈赠。当你向邻居送了自己的爱心，以示自己的友好时，你当然也希望对方对你同样友好。而当你发现尽管自己表达了友好，可是对方却视而不见时，你还会想对他友好吗？

由此可见，在我们和邻居的交往过程中，一定要懂得礼尚往来的道理。即使你不懂得赠送，那么最起码要懂得回赠。只有这样，你才能在左邻右舍中获得一个好人缘。

石磊一个人只身在外地工作，住在一栋小区的四楼。这里每家都装着防盗门，平时门都关得紧紧的，所以见了面就算看着脸熟也都不打招呼，像陌生人一样，石磊也习惯了这种生活，每天上班、下班，碰到邻居也总是擦身而过，其余的时间就把自己锁在屋子里。

一个周末，石磊正在家里看DVD，突然，他听到自己家的门铃响了。石磊感到甚为奇怪，虽然有朋友知道他住这里，但都离得很远，谁会在这个时候敲门呢？

石磊好奇地打开门，这时看到，外面站的是楼下的一个邻居。

“这是你的衣服吧！”邻居拿着一件衣服和善地问。

“哦，是的，谢谢你！”石磊一看是自己的衣服，接过后连忙道谢。

邻居微笑着说：“不用客气，都是邻居嘛！”

又过了几天，一次石磊上班的时候，看到上次帮他捡衣服的那个邻居一个人在搬东西，他想上前帮忙，可看看那么脏的箱子，又看看自己穿的新衣服，犹豫着不知道怎么办才好。最终，他选择了放弃，于是匆忙地从邻居面前走过。

这件事之后，石磊出现了心结，每次遇到邻居时，他都觉得有点不好意思。说完全不认识，自己又受过人家恩惠，说认识吧，上次自己却像个陌生人一样走掉了。

没办法，石磊只好装作干脆没看见，还是像过去那样，冷淡地不说话。就这样，本来能够成为好邻居的两个人又回归到了陌生人的关系，一切像往常一样，只是石磊家的门铃再也没响过。

我们可以看到，石磊得到了邻居的帮助，却不懂得回馈，这就是一种典型的“礼尚不往来”行为，让原本可以存在的邻里之情化为乌有，邻居自然也不会对他产生好感。其实，他根本没有想到：在一个家庭中，难免会遇到这样或那样的困难，身边没有亲人，没有朋友可以帮忙，邻居的爱心便显得很重要。

所谓滴水之恩当以涌泉相报，当然邻里之间的互助并不需要你涌泉相报，但你要明白，爱是相互的，不对别人付出你的爱心，又能凭什么得到别人的帮助呢?

所以，在和邻居交往时，我们一定要注意礼尚往来。当然，这其中也有一些的注意事项，否则，你的好意反而会闹出笑话。

第一，主动向邻居示好

邻里的和谐相处异常重要，尤其是当对方主动向你示好后，一定也要向对方表现出你的友好，因为只有当一个人觉得自己的付出有意义时，他才会继续付出。

天气非常晴朗，小芊拿出自己的棉被和衣服去楼顶上晒，可天公真是不作美，一个小时后，竟然好端端地下起了雨。小芊飞快地跑到楼上去收衣服和棉被，收完自己的东西后，她发现还有一件棉被和几件衣服在那里，她认出那是对面邻居的，可是邻居好像出门了，于是她匆匆地把邻居的东西抱到自己家里。

邻居小巧匆匆从商场赶回来，当跑到楼顶时，却只看到晾衣服的绳子随风摇摆，衣物却不知所踪，不知是哪个好心人帮忙收起来了。小巧疑惑地回到了家里。这时，门铃响了，小巧赶紧打开门，门外站着一脸笑容的小苹："刚我看着下雨，你又不在家，我就把衣服给你收回去了。"小巧连忙道谢。

在以后的生活中，两个人相处得非常融洽，见了面都热情地打招呼。一天，小巧从外面回来，看到一个人鬼鬼祟祟地在小苹的门外晃悠，小巧虽然不知道对方是谁，但她留了个心眼。这个时候小苹还在上班，如果那个人是她朋友，应该知道才对。她回到自己屋里密切注意着外面的动静，看到那个人一直在东张西望，于是她打电话给小苹，把那个人的样子大致描述了一下，小苹说自己不认识，而且别人没有她门上的钥匙。小巧安慰小苹，让她别着急，先看看情况再说。过了一会，她听到了一点声音，从门镜里望去，那个人小心翼翼地走进了小苹的屋。

小巧见状立马报警，幸好警察及时赶到，抓住了这个偷完东西准备逃跑的小偷，而小苹对小巧也是感激不尽。

就这样，两个人的关系越来越好，从陌生人发展为好邻居，又从好邻居发展为好朋友。就这样，本来无依无靠的两个人彼此都有了依靠，在生活中互相帮助，日子过得也轻松了许多。

第二，礼尚往来要注意分寸

有一些人看到邻居的热情，自己不免也兴奋起来，想要表现出自己的热情。这样的心态本无可或非，但是，我们应当注意分寸，否则就会起到相反的效果。

随着新房装修完毕，李健和赵志鹏成了一对邻居。为了表示出自己对邻居的友好，李健在住进新家的第一天，便给赵志鹏送了一碗饺子，并说了许多热情洋溢的话。

见到新邻居如此热情，赵志鹏自然十分感激。正所谓礼尚往来，于是他便用更大的碗盛了饺子给李健送去，两个人便开始了邻里之间的友好相处。过了几天，李健给赵志鹏又送了几个包子，再次受人家恩惠，赵志鹏自然也不能失礼，于是他蒸了一锅包子给李健送了过去。李健见状，自然面露难色，毕竟一锅包子，自己家要吃到什么时候啊！于是，他再也不敢向赵志鹏家送东西了。

赵志鹏的心态我们可以理解，毕竟礼尚往来的行为没有错。可是，这样的回礼显然是有点夸张。所以，对邻居回礼时，我们应当把握分寸，不要将原本一个好事，最终弄出笑话。

生活在城市里的你，自然不会没有邻居，和邻居相处的分寸，这是一个现代人必须掌握的。所以，当邻居赠与你礼物时，你也一定要学会礼尚往来的分寸，这样，邻居才会对你立刻产生好感，愿意与你分享生活中的点点滴滴，愿意把你当做一个值得信赖的人。

走街串巷时杜绝说闲话

在现实生活中，有一些人很能与左邻右舍打成一片，但是，他们又有一个明显的特点：喜欢传闲话。这其中尤其以女性为主，她们总是东家长，西家短，似乎不说点什么就不舒服，听不到别人家的事就寝食难安。

诚然，每个人都有好奇心，能做到“两耳不闻窗外事”的人没有几个，对于发生的新鲜事，想知道也是人之常情，可是好奇无错，但是如果总是传播谣言，说长道短，那么就有可能损害邻居的利益。这样一来，你势必会遭到邻居的反感。

吴巧和丈夫结婚已经三年，两人十分恩爱，小两口过得很幸福。而他们的邻居秀芝是个很爱说长道短的长舌妇，总喜欢在背后说人家的私生活。一天，吴巧的丈夫带自己的同事来家里修电脑，同事是个女孩，但却是个电脑高手，当电脑被修好后，吴巧的丈夫为表示感谢，便又请她吃了一顿饭。

恰巧，这一切正好被秀芝看到了眼里，于是当吴巧下班后，她便跑来说：“出大事了，你回来之前我看到你老公带个女的去了你家，过了一个多小时才下来，刚才两人一块不知道去哪儿了！”

吴巧一听，心里自然一阵慌张，毕竟对于这种事，哪个女人不着急呢？但吴巧转念一想，会不会是邻居又在瞎说，于是便说：“你看错了吧，不可能……”

秀芝激动地抓着吴巧的胳膊，添油加醋地说：“我怎么会看错，那女孩长得年轻又漂亮，两个人很亲密，我还看到那女人挽着你老公的手臂呢，你要不信，等会儿回来问问！”

此时此刻，吴巧的心里已经乱作一团，但她仍故作平静地说："不会的，你肯定看错了!"

回到家里，吴巧一直劝慰自己，认为秀芝的话不能信，可是当她看见桌子上放着一杯水，很显然丈夫回来过了，那又去哪儿了呢？怎么现在还不回来？

整整一个晚上，吴巧都在一种焦躁的情绪中度过，晚饭也没有吃。过了一会儿，丈夫回来了，吴巧问他去哪了，为避免妻子误会，丈夫只说他请一个同事吃饭。

丈夫的回答，让吴巧更怀疑了，便把邻居告诉她的话都说了出来，问他是不是有了第三者，丈夫拼命地喊冤，但吴巧却什么都听不进去了，她认为丈夫有意隐瞒。于是两个人越吵越凶，而丈夫更是气愤难当，早已对邻居忍无可忍的他径自跑到邻居家里，指着她一顿痛骂。

邻居的丈夫虽然也看不惯妻子，但看着妻子被欺负也不能不管，于是，两个人便打了起来。吴巧这才明白过来，一切皆因邻居在挑拨，于是她跑过来帮自己的丈夫，两个人把邻居的家砸了个稀巴烂，临走时说了一句："这就是乱说话的下场，你这是自食恶果。"

没过多久，秀芝选择了搬家。而吴巧又听说，秀芝的丈夫选择了和妻子离婚。

可以说，正是秀芝的传闲话毛病，导致了"祸从口出"，不仅让邻居对自己没什么好印象，就连丈夫也不堪忍受。

一个人的嘴巴里既能说出好话，也能说出坏话，当你用舌头损人的时候，舌头便成了世界上最恶毒的武器，而长着一个恶毒舌头的人，也会付出相应的代价。所以说，无论我们和邻居的关系多么亲近，我们也不能总是嚼舌头、说闲话，否则到头来受伤害的只有自己，让自己的形象在邻居心中打折。

这种伤害，其实不仅像案例中的那样，有的时候，它还会对你的形象产生严重影响。一是降低自己的身份。有的人总喜欢说邻居的不好，在其他人面前讲述邻居办事如何不行，借此想要炫耀自己。其实殊不知，靠贬低别人提高自己的身份，其结果就是暴露自己的无知与贫乏，让听者感到你是一个“小人”，不愿再与你接近。几乎所有人都这么认为：传闲话是人品不正、心术不端的反应。来说是非者，必是是非人。有的人之所以爱传闲话，是素质太低，修养不够；是闲着无事，搬弄是非；是居心叵测，别有用心。

二是有可能产生严重的刑事案件。有的人传闲话可谓成了一种习惯，总爱对邻居的所作所为指指点点。也许有的时候，邻居碍于面子不会与你过分计较，可是如果你碰上了一个脾气不好的邻居，也许正是因为你的闲话，就会导致了严重的刑事案件出现。

2010年的一天，朱进在小区门口和其他人拉家常，正当他说起自己邻居韩浩的坏话时，韩浩恰恰从身边经过。当即，韩浩与朱进发生了激烈的争吵并大打出手。韩浩先用手中的腻子刀将朱进的腿划伤，后又使用了其他工具，将朱进的左腿打成骨折。经法医鉴定，朱某的损伤程度为轻伤，伤残等级为10级。

这样的事件，相信每一个人都不愿看到，因为伤害的不仅是自己，就连邻居也无法逃脱法律的制裁。所以，不传邻居的闲话，这才是一个人应有的正常行为。

邻里之间最需要的就是和睦相处，总爱惹是生非，当个讨人嫌的“长舌妇”，这对自己并没有什么好处。在我们的生活里，总少不了左邻右舍的关心与帮助，而长舌妇却总是在损害别人的利益，假如当事人知道后，一定会对你的印象大大降低。所以，为了让自己有一个和睦、舒服的邻里关系，那么就不要传播邻居的闲话。

别打扰邻居的日常生活

生活中，我们有时候不可避免地会与邻居打交道，你可以选择和邻居成为朋友，也可以选择与邻居维持和谐的关系，还可以选择与邻居成为最熟悉的陌生人，你可以根据自己的喜好或者需要，来把握彼此的关系。

这一切，都是由你自己的性格及喜欢决定的。但是你要记住，无论你与邻居关系如何，一定要记得尊重和顾全邻居，不要妨碍邻居的安宁。否则，邻居就会对你产生别样的情绪，对你产生反感。

绍影和丈夫搬到了一个新小区，开始了全新的生活。这个小区的人们都是各自忙着自己的事，工作紧张，生活也紧张，所以，即使面对面地住着，也可能一句话不说。同样，绍影和丈夫也不例外，两个年轻人也都忙于各自的工作，虽然工作辛苦，但每天下班回家都能与爱人相依偎着，对这对新婚夫妇来说，生活依然很幸福。

因为绍影是个护士，所以她的工作时间很长，一般都要8点以后才能下班。相比之下，她丈夫轻松很多，但每天无论多晚，丈夫都会等着绍影回来，这样的生活本来是很美满的，但与邻居的矛盾却也产生了。

这一段时间，绍影因为晚班，每天下班都在12点左右，当她下班回来的时候，邻居大多都进入梦乡了，由于第二天上班晚，绍影夫妇的精神倒十足，他们总是要听听音乐、唱几首歌才睡觉。

可是绍影和丈夫没有发现，他们欢乐的歌声很大，甚至传到了邻居家里。刚开始邻居倒也忍了，可是他们却天天如此，本来工作就很辛苦，晚上还容易失眠，这样一来，吵得晚上睡不着觉，白天就更没精神了。

终于有一天，邻居再也无法忍受，当绍影与丈夫再次欢唱的时候，邻居生气地敲响了她家的门："你能不能把音乐关小点，你知不知道这种做法已经扰民了？"

如果此时绍影选择道歉，那么也许后来的一切都不会出现。可令人大吃一惊的是，绍影不仅没有认错，反而毫不客气地说："我看是你自己睡不着吧？我爱怎么样是我自己的事。"说完，她气呼呼地把门关上了。

"这人什么素质呀!"邻居气愤地回到家里，而绍影家里的音乐还在继续。

第二天，邻居一气之下买了个比音响更刺耳的喇叭，每天起床的时候就先吹一阵，再去上班。而绍影夫妇都很晚才去上班，那个时候通常还在沉睡中，这样一来便被刺耳的喇叭声给吵醒了，纵然很生气，但却没办法阻止。

就这样，两家的关系越来越糟。最后，绍影和丈夫不得不搬出了这个小区，重新寻找新的住地。

从这个案例中我们可以看到，绍影的这种行为，直接导致她和邻居关系的恶化，让自己的形象受损，最终不得不搬家。因为，错本身在她，那么这一切后果，她也只好自己承担。由此可见，邻里之间要相互关爱，即便不能相互关爱，最起码应该相互谦让。居家生活，不应贪图自己方便而影响他人。

当然，也许你依旧认为，我自己过日子，为何要体会邻居的感情？当你总是抱有这种态度时，你将永远得不到邻居的好感，这一点，相信你绝对不希望看到。那么，对待邻居，我们就应有这样的意识。

第一，邻居不是家人

虽然“远亲不如近邻”这句话没有错，但是，那只是体现在相互帮助的基础上，邻居不同于家人，无论关系再近，也始终是两家人，而两家人就有各自独立的生活。每个家庭都有它私自的空间，这个空间是安宁平静的，不允许别人随便闯入，不允许被打扰，更不允许被破坏。

李薇待人非常热情，当她和丈夫来到了这个新小区时，立刻向邻居表示出了自己的友好。因为她知道，在一个陌生的环境生活，邻居比亲人更重要。

李薇的热情，自然让邻居感到很亲切，于是邻居对她自然也积极回应，没事在一块拉拉家常，相处得很和谐。可是慢慢地，李薇的热情却令邻居苦恼了起来。李薇很喜欢与人交往，只要时间上有空闲，她便会到邻居家去坐坐，一坐就是几个小时，本来想安静，或者想外出的邻居也只能陪着她，结果自己的事情什么也没有做。

不仅如此，李薇还特别喜欢借邻居家的东西，或者请邻居帮忙。邻居互帮互助本来是应该的，可是她总是时不时地麻烦邻居，这样就令人反感了。

当然，李薇知道总是麻烦别人不好，于是经常会给邻居拿些吃的，提供力所能及的帮助，但这更让邻居觉得难做，于是只好背地里抱怨，有苦说不出。

有一天，邻居一家正在午休，李薇再次敲响邻居的家门，邻居已经猜到是她，因为这已经不是第一次了。邻居开了门，李薇一脸笑容地说想借她家电脑一用，这时邻居已经很不耐烦了，就说："你晚点再过来吧，我们都正在睡午觉！"李薇也看出邻居不高兴，便"哦"了一声转身回去了。

邻居的话让李薇一愣，她觉得邻居很不够意思，自己把她当成了一家人，她却把自己当外人。

尽管李薇并没有恶意，可是她不明白，邻居始终只是邻居，不是一家人。每个家庭都有自己的生活，邻居虽然很近，但毕竟不是一家人，他们的私人空间是不愿被外人打扰的。邻居也不是圣人，他们既无法忍受接二连三地被麻烦，也不能忍受自己安宁的生活被搅乱。邻里之间相互关照，和睦相处，这本来是很好的现象，但凡事都应有个度，一旦超过其度，便会适得其反。

第二、不要让宠物打扰邻居

现代人很多都有养宠物的习惯，因为这些小宠物不仅通人性，还能为乏味的日子增添乐趣。但是，在家养宠物是需要谨慎的，因为宠物随时能影响或打扰到邻居平静的生活。随着工作压力的增大，每个人的生活都逐渐紧张起来，在这种情况下，如果再受到宠物的干扰，那么邻居肯定会产生不满，于是和谐的气氛也就受到破坏。

在生活中，我们经常能够看到，两家人因为宠物的问题争得不可开交，甚至最后还大打出手，这种行为，我们应当极力避免。养宠物并不是不可以，但前提是不能扰民，虽然说养狗并没有触犯法律，警察也很难对这种事情进行处罚，但从道德的角度讲，影响邻居正常生活，是很不道德的。所以，看好你的小宠物，不要让他总对着邻居的家门叫，不要让它攻击邻居，这样，邻居不仅不会感到反感，甚至还会喜欢上这只小宠物，从而与你家建立良好的关系。要明白，邻里和睦也是生活幸福的决定性因素，一旦因自己的固执造成邻里不和谐，那么，以后的日子就会非常被动。

每个人都渴望拥有一个良好的邻里关系，想要做到这点，我们就必须积极维护，不要因为各种细枝末节的事情打扰了邻居，让邻居因为你的行为，立刻对你产生反感。居家生活多为邻居考虑，这样别人安宁，自己也安宁，那么一个和谐的邻里关系自然就水到渠成。